»Ich würde es genauso wieder machen«
Sophie Scholl

DAS BUCH

Bisher ist Sophie Scholls kurzes Leben kaum in seiner Eigenständigkeit betrachtet worden, man kennt sie vor allem als Mitglied der Weißen Rose.

Barbara Leisner zeichnet in diesem Buch ein detailliertes Bild der Kindheit und Jugend Sophie Scholls vor dem Hintergrund des Nationalsozialismus. Die Beschreibung von zahlreichen authentischen Ereignissen illustriert eindringlich, in welch gefährlichen Bann eine ganze Generation geriet: Auch Sophie Scholl gehörte zunächst als begeistertes Mitglied zum Bund Deutscher Mädel, übernahm Führungsaufgaben und war durch und durch überzeugt vom Nationalsozialismus. Erst allmählich entwickelte sie eine kritische Haltung, die sie schließlich mit dem Tod bezahlen mußte.

Barbara Leisner hat bisher unbekannte oder nur wenig beachtete Quellen und die erst seit 1989 zugänglichen Verhörprotokolle für dieses Buch herangezogen. Außerdem sprach sie mit zahlreichen bisher noch kaum befragten Zeitzeugen. So ist das bewegende und faszinierende Porträt einer der mutigsten Frauen des 20. Jahrhunderts entstanden.

DIE AUTORIN

Dr. Barbara Leisner hat Kulturgeschichte, Volkskunde und Archäologie in Kiel, München und Wien studiert. Sie hat verschiedene Sach- und Jugendbücher veröffentlicht. Außerdem engagiert sie sich für den Erhalt und die Erkundung des Ohlsdorfer Friedhofs in Hamburg, einen der kulturhistorisch interessantesten Friedhöfe der Welt.
Von Barbara Leisner ist in unserem Hause außerdem erschienen:
»Ich mache keine Kompromisse« – Camille Claudel.

BARBARA LEISNER

»Ich würde es genauso wieder machen«

Sophie Scholl

LIST TASCHENBUCH

Besuchen Sie uns im Internet:
www.list-taschenbuch.de

Umwelthinweis:
Dieses Buch wurde auf chlor- und säurefreiem Papier gedruckt.

List ist ein Verlag der Ullstein Buchverlage GmbH, Berlin.
Originalausgabe im List Taschenbuch
7. Auflage 2005
© Ullstein Buchverlage GmbH, Berlin 2004
© 2003 by Ullstein Heyne List GmbH & Co. KG
© 2000 by Econ Ullstein List Verlag GmbH & Co. KG, München
Umschlagkonzept: HildenDesign, München – Stefan Hilden
Titelkonzept und Umschlaggestaltung: Büro Meyer & Schmidt, München –
Jorge Schmidt (Tabea Dietrich, Costanza Puglisi)
Titelabbildung: Sophie Scholl 1942 / Bildarchiv Preußischer Kulturbesitz, Berlin
Fotograf: © Prof. Dr. Georg J. Wittenstein
Gesetzt aus der Meridien
Satz: KompetenzCenter, Mönchengladbach
Druck und Bindearbeiten: Ebner & Spiegel, Ulm
Printed in Germany
ISBN 3-548-60191-X

Sophie um 1938.
Foto: Privatbesitz von Anneliese Roscoe, Ulm

In der Reihe »Rebellische Frauen« sind in unserem Hause bereits erschienen:

Annette Seemann
»*Ich bin eine befreite Frau*« – PEGGY GUGGENHEIM

Jochen Schmidt
»*Tanzen gegen die Angst*« – PINA BAUSCH

Leo Linder
»*Ah, mein kleiner Herzog, du hast Angst?*« – JEANNE D'ARC

Barbara Leisner
»*Unabhängig sein ist mein heißester Wunsch*« – MALWIDA VON MEYSENBUG

Matthias Henke
»*Süchtig nach der Sehnsucht*« – EDITH PIAF

Mariam Niroumand
»*Westwärts, junger Mann!*« – MAE WEST

Max Gallo
»*Ich fürchte mich vor gar nichts mehr*« – ROSA LUXEMBURG

Siegfried Obermeier
»*Ein Weib mit ungeheurem Talent*« – ANGELIKA KAUFFMANN

Katharina Zilkowski
»*Le style c'est moi!*« – COCO CHANEL

Verena Joos
»*Mutter Courage des Theaters*« – IDA EHRE

Ingeborg Drewitz
»*. . . darum muß man nichts als leben*« – BETTINE VON ARNIM

Florence Hervé
»*Salz der Freiheit*« – BENOîTE GROULT

Françoise Giroud
»*Die Menschheit braucht auch Träumer*« – MARIE CURIE

Klaus Hübner
»*Leben auf dünnem Eis*« – YOKO ONO

Monika Keuthen
»*. . . und ich male doch!*« – PAULA MODERSOHN-BECKER

Annette Seemann
»*Ich bin alles!*« – GALA DALí

Monika Becker
»*Starke Weiblichkeit entfesseln*« – NIKI DE SAINT PHALLE

Monika Keuthen
»*Und trotzdem bin ich glücklich*« – CHRISTIANE VULPIUS

Steven Bach
»*Die Wahrheit über mich gehört mir*« – MARLENE DIETRICH

INHALT

»Hochverrat« 9

I. TEIL »Die brävste bin ich nicht...« 1921–1930 15
Kartoffelfeuer 15
Die Schultheißenwahl – das Ende der heilen
Welt 25
Neuanfang in Ludwigsburg 33

II. TEIL Für Führer, Volk und Vaterland 1932–1938 38
Wenn Hitler kommt, gibt es Krieg! 38
Bloß keine Musterknaben! – Hitlerjugend
in Ulm 52
Frauenbildung und Erblehre 64
»Es geht wieder aufwärts!« 73
»Ihr braucht keine besondere Fahne!« 98
Fahrten und Lager – Freiheit und
Abenteuer 107

III. TEIL »Sie haben die falsche Weltanschauung«
1938–1942 121
Erste Zweifel 121
Erste Liebe 125
Gestapo vor der Tür 128
Anklage wegen bündischer Umtriebe 134
Neues Leben ohne Jungmädelbetrieb 141
Die »Sache mit den Juden« 145
»Entartete Kunst« 150
Blitzkrieg 155

	Fröbelseminar statt Reichsarbeitsdienst 161

                Fröbelseminar statt Reichsarbeitsdienst   161
                Wie eine Gefangene – der Arbeitsdienst   174
                Kriegshilfsdienst in Blumberg   184

IV. TEIL   *»Die Weisse Rose lässt Euch keine Ruhe«*
                1942–1943   196
                Endlich frei – Studieren in München   196
                Die Flugblätter   209
                »An alle Deutsche!«   225

V. TEIL   *»Ich würde es genauso wieder machen«*
                18.–22. 2. 1943   240
                Flugblätter fallen herab   240
                Nachher   249

ANHANG   Personen   255
                Dank   258
                Anmerkungen   260
                Quellen und Literatur   270
                Register   277

»HOCHVERRAT«

»Wegen Vorbereitung zum Hochverrat – Zwei ehrlose Subjekte hingerichtet« – unter dieser Überschrift erschien am Sonnabend, dem 27. Februar 1943, eine knappe Notiz in der gleichgeschalteten nationalsozialistischen Presse. Berichtet wurde, daß in München ein Geschwisterpaar aus Ulm und ein weiterer junger Mann »wegen Vorbereitung zum Hochverrat und wegen Feindbegünstigung zum Tod und zum Verlust der bürgerlichen Ehrenrechte« verurteilt worden waren. »Das Urteil wurde am gleichen Tage vollzogen«, hieß es weiter, und die Verurteilten wurden als »charakteristische Einzelgänger« bezeichnet, die sich durch das »Beschmieren von Häusern mit staatsfeindlichen Aufforderungen und durch die Verbreitung hochverräterischer Flugschriften an der Wehrkraft und dem Widerstandsgeist des deutschen Volkes in schamloser Weise vergangen« hatten.
Die hetzerische Sprache dieser Meldung fiel damals den Lesern kaum auf. Sie waren den wütend-aggressiven Stil der Nationalsozialisten schon lange gewohnt. Deutschland stand mitten im Zweiten Weltkrieg. Nachdem die Truppen in den ersten Kriegsjahren von Sieg zu Sieg vorangestürmt waren, hatte Adolf Hitler Anfang Februar das Ende des Kampfes um Stalingrad und damit die furchtbarste Niederlage deutscher Soldaten in diesem Krieg bekanntgeben lassen müssen. Darauf bezog sich der Schreiber, als er mit dem Satz schloß: »Angesichts des heroischen Kampfes des deutschen Volkes verdienen derartige verworfene Subjekte nichts anderes als den raschen und ehrlosen Tod.«[1]
Als Hilde Schüle in Blumberg von diesen Hinrichtungen in

München hörte, stieg sofort eine schreckliche Befürchtung in ihr auf. Konnte es sich bei dem Geschwisterpaar um Sophie Scholl und ihren Bruder Hans handeln? Vor einem Jahr hatte Sophie während des Reichsarbeitsdienstes im Nebenzimmer gewohnt. Hilde wußte, daß sie aus Ulm stammte und inzwischen mit ihrem Bruder zusammen in München studierte. Sophie war anders gewesen als die meisten ihrer Kameradinnen in dem Lager. Diese Mädchen hatten sich kaum für Politik interessiert. Aber Sophie hatte man angemerkt, daß sie sich über den Krieg und seine Folgen für das deutsche Vaterland Gedanken machte. Nie hatte sie in den Jubel eingestimmt, der damals noch ständig über die schon fast alltäglichen Siege der deutschen Soldaten verbreitet wurde. Oft genug hatte sie gezeigt, daß sie mit der herrschenden nationalsozialistischen Weltanschauung nicht einverstanden war. Mit ihren kritischen Fragen hatte sie die Lagerführerin bei den ständigen politischen Schulungen nicht selten in Verlegenheit gebracht.[2] Für Hilde sollte es noch eine Weile dauern, bis ihre schreckliche Vermutung zur Gewißheit wurde.

In Ulm dagegen sprach es sich sofort herum, daß Sophie und Hans Scholl hingerichtet worden waren. Doch selbst nach Kriegsende waren viele von Sophies ehemaligen Kameradinnen noch davon überrascht, daß gerade sie und ihr älterer Bruder wegen »Hochverrat und Feindbegünstigung« verurteilt worden waren. Die meisten kannten die beiden und ihre weiteren drei Geschwister nur als hochmotivierte und fast fanatische Anhänger Adolf Hitlers. Sie fragten sich erstaunt, wie es dazu gekommen war, daß diese begeisterten jungen Nationalsozialisten zu Regimegegnern geworden waren, die ihr Leben im Kampf gegen Hitlers Schergen aufs Spiel gesetzt hatten. Denn die beiden ältesten Kinder der Familie Scholl – Inge und Hans – waren schon wenige Monate nach der Machtergreifung in die Hitlerjugend eingetreten. Sophie, die 1933 noch zu jung war, war dem Vorbild der älteren Geschwi-

ster so bald wie möglich gefolgt. Alle fünf Scholl-Kinder waren binnen kurzem zu hochrangigen Jugendführern aufgestiegen. Inge hatte von Anfang an den Bund Deutscher Mädel in Ulm mit aufgebaut. Mit ihrer ehrlichen Begeisterung hatten gerade die jungen Scholls viele Kinder und Jugendliche von dem neuen Staat überzeugt und für die Hitlerjugend geworben. Sie hatten ihre Jungen und Mädchen immer wieder dazu motiviert, mit aller Kraft und jugendlicher Unbekümmertheit für die neue Weltanschauung zu kämpfen.
Andere allerdings, die die Familie Scholl besser kannten, behaupteten, sie hätten das furchtbare Schicksal der Geschwister kommen sehen. Schließlich war Robert Scholl, der Vater, im Jahr vor der Hinrichtung zu einer Gefängnisstrafe verurteilt worden. Er hatte nicht aufgehört, über den Führer zu schimpfen, obwohl man doch seit Kriegsbeginn jedes einzelne Wort auf die Goldwaage legen mußte, weil jegliche Kritik am Nationalsozialismus als staatsfeindlicher Akt galt und bestraft werden konnte. Im Grunde fanden sie, Robert Scholl sei daran schuld, daß seine Kinder sich so »in die falsche Richtung« entwickelt hatten. Hätte er mit seiner Meinung mehr hinter dem Berg gehalten, wäre alles anders gekommen, behaupteten sie. Andere wandten dagegen ein, daß Sophie selbst immer so unbekümmert und spontan gewesen sei. Sie hatte sich manchmal wenig Gedanken über die Folgen ihrer Handlungen gemacht. Aber das waren alles nur Vermutungen und Schuldzuweisungen. Kaum jemand wußte damals, was wirklich in München geschehen war. Auf jeden Fall mieden die meisten Bekannten von da ab die Scholls und wechselten sogar lieber die Straßenseite, wenn ein Familienmitglied zu sehen war. Vielen schien es – fast wie bei Aussätzigen – zu gefährlich, dieser Familie zu nahe zu kommen.
Nach dem Krieg jedoch, als der Widerstand gegen den Nationalsozialismus mit ganz anderen Augen betrachtet wurde, gab es eine ganze Reihe von Menschen, die – auf einmal – immer

schon Freunde der jungen Widerstandskämpfer gewesen waren und ihre Taten verherrlichten. In den Augen der Öffentlichkeit wurden die beiden Studenten jetzt zu heroischen und selbstlosen Kämpfern gegen das Böse. Robert Scholl wurde von der amerikanischen Militärregierung zum Bürgermeister der Stadt Ulm eingesetzt. Inge Scholl begann zusammen mit ihrem späteren Mann Otl Aicher kulturelle Vorträge zu organisieren. Daraus entstand bald die Ulmer Volkshochschule, die Inge Scholl lange Jahre leitete und deren Konzept von der Auseinandersetzung mit dem Faschismus bestimmt war. Durch Kurse und Vorträge sollte die Ulmer Bevölkerung jetzt für eine demokratisch-sozialistische Gesellschaftsordnung begeistert werden.

Inge Scholl war es auch, die das Schicksal ihrer Geschwister aus der eigenen Erinnerung heraus aufschrieb und veröffentlichte. Sie organisierte außerdem zusammen mit anderen Angehörigen eine jährliche Feier in der Münchner Universität zum Gedächtnis der studentischen Widerstandskämpfer. Berühmte Zeitgenossen hielten aus diesem Anlaß Vorträge, in denen der Kampf der jungen Studenten und ihre Vorbildlichkeit für die nachfolgenden Generationen im Vordergrund standen. Denn Sophie und Hans hatten zusammen mit weiteren Mitgliedern ihres Freundschaftskreises Flugblätter verbreitet, in denen sie die Untaten der Nationalsozialisten scharf geißelten und zur Sabotage gegen das Unrechtsregime aufriefen. Die ersten Schriften waren mit dem Namen »Die weiße Rose« unterzeichnet gewesen. So wurde die Weiße Rose im öffentlichen Bewußtsein der Nachkriegsdeutschen zu einem Synonym für den studentischen Widerstand und die Geschwister Scholl zu Vorbildern für selbstbestimmtes politisches Handeln, das sich an höheren Maßstäben orientiert als an den herrschenden Machtverhältnissen und sich gegen Unrecht auflehnt, ohne Rücksicht auf die Folgen für Leib und Leben. Daß bei diesen Erinnerungsveranstaltungen und Ehrungen die nationalsozialistische Vergangenheit der Geschwister Scholl weitgehend ausgeblendet wurde, war fast unausweichlich in einem Nachkriegsdeutschland, das noch ganz unter dem Eindruck der eigenen Niederlage, der unzähligen Bombenopfer und Gefallenen, des dramatischen Unterganges seiner Städte und der Scham über die immer mehr an das Tageslicht tretenden Verbrechen an den Juden und anderen Menschen stand.

Doch dann nahmen die rebellischen Studenten der 68er Jahre ausgerechnet die Feier zum Gedenken an die Weiße Rose zum Anlaß, den eigenen Protest an der damaligen deutschen Gesellschaft zum Ausdruck zu bringen, und sprengten wie so viele weitere auch diese Veranstaltung. Während andere Studenten sich zur selben Zeit an dem Vorbild der Geschwister Scholl orientierten und den kompromißlosen Widerstand gegen die herrschenden Verhältnisse in die eigene Zeit zu übertragen versuchten, begannen Geschichtswissenschaftler dieser Generation auch genauer nachzufragen, wer im Nationalsozialismus auf welche Weise Widerstand geleistet hatte und jetzt zum Vorbild erhoben wurde. Zahlreiche neue Untersuchungen über den Widerstand und eine Erweiterung der Begrifflichkeit, die erstmals auch die Resistenz gegen den Nationalsozialismus im Alltagsleben erforschten, hatten ihren Ursprung in dieser Rebellion.

Trotzdem haben auch spätere Veröffentlichungen, die der Weißen Rose oder sogar Sophie Scholl selbst gewidmet waren, nur den Akt des Widerstandes beleuchtet und kaum den Weg wahrgenommen, auf dem es zu diesen folgenschweren Taten kam. Doch jeder Widerstand gegen Gewaltverhältnisse läßt sich nur aufgrund der persönlichen Geschichte der jeweiligen Beteiligten in Verbindung mit dem Zeitgeschehen nachvollziehen, in das diese Lebensgeschichte eingebunden ist. Gerade das Verhalten der Geschwister Scholl war nicht nur von dem großen moralischen Ernst geprägt, den die Eltern ihren Kindern vorgelebt hatten, sondern auch von den heldischen Idealen der bündischen Jugend, deren Lebensweise und Vorstellungswelt in der Hitlerjugend von Anfang an eine wichtige Rolle gespielt haben. Dazu kam die mitreißende neue Bewegung des Nationalsozialismus, gefolgt von der späteren Erkenntnis, dadurch selbst – ohne es zu wollen – dem Bösen gedient zu haben, mitschuldig geworden zu sein und sich von dieser Schuld wieder reinwaschen zu müssen.

Seit damals sind über fünfzig Jahre vergangen. Diejenigen, die den Nationalsozialismus selbst miterlebt haben und unter dem oft uneingestandenen Eindruck von Mitschuld und Scham standen, konnten in den jungen Münchner Studenten und ihrem heroischen Widerstand gegen das Dritte Reich zugleich Entlastung und Vorbild für die folgende Generation finden. Heute aber ist es notwendig, nicht mehr nur Ideale und Idole auf hohen Sockeln zu verehren, sondern gerade auch jene Menschen, die Außergewöhnliches vollbracht haben, mit allen ihren Gefühlen, mit ihren Zweifeln, mit Lust und Leid und ihrem langsamen Heranreifen zu zeigen. Nur dadurch – und nicht durch lebensferne Idealbilder – werden Mitgefühl und Miterleben mit anderen Menschen möglich. Nur wenn Menschen miteinander mitfühlen und sich in dem anderen, dem Fremden, dem Ungewöhnlichen wiedererkennen, nur dann hören Ausgrenzung und Ablehnung auf, die der erste Schritt auf dem Weg zum Rassenhaß sind.

I. TEIL

»Die brävste bin ich nicht...«
1921–1930

Kartoffelfeuer

Als Sophie Scholl am 21. Mai 1921 in dem kleinen schwäbischen Ort Forchtenberg geboren wurde, konnte niemand vorhersehen, wie jung sie sterben würde und welch grausames Ende ihr Leben nehmen sollte.
Der Name Adolf Hitler war in Deutschland noch so gut wie unbekannt. Seine NSDAP, die Nationalsozialistische Deutsche Arbeiterpartei, war gerade erst gegründet worden. Drei Jahre vor Sophies Geburt war im November 1918 der Erste Weltkrieg mit den Wirren der Revolution zu Ende gegangen. Überall hatten sich Arbeiter-, Soldaten- und Bauernräte gebildet. Der Kaiser mußte abdanken, und die Republik wurde ausgerufen. Zum ersten Mal fanden im Deutschen Reich demokratische Wahlen statt, an denen nicht nur alle Männer, sondern auch die Frauen gleichberechtigt ihre Stimme abgeben durften. Zugleich begann in Paris die Konferenz der alliierten Sie-

germächte, die im Versailler Vertrag ihre Friedensbedingungen diktierten. Deutschland mußte bestimmte Gebiete abtreten, auf seine Kolonien verzichten und sich zu hohen Wiedergutmachungszahlungen verpflichten, die das Land schwer belasteten. Die junge Demokratie der neuen Weimarer Republik stand auf schwachen Füßen. Nationalistische, monarchistische und kommunistische Gruppen bildeten eine ständige Bedrohung. Unruhen und Putschversuche erschütterten das Land.

Auch in Forchtenberg war gleich nach Kriegsende ein Arbeiter- und Bauernrat unter der Leitung des sozialdemokratischen Lehrers zusammengetreten. Der damalige Stadtschultheiß – so hieß der Bürgermeister damals – hatte schon lange den Unmut der Bewohner auf sich gezogen. Jetzt zwang man ihn, seinen Posten zu räumen. Sophies Vater, der vorher im nahen Ingersheim die Stelle eines Dorfschultheißen innegehabt hatte, wurde Ende 1919 mit knapper Mehrheit zu seinem Nachfolger gewählt.[3] So waren Sophies Eltern mit ihren beiden Kindern nach Forchtenberg umgezogen. Inge und Hans waren damals gerade erst drei und zwei Jahre alt. Sophies Mutter war wieder schwanger, und bald nach dem Umzug kam das dritte Kind, Elisabeth, auf die Welt. Zur Familie gehörte außerdem noch der kleine Ernst, dessen Mutter gestorben war. Der Vater war Ernsts Pate gewesen, so daß die Eltern ihn in Pflege genommen hatten.

Ebenso wie Elisabeth, die von allen nur Liesl gerufen wurde, wurde ein Jahr später auch Sophie im Rathaus geboren. Krankenhausgeburten waren damals noch nicht üblich. Sophie wurde von einem großen und lebhaften Familienkreis empfangen. Die Eltern und die vier größeren Geschwister sowie zwei junge Hausmädchen bewunderten das Neugeborene. Und die Familie sollte noch weiter anwachsen. Sophie war erst anderthalb Jahre alt, als im November 1922 ihr jüngerer Bruder, Werner, auf die Welt kam.

Die Forchtenberger waren nicht reich. Einfache Acker- und Weinbauern sowie ein paar Gewerbetreibende hatten hier ihre schlichten Anwesen. An den dunklen Häusern bröckelte der Putz. Dazwischen lagen kleine Hofplätze, auf deren Misthaufen sämtliche Abfälle landeten.[4] Auch die Kübel aus den Aborthäuschen, die in einem Hofwinkel ihren Platz hatten, wurden dort ausgeleert, so daß die Luft oft von allerlei Ausdünstungen geschwängert war.

Wenn aber Sophie an Forchtenberg dachte, sah sie die Stufen, die sie so oft zur Kirche und zum Pfarrgarten hinaufgelaufen war. Dort oben, unter den zerfallenen dicken Mauern der Burg, hatte sie am liebsten gespielt. In die Burg selbst mit ihren tiefen Kellerräumen wagten sich nur die Größeren hinein, denn die Ruine war baufällig. Später ließ der Vater sie ganz absperren. Auch die verwunschene Stadtmauer trat vor Sophies Augen; besonders das kleine Fußgängertor unterhalb des Rathauses, durch das der Weg direkt hinab an den Kocher und zu Mutters Garten führte.

Bei den Scholls ging es knapp zu. Nach dem Friedensvertrag von Versailles war die Lage in Deutschland immer schlechter geworden. Die Reparationszahlungen belasteten die Volkswirtschaft. Dann kam die Inflation: Es wurde immer mehr Geld in Umlauf gebracht, das zugleich immer wertloser wurde. Schließlich – im Sommer 1923 – nahm die Geldentwertung von Monat zu Monat in rasendem Tempo zu. In Forchtenberg mußte der Gemeinderat im Juli den Stundenlohn seines Arbeiters auf 5 000 Mark festsetzen. Einen Monat später lag er bereits bei 200 000 Mark![5] Noch schlimmer wurde es zum Ende des Jahres. Sophies Vater schrieb im November in das Gemeinderatsprotokoll, daß der geringste Geldbetrag im Wirtschaftsleben die Milliarde sei.[6] Erst im Dezember trat mit der Schaffung der Rentenmark wieder Beruhigung ein. Diese Übergangswährung wurde ein Jahr später durch die stabile Goldwährung der Reichsmark abgelöst. Aber durch die Inflation hatten auch die reichsten Bauern des Ortes ihr Vermögen verloren.

Sophies Vater war noch nie reich gewesen. Sein Verdienst reichte in dieser schlechten Zeit für seine vielköpfige junge Familie gerade aus. Wenigstens mußten sie keinen Hunger leiden wie so viele andere Menschen. Aber die Mutter wirtschaftete äußerst sparsam und zog das Gemüse selbst im Garten. Sie hatten auch zwei Obstgärten, die jedes Jahr eine Fülle von Äpfeln lieferten, fütterten einige Kaninchen, die zum Winter hin den Speiseplan aufbesserten, und manchmal brachte der Förster einen Hasen vorbei. Für die Mädchen nahm die Mutter auch gern die abgelegten Kleider ihrer Nichten an, die etwas älter waren als ihre eigenen Kinder.[7] Wie alle anderen Hausfrauen versuchte sie, an allen Ecken und Enden zu sparen.

Der Vater kümmerte sich wenig um solche Alltäglichkeiten. Ebenso wie die Kindererziehung überließ er Haushalt und Garten ganz und gar seiner tüchtigen Frau. Als Schultheiß lagen sämtliche Amtsgeschäfte, die Forchtenberg und seine Umgebung angingen, in seinen Händen. Robert Scholl war allem Neuen gegenüber aufgeschlossen und sah die vielen Mängel in seinem Ort, die dringend behoben werden mußten. Er war mit dem festen Entschluß angetreten, aus diesem zurückgebliebenen Städtchen »etwas zu machen«.[8] Und wenn er einmal einen Vorsatz gefaßt hatte, dann ließ er sich nicht so leicht davon abbringen,[9] so daß er sich mit seiner ganzen Kraft den Amtsgeschäften widmete.

Die Familie wohnte neben den Amtsräumen des Vaters im ersten Stock des Rathauses, das eines der größten Gebäude der Stadt war und noch aus dem 18. Jahrhundert stammte. Eine breite, dunkle Treppe führte nach oben. Die Amtsstube, die zugleich als Ratssaal diente, lag zur Hauptstraße hinaus. Auf der anderen Seite befand sich die Wohnung, die zwar groß, aber nicht sehr komfortabel war. Der steinerne Bau hatte seit

langem keine Renovierung mehr erlebt, so daß die Fenster schlecht schlossen und die sanitären Anlagen ausgesprochen dürftig waren. Heizen mußte man mit altmodischen Öfen, die in den Wohnräumen aufgestellt waren. Dafür waren die beiden Hausmädchen zuständig, die sich nicht nur um die Kleinsten kümmerten, sondern bei allen Hausarbeiten mithalfen, die damals noch viel Zeit und Kraft erforderten. Allerdings blieben die Schlafzimmer unbeheizt und waren im Winter manchmal so eisig, daß die Kinder Frostbeulen bekamen.[10]
Zum Essen versammelten sich alle in der Diele, wo die Kleinsten sich auch tagsüber aufhielten. Die Tür zur dunklen Küche stand meistens offen. Dort war fast immer eines der beiden Mädchen beschäftigt. Sie mußten schon am frühen Morgen das Feuer in dem altmodischen Herd anfachen und sich nach dem Frühstück um die Zubereitung des Mittagessens kümmern. Nebenan in der guten Stube hielten die Kinder sich seltener auf. Dort stand das Klavier, auf dem sie immer üben mußten, denn sie erhielten alle, kaum daß sie groß genug waren, Klavierunterricht.
In Forchtenberg kamen alle Kinder, wenn sie drei Jahre alt geworden waren, zur Kinderschwester. Man war im Ort stolz darauf, den zweitältesten Kindergarten in Württemberg zu besitzen. Die beiden Großen, Inge und Hans, wanderten schon jeden Morgen hinauf in die Schule, als Liesl und Sophie gemeinsam zum nahen Brunnentor hinauszogen, wo die Kleinkinderschule untergebracht war. Die Kinderschwester trug ein weißes Häubchen und war streng. Sie hatte keine Hilfe und beaufsichtigte jeden Tag ungefähr siebzig Drei- bis Fünfjährige. Sie mußten oft still auf ihren niedrigen Bänkchen an den langen Tischen sitzen und brav sein. Es gab kaum Spielzeug, nur ein paar Holzklötze zum Bauen. Manchmal stellte die Schwester das Tischharmonium auf und sang mit ihnen Volkslieder. Zwischendurch durften sie in den ummauerten Hof zum Spielen. Dort standen ein Brunnen, ein Sandkasten

und eine Schaukel. Für die allzu frechen Buben war auch ein Karzerloch eingerichtet. Wenn sie sich wieder einmal hauten oder die Mädchen an den Haaren zogen, wurden sie einfach eingesperrt.[11]
Im März 1925 kam das letzte Töchterchen der Scholls, Thilde, auf die Welt. Die kleinen Mädchen liebten das neue Baby sehr. Sie stritten sich darum, wer es auf den Arm nehmen und füttern durfte. Doch Thilde erlebte ihren ersten Geburtstag nicht. In den kalten Januartagen des folgenden Jahres raffte eine Masernepidemie sie hinweg.[12] Liesl, Sophie und Werner, die drei kleineren Geschwister, verstanden noch kaum, was vor sich gegangen war, als das Baby in einem Kindersarg zu Hause aufgebahrt wurde. Die Mutter hätte gern wieder ein Kind in ihren Armen gehalten. Doch sie war inzwischen schon Mitte Vierzig, so daß sich ihre Hoffnung nicht mehr erfüllte.[13] Damit blieb Sophie ihre Jüngste und wurde zu ihrem geheimen Liebling.
Sophie wurde kurz vor ihrem siebten Geburtstag eingeschult. Der Oberlehrer war seit der Schultheißenwahl mit dem Vater befreundet, so daß sie ihn schon gut kannte. Stolz stieg sie jetzt zusammen mit den Geschwistern zum Schulhaus hinauf, das draußen vor der Stadmauer am Hang lag und drei Klassenräume besaß. Alle größeren Kinder des Ortes besuchten diese Schule. Jeweils zwei Jahrgänge wurden zusammen unterrichtet, so daß in jedem Klassenzimmer vierzig und mehr Schüler saßen. Sie hatten feste Bänke, die der Größe nach gestaffelt waren. Die Sitzordnung richtete sich nach den Leistungen und dem guten Betragen. Wenn ein Kind sich hervorgetan hatte, durfte es »Eins rauf mit Büchern«. Es tauschte dann mit dem Nachbarn den Platz, der damit um einen Platz abstieg. Liesl und ihre beste Freundin Lore rivalisierten in ihrer Klasse von Anfang an um den ersten Platz und saßen abwechselnd vorn. Sophie saß mit Lore und Liesl im gleichen Raum. Als Liesl den ersten Platz ausgerechnet an ihrem Geburtstag räumen muß-

te, fand Sophie das ungerecht. Sie ging zum Lehrer vor – und forderte von ihm eindringlich, daß Liesl wieder vorn sitzen sollte. Der Lehrer erzählte die Geschichte beim nächsten Zusammensitzen den Eltern, die sich ebenso wie er über die Gerechtigkeitsliebe und Forschheit ihrer Kleinsten amüsierten. Liesl nützte Sophies tapferes Eingreifen allerdings nichts: Bis zum nächsten Wechsel blieb sie auf dem zweiten Platz.[14]
Die Lehrer waren damals im allgemeinen streng. Auch in der Schule mußten die Kinder stillsitzen und brav sein. Wer frech wurde oder Widerworte gab, bekam eins mit dem Rohrstock übergezogen.[15]
Trotzdem traute Sophie sich, den strengen Herrn Lehrer zurechtzuweisen, und war auch sonst nicht wenig selbstbewußt. Ihr Ausspruch »Die Brävste bin ich nicht, die Schönste will ich gar nicht sein, aber die Gescheiteste bin ich immer noch« wurde in der Familie zu einem stehenden Satz, mit dem sie später noch manches Mal aufgezogen wurde.[16] Sie war wirklich kein Kind, das immer alles brav ausführte, was die Großen ihr sagten. Als Kleinste mußte sie sich schon früh ihrer Haut wehren, und zugleich konnte sie sich als Mutters Nesthäkchen von Anfang an etwas mehr herausnehmen als die anderen. Die Mutter hielt ihre Kleinste immer für ein wenig zart. Sophie kränkelte leicht einmal und bekam schnell Fieber. Deswegen wurde sie manchmal schon zwei Wochen vor den Ferien aus der Schule genommen und durfte sich erholen. »Sie hat es nötig«, entschuldigte die Mutter sie dann, und die Älteren übten Nachsicht.
Auch wenn alle fünf Kinder sensibel und phantasiebegabt waren, so war Sophie doch noch leichter zu beeindrucken als die anderen. Sie litt, wenn die Katze eine Maus fing, mit ihr spielte und sie schließlich auffraß. Sie wurde dann immer ganz traurig und empfand zugleich ein geheimes Grauen. Mäuse gab es damals in jedem Haus. Sie waren in Speisekammern, auf Dachböden und sogar in Wohnräumen eine echte Plage und

richteten großen Schaden an, so daß man immer wieder Mausefallen aufstellen mußte. Auch wenn Sophie so eine kleine Maus in der Falle sah, stiegen ihr immer die Tränen in die Augen. Zwar vergaß sie solche Erlebnisse auch wieder und wandte sich erneut ihren Spielen zu. Doch dieses Mitleiden mit der gequälten Kreatur bewahrte sie ihr Leben lang.[17]
Sophie war jetzt groß genug, um nach der Schule mit den anderen Kindern zum Spielen loszuziehen. Inge wurde dabei oft zur Anführerin, die besonders gern Märchenspiele und Theatervorstellungen mit ihren jüngeren Geschwistern und anderen Kindern aus dem Ort einübte. Zu den aufregendsten Ereignissen aber, die jedes Jahr mit schöner Regelmäßigkeit von den Kindern herbeigesehnt wurden, gehörte für Sophie das Kartoffelfeuer im Herbst. Wenn die Kartoffelernte beendet war, sammelten sie auf den umliegenden Feldern das Kartoffelkraut und warfen es auf einen großen Haufen. Dann kam der spannende Moment. Ganz still setzten sie sich um den Haufen herum. Eigentlich durften sie keine Zündhölzer haben, aber dieses eine Mal machten die Erwachsenen eine Ausnahme. Aufgeregt und stumm sahen sie dann alle zu, wie Hans das Kraut an einer Seite anzündete, bis endlich ein erstes Flämmchen und dicker gelber Qualm aufstieg. Das war der Augenblick, auf den sie gewartet hatten. Die Spannung brach auf, sie schrien und lachten, tanzten und hüpften um den Haufen herum: Das Feuer war da! Später vertrieben sie sich die Zeit mit Singen. Jeder hatte ein paar übriggebliebene Kartoffeln ausgegraben und in das Feuer gelegt. Man konnte zwar fast keine Flammen sehen, doch der Rauch stieg in großen Schwaden zum Himmel auf. So sollte es auch sein. Nach einer Weile stießen sie Stöckchen in die Kartoffeln und probierten, ob sie schon gar waren. Es dauerte seine Zeit, bis sie schließlich die schwarzverkohlten Knollen herausholen und aufbrechen konnten. Das dampfende Innere schmeckte nach Rauch und Erde. Aber die Kinder fanden, daß es nichts Köstlicheres gab

als gerade diese Kartoffeln aus dem eigenen Feuer. Auf jeden Fall waren sie viel besser als der Milchbrei, den sie sonst immer zum Abendbrot bekamen.

Dann legten sie noch mehr feuchtes Kraut auf den Haufen. Ihr Rauch sollte so dick und gelb wie möglich sein. Überall auf den Feldern machten Kindergruppen solche Kartoffelfeuer, und ihr eigenes sollte schließlich das größte sein, dessen Rauch am höchsten in den Himmel aufstieg – wenn nicht gerade eine Windböe kam und ihnen den beißenden Qualm in die Augen trieb, so daß sie tränten. Ihnen wurde bald ein wenig kalt, denn die Flammen wärmten nicht, aber das sagte niemand. Es war viel zu schön, ein eigenes Feuer zu unterhalten. Sie blieben, so lange sie konnten, denn sie durften nur einmal im Jahr ein solches Feuer machen.[18]

Das ganze Jahr war so von den immer wiederkehrenden Feiertagen, den vielen Geburtstagen in der Familie und den Freuden jeder Jahreszeit geprägt. Die christlichen Feste begingen die Erwachsenen selbstverständlich mit dem Besuch des Gottesdienstes oben in der Kirche am Hang. So wuchsen die Kinder ganz von selbst in den schwäbischen Protestantismus ihrer Umgebung hinein, der auch die Eltern schon geprägt hatte. Der Vater hatte sich zwar innerlich vom Christentum entfernt und gab eigentlich nichts auf den Kirchenbesuch. Doch die Forchtenberger hätten es ihrem Schultheißen schwer angekreidet, wenn er nicht auf der Empore zu sehen gewesen wäre, wo den Honoratioren des Ortes Plätze reserviert waren. Wenn die Mutter nicht bei ihm saß, so hielt sie die »Kinderleskirche« ab, wie der Kindergottesdienst genannt wurde. Die Kleinen lernten dort die biblischen Geschichten vom Jesuskind kennen, wurden mit den zehn Geboten vertraut gemacht und sangen gemeinsam Kirchenlieder.[19]

Die Mutter war eine fromme Frau, die die kirchlichen Feste liebevoll für ihre Familie ausgestaltete. Neben Ostern, wo die Kinder im Pfarrgarten aufgeregt nach Eiern suchten, bildete selbstverständlich das Weihnachtsfest den Höhepunkt des Jahres. Schon die Adventszeit wurde besonders innig begangen.[20] Am frühen Nachmittag, wenn die Dämmerung hereinbrach und es draußen schon richtig ungemütlich und kalt war, saßen sie alle bei Kerzenschein in der Diele zusammen. Die Kinder bastelten an ihren Weihnachtsgeschenken, übten die alten Weihnachtslieder auf dem Klavier und sangen gemeinsam mit der Mutter, während in der Küche Mengen von »Brödles« – so hießen bei ihnen die Lebkuchen, Springerle und andere Kekse – hergestellt wurden. Am Heiligen Abend versammelte sich die ganze große Familie im Wohnzimmer um den mit roten Äpfeln geschmückten Lichterbaum. Andächtig lauschten sie der Weihnachtsbotschaft und sangen die altvertrauten Lieder, begleitet von Klavier- und Flötentönen.

Als die Kinder noch klein waren, ließ die Mutter sogar das Kindermädchen Mathilde als weißgekleideten Engel auftreten, zu dem sie gläubig aufsahen. Das ging aber nur so lange gut, bis Hans an einem Weihnachtsabend aus heiterem Himmel sagte: »Mathilde, du hast aber ein schönes Nachthemd an.« Da war der Zauber für alle gebrochen. Seitdem erschien am Heiligen Abend kein Engel mehr in der Wohnstube.

Viele Geschenke gab es für die Kinder damals nicht. Aber die Mutter hatte an jeden gedacht, hatte genäht und gestrickt und sogar etwas gekauft. Außer den neuen Puppenkleidern bekam jedes Kind ein Kleidungsstück, und manchmal gab es sogar ein Buch. Für die Buben wurde jedes Jahr wieder die Eisenbahn aufgebaut, für die Mädchen die Puppenstube und die Puppenküche hergerichtet. Das Schönste daran war, daß sie auf dem Puppenherd mit Spiritus ein richtiges Feuer haben durften und echte Lebensmittel erhielten, um ihren Puppen ein Festmahl zu kochen.

Nach der Inflation, als die Zeiten wieder etwas besser geworden waren, bedachte die Mutter an Weihnachten nicht nur ihre eigene Familie, sondern brachte auch Armen und Kranken persönliche Gaben zum Fest, die sie zusammen mit den Zuwendungen der Gemeinde verteilte. Magdalene Scholl war vor ihrer Hochzeit Krankenschwester gewesen und hatte in Forchtenberg im Grunde zugleich mit der Sorge um ihre große Familie auch noch den Posten einer Gemeindeschwester übernommen. Sie war stets zur Stelle, wenn sie zu einem Kranken gerufen wurde oder wenn es galt, armen oder alten Menschen beizustehen. War jemand schwer krank, konnte es sogar sein, daß sie nächtelang am Bett saß und wachte. So hatte die Mutter immer viel zu tun. Doch sie hatte trotz der Haus- und Gartenarbeit und der vielen Aufgaben im Ort selbst für die kleinen Erlebnisse der Kinder immer noch ein offenes Ohr.[21]

Die Schultheißenwahl – das Ende der heilen Welt

Den Vater dagegen erlebten die Kinder in Forchtenberg selten richtig aufgeschlossen und fröhlich. Seine Arbeit nahm ihn völlig in Anspruch. Er war meistens ernst und manches Mal regelrecht unwirsch, wenn seine vielen Kinder zum Beispiel wieder einmal viel zu laut in der Wohnung oder im Treppenhaus herumtobten, wo er doch nebenan Ruhe zum Arbeiten brauchte. Der kleine Ort hatte viele Probleme. Die Straßen befanden sich in einem erbarmungswürdigen Zustand. Es gab auch noch keine Kanalisation, so daß das Regenwasser sie stets in einen undurchdringlichen Matsch verwandelte. Außerdem war die Wasserversorgung zu schwach ausgelegt. In den trockenen Sommern, die auf Sophies Geburt folgten, litt ganz Forchtenberg unter akutem Wassermangel. Auch fehlte ein Lagerhaus für landwirtschaftliche Erzeugnisse, und für des Vaters Lieblingsprojekt, den Bau einer neuen Turn- und Festhalle, gab es im Stadtsäckel

überhaupt kein Geld. Dazu kam, daß die konservativen Bauern, die im Gemeinderat saßen, alle neuen Ideen ihres jungen Schultheißen blockierten. So kostete es ihn jedesmal mühsame Kämpfe, bis er eine Neuerung endlich durchsetzen konnte. Die ewigen Vorwürfe und der Undank, den er dabei oft zu hören bekam, lasteten in diesen Jahren ständig auf ihm.
Robert Scholl war schon von Haus aus keine muntere Frohnatur, die alles auf die leichte Schulter nahm. Er arbeitete und grübelte in einem fort, wie er alles besser machen konnte. Er war auch nicht der Mensch, der sich abends nach getaner Arbeit in seine Stammkneipe setzte, beim Bier mit den Männern des Ortes beisammensaß oder Karten spielte. So hatte er unter den Bauern kaum Freunde. Er hatte sich einen großen Schäferhund angeschafft, der Djinn hieß, und ging mit ihm zur Erholung auf lange, einsame Spaziergänge. Natürlich saß er manchmal mit den Honoratioren des Ortes zusammen. Die Eltern waren mit dem jüdischen Apotheker, dem protestantischen Pfarrer und dem sozialdemokratischen Lehrer befreundet, der sich dafür eingesetzt hatte, daß Robert Scholl gewählt wurde. Aber die Forchtenberger Bauern hielten ihren Schultheiß für zugeknöpft und wurden mit ihm nicht recht warm.
Daß er einmal zur städtischen Oberschicht gehören sollte, war Sophies Vater nicht in die Wiege gelegt worden. Er kam am 13. April 1891 als fünftes von elf Kindern auf die Welt. Seine Eltern betrieben einen kleinen Laden und etwas Landwirtschaft in dem kleinen Dorf Steinbrück im Mainhardter Wald, westlich von Schwäbisch Hall. Obst- und Ackerbau gediehen nur in bescheidenem Maße auf den freien Höhenzügen und in dem rauhen Klima dieser Gegend. Seit Generationen war das Leben hier von Armut und Unterdrückung, Unbeweglichkeit und Kinderreichtum bestimmt. Robert aber hatte eine rasche Auffassungsgabe, so daß er als Externer die Mittlere Reife ablegen konnte. Danach lernte er sechs Jahre lang den Verwaltungs- und Justizdienst in Stuttgart und besuchte nebenher

Kurse an der staatlichen Verwaltungsschule. Dort legte er 1913 seine Prüfung für den gehobenen Verwaltungsdienst mit gutem Erfolg ab.[22] Er arbeitete immer noch bei der Stadt, als im Jahr darauf der Erste Weltkrieg ausbrach. Überall herrschte Kriegsbegeisterung. Die jungen Männer meldeten sich in Scharen freiwillig zu den Soldaten. Aber Robert Scholl ließ sich von der allgemeinen Aufregung nicht anstecken. Er hatte sich während seiner Ausbildung eine eigene politische Meinung gebildet und vertrat einen eindeutigen Pazifismus. Er wollte keine Waffe in die Hand nehmen und auf andere Menschen schießen.

Für Pazifisten hatte damals kaum jemand Verständnis: Drückeberger waren das der landläufigen Meinung nach, die man an der Front nicht brauchen konnte. Zwar wurde auch Robert eingezogen, doch setzte man ihn im Reserve-Lazarett im nahen Ludwigsburg ein, wo er als Sanitäter ausgebildet wurde.[23]

In diesem Lazarett arbeitete auch Sophies Mutter, Magdalene Müller, als Krankenschwester. Sie war zehn Jahre älter als Robert. Ihr Vater war Schuhmacher und stammte aus einer alten Forchtenberger Gerberfamilie.[24] Er hatte es zwar zum Meister gebracht, aber kleine Handwerker konnten sich damals gegen die zunehmende Industrialisierung nicht behaupten, so daß er seinen Lebensunterhalt im nahen Künzelsau in einer Lederwarenfabrik verdiente. So war auch die Mutter, die noch drei Geschwister hatte, in einfachen Verhältnissen aufgewachsen. Sie hätte nach der Volksschule gern weitergelernt. Doch ihren Wunsch, Lehrerin zu werden, konnte sie bei ihrem Vater nicht durchsetzen. Mädchen brauchten damals keinen eigenen Beruf; sie sollten nur gute Hausfrauen und Mütter werden. So blieb Magdalene zunächst im Elternhaus und half später in dem größeren Haushalt einer befreundeten Familie als Haustochter mit.

Da Magdalene nicht heiratete, trat sie schließlich als Lernschwester in das Diakonissenhaus in Schwäbisch Hall ein[25] und legte dort am Schluß der Lehrzeit ihre Krankenpflegeprüfung ab. Danach wurde sie vom Mutterhaus in verschiedene württembergische Gemeinden geschickt. Eine Zeitlang war sie im Ulmer Vorort Söflingen dafür verantwortlich, daß eine Kinderkrippe gegründet und betrieben wurde.[26] Als der Erste Weltkrieg ausbrach, wurde sie in verschiedenen Genesungsheimen eingesetzt, bevor sie nach Ludwigsburg kam.

Als sie sich trafen, war Robert erst fünfundzwanzig Jahre alt, während Magdalene mit ihren fünfunddreißig Jahren das übliche Heiratsalter schon weit überschritten hatte und nicht mehr damit rechnen konnte, noch eine Ehe zu führen und eigene Kinder zu bekommen. Sie hatte ihr Leben ganz ihrem Beruf und der Sorge für Hilfsbedürftige und Kranke geweiht. Doch dann entspann sich zwischen ihr und Robert Scholl eine Liebesbeziehung. Als Robert kurz darauf – noch mitten im Krieg – seinen ersten Posten als Dorfschultheiß in Ingersheim erhielt, heirateten sie im November 1916. Dort kamen auch ihre beiden Ältesten auf die Welt. Von dem neuen Posten in Forchtenberg hatten sie sich beide viel erhofft, bedeutete er doch für Robert einen ersten Sprung auf der Karriereleiter nach oben.

Daß der Vater manche Schwierigkeiten und sogar Feinde im Ort hatte, merkten auch die Kinder. Von bestimmten Klassenkameraden, deren Eltern gegen ihren Vater waren, hielten sie sich meist fern. Doch hörten sie natürlich trotzdem hämische Bemerkungen. Manchmal konnte man so etwas einfach nicht auf sich sitzen lassen, dann mußte Hans sich wehren, so daß mancher Streit in einer Rauferei endete. Nicht alles, was der Vater begonnen hatte, war erfolgreich ausgegangen. Robert Scholl hatte sich darum bemüht, Industrie nach Forchtenberg zu ziehen, weil es viele junge Leute im Ort gab, die keine Arbeit hatten. Schon vor dem Ersten Weltkrieg hatte die Gemeinde mit einer Zigarrenfabrik einen solchen Versuch gemacht, der fehlschlug. Der Vater holte 1926 eine Strickerei in den Ort, die ebenfalls nach kurzer Zeit in Konkurs ging. Dann nahm mit seiner Hilfe eine Barometerfabrik in Forchtenberg ihren Betrieb auf, die aber wider Erwarten ebenfalls erfolglos blieb.[27] In der Gemeinde wurden solche Fehlschläge natürlich durchgehechelt und gegen Robert Scholls offensichtliche Erfolge ins Feld geführt.

Das grundlegende Problem aber blieb: In Forchtenberg waren – wie Robert Scholl es ausdrückte – zu viele »ungenügende Existenzen« vorhanden.[28] In seinem Städtchen lungerten zu viele junge Leute herum, die nicht wußten, was sie den Tag über tun sollten, auf regelmäßige Unterstützung aus dem Gemeindesäckel angewiesen waren und sich häufig betranken.

Die hohe Arbeitslosigkeit war kein hausgemachtes Forchtenberger Problem. Trotz der wirtschaftlichen Blüte der sogenannten goldenen zwanziger Jahre war die Arbeitslosigkeit nicht nur im ganzen Deutschen Reich, sondern in allen europäischen Industrieländern ungewöhnlich hoch geblieben. Dazu kam, daß auch diejenigen, die eine Arbeit hatten, gerade nur genug zum Leben verdienten und viele Betriebe kaum Gewinn machten. Man stellte zwar durch die Entwicklung neuer Maschinen viele Güter in einer hohen Stückzahl her, doch drückte das Überangebot zugleich auf die Preise. Noch geringer fiel das Einkommen der Bauern aus, die immer weniger an ihren Ernten verdienten. Als sich schon in dem ungewöhnlich harten Winter von 1928/1929 erste Vorboten einer Weltwirtschaftskrise bemerkbar machten und im Februar 1929 im ganzen Reich 3,2 Millionen Arbeitslose auf der Straße standen, schoben viele Forchtenberger, wie gewohnt, die Schuld nicht der allgemeinen Lage zu, sondern ihrem Schultheißen höchstpersönlich.

Dann kam der Schwarze Freitag, der 24. Oktober 1929, als die Kurse an der New Yorker Börse stürzten und die Weltwirtschaft zusammenbrach. Ausgerechnet am Ende dieses Jahres,

als die wirtschaftliche und soziale Lage sich von Tag zu Tag verschlechterte, stand die Wiederwahl Robert Scholls als Schultheiß an. Trotz des Gegenwindes, den er immer wieder verspürt hatte, konnte Robert Scholl sich aber nicht vorstellen, daß er zuwenig Stimmen bekommen könnte, um seinen Posten weiter zu behalten.
Dabei gab es Warnzeichen, daß etwas im Gange war. Gegenkandidaten wurden gesucht. Die meisten, die gefragt wurden, lehnten ab, wenn sie hörten, daß sie gegen einen Familienvater mit sechs Kindern antreten sollten, dessen Existenz auf dem Spiele stand. Schließlich fand sich trotzdem ein junger Stuttgarter zur Gegenkandidatur bereit. Ein richtiger Wahlkampf entspann sich, der auch in der Presse tobte und nicht vor weiteren Verleumdungen und Gehässigkeiten haltmachte.
Trotzdem gab Robert Scholl die Hoffnung nicht auf, daß die Forchtenberger ihn weiterhin als Schultheiß behalten würden. Tagelang saß er an seiner großen Rede, die er zwei Wochen vor Weihnachten auf der offiziellen Wahlversammlung in seiner Turnhalle hielt. Ehrlich zog er Bilanz über sein Wirken. Stolz und ein klein wenig anmaßend stellte er alle die Projekte zusammen, durch die er in diesen zehn Jahren sein »Städtle« in die neue Zeit geführt hatte. Er ließ auch die Mißerfolge nicht aus und wehrte sich gegen die haltlosen Unterstellungen seiner Gegner. Nebenbei teilte er mit einer ironischen Bemerkung einen kurzen Seitenhieb gegen die Zurückgebliebenheit die Forchtenberger aus. Im Ganzen las sich seine Liste außerordentlich eindrucksvoll. Eigentlich fand er, daß er für sein Forchtenberg viel mehr erreicht hatte als seine Kollegen in der gleichen Zeit in ihren Orten. Am Ende bat er die Forchtenberger, doch zu berücksichtigen, daß seine Existenz und die seiner Familie mit dieser Wahl auf dem Spiele stand.[29]
Am Wahltag, dem 29. Dezember 1929, war das Wetter trübe und kalt. Am Morgen hatten die Kinder noch mehr als in den

Tagen zuvor die gespannte Erwartung gefühlt, die in der Luft lag. Den Eltern gingen sie soweit wie möglich aus dem Weg. Doch ihnen selbst wollte heute kein Spiel richtig glücken, nichts machte wirklich Spaß oder konnte sie für längere Zeit fesseln. Trübselig hockten sie zusammen. Selbst Inge, die sonst immer eine Geschichte oder ein Märchen zu erzählen wußte, fiel nichts ein. Den ganzen Tag über kamen die Leute ins Rathaus, um ihre Stimme abzugeben. Eine Zeitlang saßen die Kinder unbemerkt auf der Bodentreppe und hörten zu, was so geredet wurde. Aber dann am Nachmittag hielt ein Lastwagen auf der Straße, und eine ganze Horde junger Männer stieg lärmend von der Ladefläche. Der Wirt, von dem im Ort bekannt war, daß er am meisten gegen Scholl wetterte, hatte Freibier versprochen, wenn sie den Gegenkandidaten wählten. Die Kinder verzogen sich leise von ihrem Lauschposten, als sie hörten, wie die Leute über ihren Vater schimpfen.
Es wurde früh dunkel an diesem Tag. Am späten Nachmittag wurde die Wahlstube, Vaters Arbeitszimmer, geschlossen. Die Apothekerfamilie von gegenüber, mit deren kleiner Tochter die Mädchen sich manchmal abgaben, hatten die Scholls eingeladen, hinüberzukommen und bei ihnen auf die Stimmauszählung zu warten. Jetzt saßen die Erwachsenen in der guten Stube, und die Kinder beschäftigten sich still nebenan. Liesls Freundin Lore war auch gekommen. Langsam erstarb die Unterhaltung der Erwachsenen. Man konnte die Spannung im Raum mit den Händen greifen. Jetzt begannen sie drüben mit der Auszählung. Hinter den Fenstern im ersten Stock konnte man in der hell erleuchteten Stube die Silhouetten der Männer erkennen, die die Wahlurne ausschütteten.
Auch die Kinder wurden still, sie spürten die Aufregung der Eltern und wagten kaum, einen Mucks von sich zu geben. Werner und Sophie, die beiden Jüngsten, hatten in diesem Jahr ihren siebten und achten Geburtstag gefeiert, die große Inge war immerhin schon zwölf Jahre alt. Sie hatten inzwi-

schen begriffen, daß es heute nicht nur um des Vaters Arbeit ging, sondern daß sich das Schicksal ihrer ganzen Familie im nächsten Augenblick entscheiden würde. Die Zeit schien stehenzubleiben. Sie folgten mit ihren Augen dem Zeiger der Uhr, der unendlich langsam vorzurücken schien. Bange Minuten vergingen. Plötzlich hörten sie von drüben lautes Gejohle und Hurrarufe.[30] Die Eltern sahen sich an. Der Vater war leichenblaß geworden, die Mutter griff sich unwillkürlich ans Herz. Der Gegenkandidat hatte gewonnen. Der Vater war arbeitslos. Mit einem Schlag standen sie vor dem Nichts. Sophie schossen die Tränen in die Augen, sie hatte schon vorher unter dem Wechselbad von Hoffnung und Zukunftsangst gelitten, das auf ihren Eltern gelastet hatte. Sie spürte die tiefe Enttäuschung des Vaters. Was würde jetzt aus ihnen allen werden? Würden sie ihre Heimat verlassen müssen? Konnte der Vater in dieser Zeit, wo niemand mehr eine neue Arbeit bekam, einen neuen Posten finden? Sie hatte Angst.
Silvester und Neujahr gingen vorüber. Niedergeschlagen begannen die Scholls das neue Jahrzehnt. Die Kinder spürten, daß die Eltern sich Sorgen machten. Sie wußten, daß nichts mehr so sein würde wie bisher. Sie würden nicht nur ihre Wohnung, sondern auch diese Stadt verlassen müssen, die ihnen zur Heimat geworden war, in der Liesl, Sophie und Werner geboren und groß geworden waren. Die Wahl hatte sie von einem Tag auf den anderen zu Fremden in der eigenen Heimat gemacht. Im Rathaus waren sie im Grunde nur noch geduldet, denn der Nachfolger würde bald die Dienstwohnung übernehmen. Das Schlimmste war, daß der Vater keine Arbeit mehr hatte. Wenn er nichts Neues fand, wovon sollten sie dann leben?
Robert Scholls Amtszeit dauerte nach der Wahl nur noch zwei Monate. Auf der nächsten Gemeinderatssitzung beantragte er zum erstenmal nach zehn Jahren Urlaub, um sich eine neue Heimat und Existenz zu suchen. Aber selbst jetzt machte ihm

die Opposition im Gemeinderat noch Schwierigkeiten, so daß er schließlich auf seinen Wunsch verzichtete und unbezahlten Urlaub nahm.[31] Er hatte noch Kontakte nach Stuttgart und Ludwigsburg und war auch bei seinen Vorgesetzten in der Regierung gut angesehen, deshalb setzte er seine Hoffnung auf die Landeshauptstadt.
Doch die Zeiten waren schlecht. Die Weltwirtschaft war seit dem Börsenkrach in New York aus dem Lot geraten. Die Zeitungen schrieben, daß amerikanische Banken ihre Kredite aus Europa abzogen. Warenbestellungen wurden zurückgenommen, und in den Häfen Amerikas stapelten sich die Güter, die die Besteller nicht mehr abnehmen konnten. Die amerikanische Krise wirkte sich unmittelbar auf Deutschland aus: Ohne Kredite mußten sehr viele Unternehmen ihre Produktion drosseln und die Arbeiter in Massen entlassen. Wer arbeitslos wurde, bekam für sechseinhalb Monate Arbeitslosenunterstützung und danach ein Jahr lang Krisenfürsorge. Fand man dann immer noch keine Arbeit, gab es nur noch die örtliche Wohlfahrtsunterstützung, die kaum für das Nötigste ausreichte. Viele Menschen litten blanke Not, und die Schlangen der Arbeitslosen, die stempeln gingen, um sich ihre Arbeitslosigkeit bescheinigen zu lassen, wurden immer länger. Immer öfter sah man Erwachsene und Kinder, denen das Elend und der Hunger vom Gesicht abzulesen war.

Neuanfang in Ludwigsburg

Der Vater fand erst im späten Frühjahr eine neue Anstellung als Syndicus bei der Maler- und Lackiererinnung in Stuttgart.[32] Dann ging alles ganz schnell. Er mietete in Ludwigsburg, wo sich die Eltern kennengelernt hatten, eine große Wohnung in der Myliusstraße. Sie lag nahe beim Bahnhof, so daß er seinen Arbeitsplatz mit der Bahn in einer halben Stunde erreichen konnte.[33] Die Möbel wurden zusammengepackt und nach Ludwigsburg transportiert. Die Kinder hatten kaum von ihrer vertrauten Umgebung und ihren Freunden Abschied genommen, da stürzten schon die vielen neuen Erlebnisse auf sie ein, die eine richtige Stadt zu bieten hatte. Für sie war Ludwigsburg groß und aufregend. Denn bisher waren sie selten über ihren Heimatort und das nahe Künzelsau hinausgekommen.

Die drei Großen besuchten jetzt die Ludwigsburger Oberrealschule. Sophie ging mit fünfzig Mädchen in eine Klasse der Evangelischen Mädchenvolksschule, Werner in die Bubenschule nebenan. Sophie hatte zwangsläufig schon zu Hause mit ihren vielen großen Geschwistern gelernt, wie man sich durchsetzt. Sie wußte meistens genau, was sie wollte. So lebte sie sich schnell in der neuen Klasse ein. Wie in Forchtenberg gehörte sie auch hier zu den besten Schülerinnen.

Ludwigsburg war zwar größer als Forchtenberg, doch auch hier waren die Wege kurz. Die Altstadt war mit zweistöckigen Bürgerhäusern bebaut. Weil die Häuser aneinander stießen und eine geschlossene Blockrandbebauung bildeten, gab es viele grüne und luftige Innenhöfe mit großen Obstgärten. Die Stadt hatte ein rechtwinkeliges Straßennetz, weil sie einst auf dem Reißbrett entworfen worden war. Dadurch lernten die Kinder rasch, sich zu orientieren. Ihre Wohnung lag so zentral, daß sie alles bequem zu Fuß erreichen konnten. Außerdem konnte man sich den Weg auch an den vielen Militärgebäuden merken. Denn in Ludwigsburg standen mehrere große Kasernen und Militärämter. Deshalb konnte man sich eigentlich gar nicht verlaufen.[34]

Die Eltern wollten nicht, daß sie auf der Straße spielten, denn Deutschland war unsicher geworden. Die Parteien machten andauernd Propagandaumzüge. Das kannten die Kinder aus Forchtenberg noch nicht. Jetzt aber erlebten sie zum ersten Mal Wahlpropaganda. Die Slogans prägten sich ihnen tief ein, wie zum Beispiel der Spruch auf den Pappen eines Plakatträgers, der wie ein Bettler aussah: »Wählt Liste 4, sonst geht es euch wie mir.«[35] Die Redner hatten große Flüstertüten, mit denen sie ihre Parolen durch die Gegend brüllten, wenn nicht gerade krächzende Lautsprechermusik ertönte. Bei den Umzügen und Wahlversammlungen kam es leicht vor, daß die Gemüter sich erhitzten und handfeste Prügeleien ausbrachen. Besonders Nationalsozialisten und Kommunisten bekämpften einander bis aufs Messer. Immer wieder hatten beide Seiten Tote zu beklagen.

Die Mutter mußte in Ludwigsburg ihre große Familie ganz allein zusammenhalten. Sie hatte von morgens bis abends zu tun, mußte sich um den Einkauf kümmern, Essen kochen, putzen und natürlich auch die Kleidung und Wäsche in Ordnung halten, Strümpfe stopfen, Knöpfe annähen und Flicken aufsetzen, denn man konnte sich nur selten einmal ein neues Stück leisten. Besonders das Waschen war schrecklich umständlich und kraftraubend – ohne Waschmaschine. Am Waschtag mußte ein großer Kessel mit Wasser befüllt und Feuer darunter angefacht werden. Besonders schmutzige Teile wurden mit der Hand auf dem Waschbrett vorgewaschen. War das Wasser heiß, gab man Seife dazu. Dann wurden die Wäschestücke in die Lauge gegeben und unter Rühren gekocht. Danach mußten die Stücke mehrmals ausgespült, gewrungen, aufgehängt und später abgenommen und zusammengelegt oder gebügelt werden. Das alles nahm viel Zeit in Anspruch. Es war kein Wunder, daß die Mutter immer schmaler und müder wurde und die Hilfe ihrer Kinder einforderte, und natürlich wurde Inge als älteste Tochter am meisten beansprucht.

Den Vater sahen sie kaum noch. Meistens war er in Stuttgart in seinem Büro. Nach Feierabend besuchte er volkswirtschaftliche Vorlesungen an der Technischen Hochschule und Kurse an der Verwaltungsakademie oder zog sich zum Lernen zurück, weil er sich zum Wirtschaftstreuhänder und vereidigten Buchprüfer fortbildete. Ihm gefiel seine Arbeit bei der Innung nicht.[36] Über zehn Jahre lang hatte er seine Tätigkeit selbst gestaltet und die Dinge in Bewegung gesetzt. Jetzt eignete er sich mit seinen vierzig Jahren nicht mehr zum Befehlsempfänger. Außerdem versprach er sich als Treuhänder neben der größeren Selbständigkeit auch ein besseres Einkommen, obwohl die allgemeine wirtschaftliche Lage immer schlechter wurde.

In der Weimarer Republik hatte sich seit den ersten Reichstagswahlen keine Regierung länger als zwei Jahre an der Macht halten können. Ständig fanden neue Wahlen statt. Bevor sie nach Ludwigsburg umgezogen waren, war im März 1930 die gerade amtierende Regierung wegen der Auseinandersetzungen um die Arbeitslosenversicherung gestürzt. Daraufhin hatte der Reichspräsident von Hindenburg Heinrich Brüning, einen Politiker der Mitte, zum Kanzler ernannt. Er versuchte die Krise durch Sparsamkeit zu überwinden. Unter ihm vergab das Reich keine Aufträge mehr an die Industrie, die Leistungen für Arbeitslose und für die Fürsorgehilfe wurden weiter gesenkt, Löhne und Gehälter gekürzt. Die Folge war ein weiterer Rückgang der Kaufkraft und vermehrte Arbeitslosigkeit. Da er für seine Maßnahmen keine Mehrheit im Reichstag fand, begann Brüning im Juli zum ersten Mal mit einer »Notverordnung« zu regieren. Notverordnungen waren von der Verfassung vorgesehene Gesetze, die nur durch die Unterschrift des Reichspräsidenten bindende Kraft bekamen. Zwei Tage später stimmten die Abgeordneten des Reichstages mehrheitlich gegen diese Notverordnung und hoben sie dadurch wieder auf. Daraufhin machte Brüning von seinem Recht Gebrauch, den Reichstag aufzulösen, und setzte die Neuwahlen an, deren Wahlkampf die Kinder miterlebten.

Diese Wahl fand im September 1930 statt. Zum ersten Mal erzielten die Nationalsozialisten dabei einen geradezu sensationellen Erfolg. Sie stellten fast zehnmal mehr Abgeordnete als zuvor. Nicht ohne Sorge fragte sich das bürgerliche Deutschland, wer in Zukunft regieren würde. Zwar blieb Brüning Kanzler und setzte trotz der schlechten Ergebnisse seiner Partei seine Politik der Notverordnungen und des strikten Sparkurses fort. Aber es kam immer wieder zu Streiks, die die innenpolitische Lage erschütterten. Auch im folgenden Jahr blieb der erhoffte wirtschaftliche Aufschwung aus. Im Februar 1931 stieg die Zahl der Arbeitslosen sogar auf fast fünf Millionen an. Im Sommer mußte die Darmstädter und Nationalbank als erstes deutsches Bankhaus ihre Zahlungen einstellen. Auch andere Banken waren dem Zusammenbruch nahe. Die Sparer fürchteten um ihre sauer erworbenen Groschen und forderten ihre Einlagen zurück. Zur Beruhigung der Lage verfügte die Regierung kurzfristig zwei Bankfeiertage.

In der folgenden Zeit setzte sich die Krise fort. Die Zahl der Arbeitslosen stieg 1932 sogar vorübergehend auf über sechs Millionen an und sank auch im Sommer nicht mehr unter die Fünf-Millionen-Grenze. Die Löhne waren auf 54 Prozent des amtlichen Existenzminimums abgesunken. Schulentlassene wußten meist gar nichts mit sich anzufangen, denn sie hatten nicht die geringste Aussicht auf Arbeit oder Ausbildung. Eine gefährliche Hoffnungslosigkeit griff um sich, und die Kriminalität stieg an.

Der Vater hatte noch 1931 in Ulm ein Treuhandbüro gefunden, das ihm die Möglichkeit bot, als Teilhaber einzusteigen. Probehalber war er nach Ulm gezogen und hatte seine Familie nur noch an den Wochenenden besucht. Die Arbeit gefiel ihm, und im Frühjahr 1932 siedelten sie alle nach Ulm über.[37] Die Kinder waren gerade in ihrer neuen Umgebung heimisch geworden, als sie Ludwigsburg und ihre neugewonnenen Freunde wieder verlassen mußten.

II. TEIL

Für Führer, Volk und Vaterland
1932–1938

Wenn Hitler kommt, gibt es Krieg!

In Ulm hatte der Vater die Hälfte eines Doppelhauses gemietet, das hoch über der Stadt am Michelsberg lag.[38] Dieses Stadtviertel war erst nach dem Weltkrieg angelegt worden, so daß der Hang bisher nur zum Teil bebaut war. Man hatte von hier einen weiten Blick über das berühmte Münster hinaus in die flache Donauniederung. Vor dem Wohnzimmer lag eine große überdachte Veranda, zu der eine Treppe hinaufführte. Das Haus war neu und komfortabel und hatte viele Zimmer.
Der Schulweg war für die Kinder allerdings länger als früher. Hans ging auf die Oberrealschule in der Olgastraße, Werner in die Grundschule. Sophie hatte noch in Ludwigsburg die Prüfung zur höheren Schule mit der gleichen Leichtigkeit wie ihre Geschwister – Liesl hatte inzwischen sogar eine Klasse übersprungen – bestanden, so daß die drei Mädchen jetzt densel-

ben Weg zur Mädchenoberrealschule hatten, die in der Steingasse nicht weit vom Münster lag.
Wieder mußten sie sich in eine völlig neue Umgebung eingewöhnen. Das Herz der Stadt, das gotische Münster mit seinem hohen filigranen Turm, war nicht zu übersehen. Auf dem großen gepflasterten Münstervorplatz wurde mittwochs und sonnabends Markt abgehalten. Vom Münsterplatz kam man in die Hauptgeschäftsstraße, die zum Bahnhof führte, wo der Vater sein Büro hatte. Dort lagen auch die modernen Lichtspielhäuser, in denen im wöchentlichen Wechsel die neuesten Filme gezeigt wurden. In der Altstadt mit ihren engen Straßen bestimmten hohe Fachwerkhäuser das Bild, umschlossen von der alten Stadtmauer mit ihren Tortürmen. Außerhalb der Stadtmauer dehnten sich die neuen Vorstädte aus. Im Westen lag Söflingen, wo die Mutter vor zwanzig Jahren gearbeitet hatte. Das ehemalige Dorf hatte sich zu einem Arbeiterviertel entwickelt. Die großen Fabrikanlagen von Magirus und Kässbohrer hatten sich hier ausgebreitet, in denen Lastkraftwagen hergestellt wurden.
Südlich der Donau machte das bayrisch-katholische Neu-Ulm der protestantischen Altstadt Konkurrenz. Ulm und Neu-Ulm waren im 19. Jahrhundert zur Bundesfestung erhoben worden. Damals waren die Wälle, Bastionen, Vorwerke und Forts geschaffen worden, die die ganze Stadt und ihre umliegenden Höhenzüge einfaßten. Als Festungs- und Garnisonsstadt hatte Ulm immer eine große Zahl von Soldaten beherbergt, von deren Anwesenheit eine ganze Anzahl von Geschäften und Betrieben abhängig war. Als das Militär durch den Versailler Vertrag seine Bedeutung verlor, hatten viele Ulmer Firmen erhebliche Einbußen erlitten. So fand die nationalistische Forderung nach Remilitarisierung hier mehr Widerhall als anderswo. Schon 1930 hatte die NSDAP einen höheren Stimmenanteil als im Reichsdurchschnitt erhalten. Als im August 1931 der Antikriegsfilm »Im Westen nichts Neues« gezeigt

wurde, war es tagelang zu Demonstrationen und Schlägereien vor den Kinos gekommen.[39] Zwei Jahre später waren die Nazis in Ulm längst etabliert und mit dem militärischen Auftreten ihrer SA, der sogenannten Schutz-Abteilungen, im Stadtbild präsent.[40]

Sophie traf manchmal auf solche ordentlichen Kolonnen in braunen Hemden, deren Gleichschritt durch die Straßen dröhnte. Für sie gehörten die zackig marschierenden Männer genauso zum Straßenbild wie die Arbeitslosen, die in ihren grauen und abgetragenen Kleidern mit fahlen, ausgehungerten Gesichtern auf Straßen und Plätzen herumstanden und auf Arbeit warteten. In dem ersten Jahr, in dem die Scholls nach Ulm gezogen waren, wurde die allgemeine Lage immer trostloser.

Es war nahezu aussichtslos, Arbeit zu bekommen, egal welche. Die Männer standen eigentlich nur draußen herum, weil es in ihren Wohnungen noch schlimmer als auf der Straße war, denn dort fragten hungernde und frierende Kinder nach dem Brot, das sie nicht kaufen konnten. Schon lange standen nicht mehr nur die Arbeiter vor geschlossenen Fabriktoren. Die Krise war inzwischen auch beim Mittelstand angekommen. Die Gehälter waren in den letzten Jahren immer mehr zurückgeschraubt worden. Selbst wer noch eine Arbeit hatte und in anständigen Kleidern herumging, konnte jeden Tag alles verlieren und dann auch dort stehen, wo sich die anderen Arbeitslosen trafen.[41]

Aber Sophie war gerade erst elf Jahre alt geworden und machte sich keine Gedanken über die wirtschaftliche Lage in Deutschland. Die Mädchen in ihrer Klasse kamen alle aus bürgerlichen Elternhäusern. Ihre Väter waren Kaufleute, Beamte und Selbständige. Natürlich wurde bei vielen wie bei den Scholls tüchtig gespart. Sophies Mutter drehte jeden Pfennig zweimal um, bevor sie etwas kaufte. Aber sie mußten nicht hungern, und sie mußten auch keine Zeitungen austragen

oder auf andere Weise ein paar Groschen dazuverdienen wie die Kinder armer Leute.
Die Mutter pachtete einen Kleingarten in Neu-Ulm, wo sie wie in Forchtenberg frisches Gemüse und Blumen zog. Sie kochte schwäbische Hausmannskost und bereitete den Brotteig selbst zu. Die Kinder mußten die am Vortag hergestellten Laibe einmal in der Woche morgens vor der Schule zum Bäkker bringen und das fertige Brot später wieder abholen.[42] So lebten sie sorgsam behütet in einer heilen Familie. Sie mußten zwar im Haushalt mit anpacken, aber nach dem Staubwischen und dem allmittäglichen Abwasch, und selbst wenn sie am Freitag die Küche wie immer gründlich geputzt hatten, hatten sie genug Zeit für ihre eigenen Interessen. Liesl und Sophie waren noch ganz in ihre Kinderwelt versponnen. Sie spielten im Garten mit ihren Puppen oder bei der Freundin Irm mit dem richtigen Baby, gingen zur Schule und zum Klavierunterricht, halfen der Mutter, machten ihre Schularbeiten und begannen mit Heißhunger Abenteuerbücher zu verschlingen. Die Politik spielte in ihrem Leben keine Rolle.
Die beiden Großen aber, Inge und Hans, wurden in diesem Herbst fünfzehn und vierzehn Jahre alt. Sie besuchten seit Ostern zusammen den Konfirmandenunterricht in der Garnisonskirche, bei der sie eingepfarrt waren,[43] und nahmen ihre Umwelt mit ganz anderen Augen wahr. Ulm war viel größer als Ludwigsburg. Die sozialen Spannungen, die sich immer mehr verschärften, waren hier deutlicher zu spüren. Die ewigen Auseinandersetzungen zwischen Rechten und Linken machten die Straßen immer unsicherer, so daß die Eltern es nicht mehr gern sahen, wenn die beiden abends noch hinunter in die Stadt wollten.
Hans diskutierte mit dem Vater manchmal darüber, welche Politik richtig war, um einen Weg aus der Krise zu finden. Der Vater hielt eisern an der Notwendigkeit des Parlamentarismus fest und vertrat liberale Ideen. Aber in Deutschland glaubten

nur noch wenige Menschen, daß die vielen Regierungen, die andauernd aufeinander folgten, irgend etwas zum Besseren wenden konnten. Die meisten hielten das Parlament für eine Schwatzbude, weil sich dort die Abgeordneten der beiden extremen Parteien immer wieder wüst beschimpften. Tiefe Hoffnungslosigkeit und Angst hatten sich ausgebreitet: Man hatte gehört, was in Rußland geschehen war, wo die Revolution gesiegt hatte. Berichte über bitterste Not, Morde und Greueltaten hatten die Runde gemacht. Diese Angst schürten die national gesinnten Kreise. Wenn die Kommunisten an die Macht kamen, würden sie wie in Rußland das Eigentum abschaffen, eine üble Parteienwirtschaft einführen, Volk und Vaterland zugunsten des Internationalismus entwerten und die Gottlosigkeit predigen, möglicherweise sogar die Kirchen überhaupt verbieten und alle Hirten Gottes umbringen, hieß es.[44] So erschienen die nationalen Parteien vielen als die bessere Alternative: Sie beriefen sich wenigstens auf Gott und hielten das Vaterland in Ehren.

Adolf Hitler war inzwischen aufgestiegen wie ein Komet. Im Frühjahr hatte er bei der Reichspräsidentenwahl geschickt die modernste Technik für seinen Wahlkampf ausgenutzt und war mit dem Flugzeug von einer Stadt zur anderen geflogen. Bei seinen Wahlversammlungen beeindruckte er seine Zuhörer stark. Viele sahen jetzt in ihm den Mann, der das Vaterland aus der Krise erretten konnte, obwohl die militärähnlichen Sturm-Abteilungen und Schutz-Staffeln seiner Partei, die SA und die SS, zeitweise verboten wurden. Denn die Nationalsozialisten provozierten immer wieder blutige Auseinandersetzungen, Krawalle und Schießereien mit den Kommunisten und schreckten auch vor Mord nicht zurück. Als Ende Juli 1932 der Reichstag neu gewählt wurde, erhielten sie trotzdem 230 von 608 Mandaten und wurden damit zur stärksten Partei.[45]

Doch schon im September wurde der neugewählte Reichstag wieder aufgelöst, so daß für November erneut Wahlen anstanden. Adolf Hitler fand mittlerweile auch im bürgerlichen Lager immer mehr Anhänger. Die Menschen sehnten sich danach, daß ein »Erlöser« kommen möge, der alle Probleme mit einem Schlag beendete, und Hitler versprach allen, was sie gern hören wollten. Während die Kommunisten jedem Angst einjagten, der nur über ein wenig Eigentum verfügte, weil sie mit ihren Parolen das Besitzbürgertum als Klassenfeind anprangerten und alle bisherigen Besitzverhältnisse mit einer Weltrevolution umstürzen wollten, boten die Nazis ein Feindbild an, das auch nationalbewußte Bürger teilen konnten. Mit der Parole »Der Jude ist an allem schuld« öffnete Hitler die Tür zu einem antisemitischen Rassismus, der im verborgenen schon vorhanden war, und bot damit der Verzweiflung und Wut, die viele Menschen aufgrund der schlechten Wirtschaftslage erfüllte, ein Ventil. Damit, daß die Juden zum »Volksfeind« wurden, konnten sich alle Deutschen gleichermaßen bedroht fühlen, so daß viele bereit waren, diesen gemeinsamen Feind unter Verzicht auf Interessenkämpfe abzuwehren.

Zu Hause verteidigte Hans jetzt immer öfter die Nationalsozialisten gegenüber dem Vater, der vor Hitler und seiner Politik warnte. Der Vater war fest davon überzeugt, daß es Krieg geben würde, wenn Hitler an die Macht käme. Hans verstand das nicht. Der Vater konnte doch auch sehen, wohin seine hochgelobte Demokratie das Vaterland gebracht hatte. Er mußte doch auch wünschen, daß es wieder aufwärts ging, so wie Hitler es versprach.

Im November feierten sie Werners zehnten Geburtstag. Er hatte diesen Tag schon lange herbeigesehnt, denn jetzt war er endlich alt genug, um in einen der vielen Jugendbünde einzutreten, in denen die meisten Schüler ihre Freizeit verbrachten. Diese freien Bünde – es gab im Gegensatz dazu auch noch die kirchlichen und parteigebundenen Jugendgruppen – konkurrierten miteinander um die Jugendlichen. Die »Freischar junger Nation« des Generals a. D. von Throta, in die Werner eintrat, hatte dabei in der Garnisonsstadt Ulm am meisten Zulauf.[46] In der Jugendkultur spiegelte sich die politische Vielfalt, aber auch die Zerrissenheit der Weimarer Republik wider. Während einige Bünde demokratische Tendenzen vertraten, huldigten andere wie auch Werners Freischar dem strengen Führerprinzip. Militärische Übungen und der Geist der Wehrertüchtigung spielten eine wichtige Rolle. Gemeinsam war allen Bünden nur der Nationalismus, der Stolz auf Vaterland und Deutschtum.[47]

Die meisten Jungen interessierten sich kaum für das, was in den Zeitungen stand und in der Politik vor sich ging. Die Gruppe, die Freunde und ihr gemeinsames Leben waren viel wichtiger.[48] Das hatte ihrer Meinung nach nichts mit Politik zu tun. Sie hatten höhere Ziele: Allzeit bereit wollten sie sein, wehrhaft und wahrhaftig; ihr Höchstes war es, dem Vaterland zu dienen; auf ihre Ehre sollte man unerschütterlich bauen können; ihrem Landesherrn und dem Vaterland wollten sie treu sein; ihren Mitmenschen gegenüber ebenso nützlich und hilfreich wie dankbar und höflich; gegen Tiere liebevoll; ihren Führern wollten sie ohne Widerrede gehorchen; stets munter, vergnügt und sparsam sollten sie sein und ihren Körper ebenso wie ihre Gedanken, Worte und Taten rein halten. Das waren die Gesetze, nach denen sie antraten.[49]

Sonnabends wanderten sie gemeinsam in die Natur, um Bekanntes und Neues zu entdecken, gingen zuerst im Gleichschritt den Weg entlang, liefen dann durch den Wald oder setzten im Sprung über Gräben und Hecken, erkletterten einen Baum, um Blüten und Blätter zu sammeln und später zu pressen und zu bestimmen, überwanden einen größeren Bach mit Hilfe von Lassos, die sie an den Bäumen am Ufer befestigten, skizzierten den Turm einer alten Kirche, beobachteten die Tierwelt entlang von Steil- und Flachufern, sammelten Steine, lernten die Vögel am Flug erkennen und das Wild an seinen Fährten. Manchmal gab es auch Übungen im Entfernungsschätzen, Wettläufe und Speerwerfen und andere sportliche Aufgaben zur Körperertüchtigung.

Die Speere waren ihre Waffen und ihre Stützen, am Speer wehte der Wimpel, das ganz persönliche Symbol der Gruppe. Und mitten beim Speerwerfen konnte es plötzlich heißen: Einer hat sich verletzt. Damit begann ein neues Spiel, eine neue Übung. Sie bauten aus Stäben und Zeltbahnen eine Tragbahre, winkten mit Flaggen Nachbargruppen ihre Nachricht zu oder morsten, wenn es schon dunkel wurde, mit der Taschenlampe Lichtzeichen hinüber. Sie waren bei Tag und bei Nacht unterwegs, traten bei jedem Wetter an, um den Körper zu üben, die Sinne zu schärfen und um Natur, Kunst und Heimat verstehen zu lernen. Wie so viele andere Jungen machte auch Werner begeistert mit.

Er war in die Gruppe von Fritz gekommen, einem älteren Jungen, der mit Hans dieselbe Schule besuchte. Fritz wollte auch ihn für seine Freischar begeistern. Aber dann kam der Januar 1933. Ende des Monats trat – wieder einmal – die Regierung zurück. Diesmal betraute der greise Reichspräsident von Hindenburg Adolf Hitler mit der Kabinettsbildung. Am Abend veranstalteten die Nationalsozialisten in Berlin einen riesigen Fackelzug. Auch in Ulm zogen sie mit brennenden Fackeln durch die Straßen. Sie hatten ihr Ziel erreicht: Ihr Parteiführer stand endlich an der Spitze des Staates. Noch aber galten demokratische Spielregeln. Am 5. März sollten erneut Parlamentswahlen stattfinden. Doch dann kam Ende Februar die »schier unglaubliche Nachricht« aus Berlin: Die Kommunisten hatten das Reichstagsgebäude in Brand gesteckt. Jetzt konnte Hitler eine Notverordnung durchsetzen, mit der ihm weitgehende Vollmachten »zur Abwehr kommunistischer Umtriebe« gegeben wurden.[50] Die wichtigsten Grundrechte der Weimarer Verfassung wurden damit außer Kraft gesetzt. Für mehrere Verbrechen, darunter auch Hochverrat und Brandstiftung, wurde die Todesstrafe eingeführt. Mit brutaler Gewalt ging Hitler gegen die Kommunisten und Sozialdemokraten vor. Ihnen wurden alle Möglichkeiten, an die Öffentlichkeit zu treten, entzogen, so daß sie praktisch keinen Wahlkampf mehr durchführen konnten. Zahlreiche Parteimitglieder, besonders die führenden Köpfe, wurden in sogenannte Schutzhaft genommen. Überall im Reich wurden Konzentrationslager eingerichtet. Im Ulmer Garnisonsgefängnis kerkerten die neuen Machthaber etwa sechzig Kommunisten und Sozialdemokraten ein.[51] Daß sie damit ganz öffentlich ihre politischen Gegner ausschalteten, fiel in der allgemeinen Euphorie kaum ins Gewicht. Das Wahlergebnis vom 5. März konnte so auch unwidersprochen als glänzender Sieg der Nationalsozialsten propagiert werden, obwohl es nicht so positiv ausgefallen war wie im letzten Sommer. In Ulm, einer der Hochburgen der Bewegung, hatten die Nationalsozialisten allerdings fast doppelt so viele Stimmen erhalten wie das Zentrum, die nächstkleinere Partei.[52] Bald konnte sich niemand mehr – und schon gar nicht die Kinder und Jugendlichen – der nationalsozialistischen Propaganda entziehen, der alle Mittel zur Verfügung standen, um die Menschen in ihrem Sinne zu beeinflussen. Den 21. März, als der Reichstag wieder zusammentrat, bestimmte die neue Regierung zum Volksfeiertag. Mittags fand in der Potsdamer Garnisonskirche ein hochsymbolisches Schauspiel statt: Die Abgeordneten – allerdings ohne die ausgeschlossenen Kommunisten und ohne die Sozialisten, die freiwillig fernblieben – traten am Grabe Friedrichs des Großen zusammen. Vor ihnen und vor einem Spalier von Generälen schritt Hitler auf den alten Reichspräsidenten zu, verneigte sich vor ihm und reichte ihm die Hand: Der neue Staat knüpfte damit symbolisch an die Tradition des preußischen Staates und des deutschen Kaiserreiches an.[53]

In Ulm waren die Straßen an diesem Tag dicht mit roten Hakenkreuzfahnen und den schwarz-weiß-roten Fahnen des alten Kaiserreiches beflaggt. Punkt zwölf reihten sich unter dem Geläut der Glocken die Truppen der Reichswehr zur Parade auf dem Münsterplatz auf. Neben ihnen marschierten Schutzpolizei, SA und SS, Stahlhelm und andere nationale Verbände auf. Auch die Schulen nahmen geschlossen teil. Es dauerte lange, bis alle an ihren Plätzen standen. Wie allen anderen Kindern erschien es auch Sophie eine Ewigkeit, bis sie endlich im Klassenverband auf dem Platz antreten durften, wo schon Tausende von Zuschauern warteten.

Dann spielte das Militär den Choral »Lobet den Herrn«, und der Garnisonspfarrer schritt zu dem großen Mikrofon, das auf einer Bühne vor dem hohen gotischen Münsterportal aufgebaut worden war. Sophie konnte ihn nicht sehen, aber sie kannte seine Stimme, denn sie hatte ihn schon manchmal zusammen mit der Mutter im Gottesdienst gehört. Jetzt begann er mit seiner Predigt. Er verglich die nationalsozialistische Machtergreifung mit einem Frühlingssturm, der durch das deutsche Volk brauste. Die deutsche Eiche werde davon gewaltig geschüttelt, so daß auch einmal ein gesunder Ast mit herabfalle. Sophie wußte nicht, was mit dieser poetischen Wendung gemeint war, mit der er die Verhaftungen und Mißhandlungen politischer Gegner in Stadt und Land lyrisch umschrieb. Aber als er ihnen allen zurief, daß Gott ihr Vater sei und sie darum alle Brüder seien, da fühlte sie die Stärke der neuen großen Gemeinschaft, die sie jetzt alle zusammen bildeten. Dem Vater seien Brüder, die sich streiten, ein Greuel, fuhr der Pfarrer salbungsvoll fort:

»Darum empfinden wir, die Glieder eines vierzehn Jahre lang in endlose Parteien und Parteilein zersplitterten Volkes, es wirklich wie das Wehen eines heiligen Geistes, daß nun ein Großteil unseres Volkes sich zu einem Wollen und einem Streben zusammengefunden hat. Das ist ein Wunder vor unseren Augen. Nun gilt es, diese Einheit und Einigkeit mit der Kraft christlicher Liebe zu durchdringen. Mit einer Liebe, die nicht das ihre sucht, sondern das, was des andern, was des Volkes ist.«

Zum Schluß zitierte er noch die Worte des Führers, der in seinem ersten Aufruf als Reichskanzler an das deutsche Volk gesagt hatte: »Wir wollen Gott, unserem Gewissen und unserem Volke geloben, die uns übertragene Mission zu erfüllen.« »Wohl ihm und wohl uns«, endete er seine Predigt, »wo dieser Geist regiert, der Gott allem anderen voranstellt.« Um das Wort von der Brüderlichkeit auch innerhalb der Kirchen wahr zu machen, ergriff nach ihm der katholische Garnisonspfarrer das Wort und sprach das Schlußgebet, mit dem er den Segen des himmlischen Vaters auf den »Vater des Vaterlandes«, den Führer, herabflehte.[54]

Als die Kinder nach Hause kamen, waren sie ganz erfüllt von dem Geschehen dieses Tages. Der Massenaufmarsch, die tiefe Feierlichkeit, die Gesänge und Gebete, die vielen Menschen, die alle wie eine Person in Jubel und Heilrufe auf den neuen Führer ausgebrochen waren, das alles hatte sie ganz und gar in seinen Bann gezogen. Was der Vater nur gegen die Nationalsozialisten hatte! Sogar die beiden Kirchen hatten ihre Gegnerschaft doch aufgegeben und hatten gemeinsam den Feldgottesdienst vor dem Münster abgehalten. Gottes Segen lag auf der neuen Regierung.

Nach dem Tag von Potsdam liefen den Nationalsozialisten neue Parteimitglieder in Scharen zu, und nicht nur die Erwachsenen traten in so großer Zahl in die Partei ein, daß man später von den sogenannten Märzgefallenen sprach. Auch die Jugendlichen und Kinder wurden angesteckt und trugen sich zu Hauf in die Hitlerjugend ein. Denn auch die Nationalsozialisten hatten sich in den letzten Jahren ihre eigene Jugendorganisation aufgebaut, die der SA angegliedert war. Baldur von Schirach hatte als Reichsjugendführer seiner Partei die Hitlerjungen schon im letzten Jahr in einer eindrucksvollen Demonstration in Potsdam an seinem Führer vorbeimarschieren lassen.[55]

In der allgemeinen Begeisterung fiel es kaum ins Gewicht, daß

auch in Ulm die Schaufenster von jüdischen Geschäftshäusern und Läden am 1. April, einem Sonnabendmorgen, sauber mit Parolen beschriftet waren. »›Jude‹ – hier kauft kein Deutscher!« und »echter Jude« stand nicht nur bei Wohlwert-Volksbedarf in der Langen Straße, einem der ersten Kaufhäuser der Stadt, zu lesen. In dieser Straße – Sophies Schule lag gleich um die Ecke – gab es noch fünf weitere jüdische Geschäfte und eine Rechtsanwaltskanzlei. Überall standen SA-Leute Wache, die jeden, der dort hineinwollte, aufforderten, in einem deutschen Geschäft einzukaufen.[56]
Der Vater regte sich darüber entsetzlich auf. Doch die Kinder machten sich kaum Gedanken und waren rasch wieder von anderen Dingen in Anspruch genommen. Die meisten Menschen fanden sowieso, daß die Juden doch das Land verlassen sollten, das so ungastlich zu ihnen war und in dem sie so ungelitten waren.[57] Drei Wochen später rotteten sich Menschen vor den Geschäften polnischer Juden in der Bahnhofstraße und in der Frauenstraße, durch die die Mädchen täglich zur Schule gingen, zusammen und demonstrierten mit Sprechchören gegen die Polen, weil gerade polnische Gewaltmaßnahmen gegen Deutsche groß aufgemacht durch die Presse gingen. Aber auch daran störten sich die wenigsten. Wo gehobelt wird, da fallen Späne, sagten viele Erwachsene, oder es hieß – wie schon der Pfarrer gesagt hatte –, daß eben ein Sturm durch Deutschland fege. Außerdem sollten die Polen merken, daß sich die Deutschen nicht alles gefallen ließen.
Die vielen neuen Gesetze, wie das zur Wiederherstellung des Berufsbeamtentums, mit dem »Nichtarier« aus dem Staatsdienst entlassen wurden, kannten die Kinder sowieso nicht. Nur der Vater registrierte sie mit Abscheu. In seine Firma kamen auch jüdische Geschäftsleute als Klienten, denen er riet, so schnell wie möglich auszuwandern, bevor Schlimmeres passierte, denn er traute Hitler nicht über den Weg.
Robert Scholl hatte den Vorbesitzer der alteingesessenen Steu-

erberaterfirma inzwischen ausgezahlt und war zum Alleininhaber geworden. Allerdings hatte er dafür bei Verwandten und Freunden eine für seine Verhältnisse hohe Summe ausleihen müssen. Jetzt arbeitete er noch mehr als zuvor, weil die Schulden ihn belasteten und er sie so bald wie möglich abzahlen wollte. Auch die Mutter sparte zu Hause noch mehr als zuvor. Deshalb waren sie noch vor Hitlers Machtergreifung aus dem Haus am Michelsberg in eine große Wohnung am Rande der Altstadt umgezogen.[58] Dadurch konnte der Vater auch seine Büroräume in der Bahnhofstraße einsparen. Die Wohnung hatte zwei Eingangstüren, die im Winkel zueinander lagen. Robert Scholl richtete in den vorderen beiden Zimmern sein Büro ein und konnte so seine Klienten empfangen, ohne das Familienleben in den hinteren Räumen zu stören.[59]

Durch ihre Straße führten fast alle großen Demonstrationen und Aufmärsche. Der 20. April, Hitlers Geburtstag, wurde in diesem Jahr zum ersten Mal feierlich vom ganzen Volk begangen. Am Vorabend ehrte Ulm seinen zukünftigen Ehrenbürger mit einem Fackelzug und einer Kundgebung der nationalen Verbände. Sogar die Hitlerjungen, die Allerkleinsten, durften dabei sein.[60]

Drei Tage später begann das neue Schuljahr. Werner kam als letztes der Scholl-Kinder auf die Oberrealschule und teilte jetzt mit Hans den gleichen kurzen Schulweg. Seit sie umgezogen waren, lagen ihre Schulen fast um die Ecke. Sophie war jetzt in der Quinta, wie die sechste Klasse damals hieß. Sie war fast zwölf, ein kräftiges kleines Mädchen mit dunklem Haar und braunen Augen und einem Mund, der gern lachte. Aber in ihrer Klasse verhielt sie sich eher still. Die meisten Mädchen kannten einander hier schon seit langem und hatten sich der Neuen gegenüber ziemlich mißtrauisch verhalten. So hatte auch sie sich zurückgezogen und benahm sich den anderen gegenüber immer sehr verschlossen.[61]

Am ersten Schultag, der auf den 1. Mai folgte, wurden die Mädchen zu einer großen Schulfeier zusammengerufen. Seit 1899 war dieser Tag der Kampftag der klassenbewußten Arbeiter gewesen, an dem sie für ihre Forderungen nach mehr Lohn und besseren Arbeitsbedingungen auf die Straße gegangen waren. Die Nationalsozialisten hatten ihn zum nationalen Feiertag, dem Tag der Arbeit, erklärt, den sie zum ersten Mal im ganzen Reich mit großem Aufwand festlich begingen. Die Schülerinnen versammelten sich in einer Aula. Das Schülerorchester der nahen Jungen-Oberrealschule spielte einen schneidigen Marsch. Dann sangen alle gemeinsam das Horst-Wessel-Lied, das der Musiklehrer ihnen in den letzten Tagen beigebracht hatte.

»Die Fahne hoch! Die Reihen dicht geschlossen!
S. A. marschiert mit ruhig festem Schritt.
Kameraden, die Rotfront und Reaktion erschossen,
marschiern im Geist in unsern Reihen mit.«

So schmetterten sie aus vollem Hals. Dann folgten die zweite und die dritte Strophe:

»Die Straße frei den braunen Bataillonen,
die Straße frei dem Sturmabteilungsmann,
es schaun aufs Hakenkreuz voll Hoffnung schon Millionen,
der Tag für Freiheit und für Brot bricht an.

Zum letzten Mal wird nun Appell geblasen,
zum Kampfe stehn wir alle schon bereit,
es flattern Hitlerfahnen über allen Straßen,
die Knechtschaft dauert nur noch kurze Zeit!«.[62]

Kaum war das Lied verklungen, da erhoben sie in tiefem Ernst ihre Hand zum heiligen Schwur auf Führer, Volk und Vater-

land. Ein Lehrer sprach mit getragener Stimme die Worte vor, und alle wiederholten sie gemeinsam. Jetzt trat der Direktor an das Rednerpult und beschrieb den Festzug, der am Tag der Arbeit durch die Straßen der Stadt gezogen war. Voller Pathos und Überzeugung erklärte er den Schülerinnen, daß jetzt im neuen Deutschland alle Arbeiten gleich wichtig seien, weil jede Arbeit Dienst am Volk sei. Sie alle bildeten eine große Volksgemeinschaft, die wie eine große Familie durch die Bande des Vertrauens, der Treue, der Hilfsbereitschaft und der hingebenden Liebe verbunden war. Es durfte keinen Standesdünkel und Klassenhaß mehr geben, weil sie sich alle als Glieder einer Volksfamilie fühlen und in nationaler Bruderliebe die Hand reichen mußten.[63]
Die Mädchen hörten gebannt zu. Ja, wie gern wollten sie würdige Mitglieder ihrer Volksgemeinschaft sein. Sie wollten sich in ihrem Vaterland wie in einer großen Familie fühlen, und sie wollten, wie der Direktor sagte, an ihrem Platz das Beste leisten, dessen sie fähig waren, für ihr Vaterland. Als er geendet hatte und ein weiteres Lied verklungen war, entrollten sie Hunderte von kleinen Hakenkreuzfähnchen und sangen mit den Fahnen in der Hand aus vollem Herzen das Deutschlandlied: »Deutschland, Deutschland über alles!«

Bloß keine Musterknaben! – Hitlerjugend in Ulm

Die Scholl-Kinder, besonders Inge und Hans, waren von der Bewegung, die Deutschland ganz und gar erneuern wollte, mitgerissen. Sie wollten unbedingt mit dabei sein und in die Hitlerjugend eintreten. Aber der Vater war strikt dagegen. Zum ersten Mal wagten die beiden Großen, gegen den Vater aufzubegehren. Es kam zu heftigen Auseinandersetzungen. Obwohl die Eltern die damals noch überall üblichen Schläge als Erziehungsmittel ablehnten, kam Inge sogar an einem Morgen mit einer knallroten Backe in die Schule. Der Vater hatte sich so erregt, daß ihm die Hand ausgerutscht war. Er habe verboten, daß sie in die Hitlerjugend gingen, erzählte sie ihren Klassenkameradinnen.

Die Mutter sorgte schließlich wie immer für Ausgleich und überredete ihren Mann, den beiden ihren Willen zu lassen. So schlecht war das, was der Hitler wollte, doch auch wieder nicht. Er sagte doch immer wieder, daß er nur den Frieden wolle, und er hatte Gottes Beistand angerufen. Es gab doch auch gute Leute bei den Nationalsozialisten. Ein alter Freund in Forchtenberg, Dr. Dietrich, war schließlich auch schon seit langem überzeugter Nationalsozialist, und ihm konnte man doch wirklich keine bösen Absichten vorwerfen. Außerdem war er, der Vater, doch selbst auch seine eigenen Wege gegangen, als er so alt war wie seine beiden Großen jetzt. Hans und Inge waren eben in dem Alter, in dem sie sich von den Eltern abzulösen begannen. Auch andere verwandten sich für die Kinder und machten ihm klar, daß er sie verlieren würde, wenn er sich zu sehr ihren Wünschen und der neuen Zeit entgegenstellen würde. So gab er schließlich nach. Zum 1. Mai 1933 waren Inge und Hans in die Hitlerjugend eingetreten.[64]

Die Mitgliedschaft von Mädchen in dieser Jugendorganisation war anfangs umstritten gewesen. Frauen waren damals noch nicht lange aus dem häuslichen Familienleben in die Welt der Männer herausgetreten. Es war erst vierzehn Jahre her, daß sie zum ersten Mal in Deutschland politische Rechte erhalten hatten und wählen durften. Ein neuer Frauentyp, die selbstbewußt lebende und in der Öffentlichkeit präsente, berufstätige »neue Frau« und »Kameradin« des Mannes, begann sich erst herauszubilden. Die Hitlerjungen hatten Mädchen in ihren Gruppen schroff abgelehnt. Doch Frauen, die aus der bündischen Jugend kamen, gründeten den BDM – den Bund Deutscher Mädel –, der schließlich als Mädchenorganisation in die Hitlerjugend eingegliedert wurde.[65]

»Jawohl! Mädel in die HJ! Trotz aller Warnung der Spießer rufen wir euch zu: Kommt zu uns. Wir müssen ein Volk werden! Es darf keiner fehlen!« So warb Trude Mohr, die spätere Reichsreferentin des BDM, für die Gründung neuer Gruppen.[66] Wie im ganzen Reich war der Bund Deutscher Mädel auch in Ulm erst im Aufbau und bestand nur aus einer kleinen Gruppe von Mädchen und jungen Frauen. Aber in diesen Tagen erlebte er einen gewaltigen Zustrom, so daß die sechzehnjährige Inge gleich eine eigene Gruppe eröffnen durfte. Ende Mai mußte sogar ein Aufnahmestopp verhängt werden, weil die Ulmerinnen die große Zahl neuer Mitglieder nicht verkraften konnten.[67]
Sie fühlten sich alle als des Führers neue Jugend, die Zukunft Deutschlands. Selbstverständlich wollten sie so sein, wie der Führer es wünschte. Er hatte für seine Jugend die Parole ausgegeben: Bloß keine Musterknaben![68] Seine Jugend sollte hart im Nehmen sein, stark und kräftig, gesund und munter. Die Jungen sollten ruhig einmal raufen und zuschlagen können. Der Führer konnte keine Schwächlinge und intellektuellen Besserwisser gebrauchen in seinem Kampf um das neue Deutschland. So wie Stefan George in seinem Gedicht von der Jugend schrieb, das in dem neuen Hitlerjugend-Buch stand, so sollten und wollten sie gern werden, und so dachten und fühlten sie. Unter dem Bild des Führers, der seine Hand auf die Schulter eines Hitlerjungen in voller Montur legte, standen die Worte:

»Jugend
Auf neue Tafeln schreibt ein neuer Stand:
laßt Greise des erworbenen Guts sich freuen!
Das ferne Wettern reicht nicht an ihr Ohr.

Doch alle Jugend sollt ihr Sklaven nennen,
Die heut' mit weichen Klängen sich betäubt,
Mit Rosenketten über'n Abgrund tändelt.

Ihr sollt das Morsche aus dem Munde speien –
Ihr sollt den Dolch im Lorbeerstrauße tragen,
Gemäß in Schritt und Klang der nahen Wahl.«[69]

Eine Woche vor Pfingsten fand zum ersten Mal in Ulm ein großes Treffen der Hitlerjugend statt, an dem dreitausend Buben und Mädel hinter dem Hakenkreuzbanner zum Ulmer Stadion marschierten, wo eine Kundgebung abgehalten wurde. Am Abend trafen sich alle auf dem Oberberghof zu einem nächtlichen Höhenfeuer. Der Zeitpunkt für diese Demonstration der Stärke war bewußt gewählt worden: Zu Pfingsten hatten die Kirchen ein großes Diözesantreffen der katholischen Jugend sowie den evangelischen Bezirksjugendtag nach Ulm einberufen. Die Oberen der Hitlerjugend hatten schon im Vorfeld eine Aufforderung an die christlichen Vereine herausgegeben, nicht unter der Hakenkreuzfahne zu marschieren, weil diese ihnen nicht gebühre. Das Ziel dieser Politik war, alle anderen Jugendverbände zu zerschlagen und die Hitlerjugend zur alleinigen Staatsjugend zu machen. Doch das konnten die begeisterten jugendlichen Anhänger des Führers nicht wissen.
Für sie war klar, daß jeder, der nicht zu ihnen kam und sich der neuen großen Idee von der Volksgemeinschaft nicht zur Verfügung stellen wollte, gegen sie war und als Verräter am eigenen Vaterland bekämpft werden mußte. Das höchste Symbol dieses Vaterlandes war die Fahne. Ihr galt der heiligste Schwur. Ihre rote Farbe stand für den neuen Sozialismus und die Volksgemeinschaft, die sie jetzt alle bildeten: Das Weiß war das Zeichen ihrer Nation, ihres Heimatlandes Deutschland, das Rot meinte den Sozialismus, und das Hakenkreuz kündete vom Sieg der arischen Menschen.[70] Dieses heilige Banner durfte nicht von Andersgläubigen befleckt werden. Denn die Hitlerjungen und -mädchen glaubten an den Führer und die nationalsozialistische Idee, und sie waren bereit, ihren Glauben auf das eifersüchtigste zu verteidigen.

Am Pfingstsonntag zogen sechstausend katholische Jugendliche aus ganz Württemberg durch Ulm in Richtung Stadion. Ihr Treffen stand unter dem Motto »Für Christi Reich und ein neues Deutschland«, und selbstverständlich wurden das schwarz-weiß-rote Reichsbanner und das rote Tuch mit dem Hakenkreuz dem Zug vorangetragen. Aber das ließen sich die Burschen von der HJ nicht bieten. Kurz bevor die Katholiken in das Stadion einmarschieren konnten, stürmten sie auf die Spitze ihres Zuges zu und rissen den Fahnenträgern mit dem Ruf, daß sie nicht zur deutschen Volksgemeinschaft gehörten, die Fahnen aus der Hand. Ein wildes Handgemenge setzte ein. Inzwischen versperrten andere Hitlerjungen den Eingang zum Stadion, so daß sogar die Polizei gerufen werden mußte, damit das kirchliche Treffen mit dem geplanten großen Festgottesdienst endlich seinen Fortgang nehmen konnte.

Allerdings wurde der Kampf gegen die kirchlichen Gruppen bald darauf von oben abgeblasen. Der Führer unterzeichnete im Juni das Konkordat mit der katholischen Kirche, worin ihr ausdrücklich zugestanden wurde, weiterhin eigene Jugendgruppen zu organisieren, denen aber nur noch die religiöse Betätigung erlaubt war, während ihnen gemeinsamer Sport und eigenständiges Fahrtenleben ausdrücklich verboten wurde.

Auch nachdem gegenüber den kirchlichen Gruppen erst einmal wieder Ruhe eingetreten war, baute der Reichsjugendführer die Herrschaft seiner Organisation weiter aus. Noch im Mai 1933 wurden die meisten bündischen Gruppen aufgelöst und in die Hitlerjugend überführt. Wie überall im Reich stürmten SA und HJ auch in Ulm die Heime der Freischaren und erklärten sie samt Inventar zum Eigentum der Hitlerjugend. Mitte Juni wurden die bündischen Gruppen dann auf dem Münsterplatz feierlich in die Jugend des Führers eingegliedert. Achthundert Jungen waren angetreten. Im Zentrum war ein riesiger Holzstoß aufgeschichtet worden. Die Kundgebung begann mit Musik und Gesang. Dann sprach der NSDAP-Ortsgruppenleiter: Die deutsche Jugend sollte mit einem neuen edleren Geist erfüllt werden, rief er ihnen zu. Nach vierzehn Jahren Sklaverei, Entsittlichung und Entartung – damit meinte er die Zeit der Weimarer Republik mit ihrer Offenheit für neue avantgardistische Strömungen in Kunst und Kultur – sollten die Flammen symbolisch alles verbrennen, was noch schlecht im deutschen Volke war. Es werde kein Rasten und Ruhen geben, bis auch der letzte deutsche Junge für ein neues mächtiges und großes Deutschland in den Reihen Adolf Hitlers kämpfte. Der Scheiterhaufen wurde angezündet. Einzelne Jungen traten vor und warfen Bücher in das Feuer, wobei sie laut Titel und Verfasser ausriefen. Nach dem Vorbild der Studenten übergaben sie »volksfeindliche Schmutz- und Schundliteratur« den Flammen. Wie überall im Reich zerstörten auch sie Werke von Thomas Mann, Stefan Zweig und Carl Zuckmayer und anderen jüdischen oder kritischen Autoren. Auch marxistische Fahnen loderten in der Glut kurz auf und verglühten.[71]

Werner kam an diesem Tag mit der Gruppe von Fritz zur Hitlerjugend. Die bündischen Jugendführer wurden einfach mit übernommen, weil die HJ dem riesigen Zustrom überhaupt nicht gewachsen war und nicht genug eigene Führer und Führerinnen besaß. Wie Fritz waren die bündischen Führer meistens Oberschüler, die nach der Übernahme in die HJ einfach so weitermachten, wie sie es gewohnt waren. Niemand hatte etwas dagegen, wenn sie mit ihren Jungen auf Fahrt gingen, große Spiele im Freien veranstalteten, vormilitärische Übungen abhielten, sie im Marschieren drillten, alte und neue Lieder sangen und gemeinsam die Heldensagen aus grauer Vorzeit lasen.

Wie die bündische Jugend war auch die Hitlerjugend nach dem Vorbild des Militärs in kleine Gruppen geteilt, die zu immer größeren Einheiten zusammengefaßt wurden. Die

Reichsjugendführung hatte zur Parole gemacht, was bisher schon bei den Bündischen gegolten hatte, nämlich daß »Jugend von Jugend geführt« werden sollte. Die Führer in der Hitlerjugend waren oft kaum älter als diejenigen, die sie anleiteten. Natürlich war es eine große Ehre, als Führer auserwählt zu werden. Die Verlockung zum Aufstieg in immer höhere Positionen war groß. Führerposten boten schließlich auch die Möglichkeit, selbst ein kleines Stückchen an der Macht teilzuhaben: Man durfte von seiner Gefolgschaft strikten Gehorsam fordern. Selbstverständlich waren alle diese Posten Ehrenämter; allein der Gedanke an eine Bezahlung lag außerhalb jeglicher Vorstellungsmöglichkeit. Die Jungen und Mädchen, die Führer wurden, waren ungeheuer stolz darauf, ihrem Vaterland zu dienen.

Hans gehörte anfangs zu der Gefolgschaft von Max, einem der Söhne des Ulmer Standortkommandanten, dessen Familie zu den ersten der Stadt gehörte. Max besuchte eine höhere Klasse in derselben Schule wie Hans. In diesen Sommerferien ging er mit seiner Schaft auf große Fahrt in den Böhmerwald. Dabei lernte auch Hans das bündische Brauchtum zum ersten Mal richtig kennen.[72] Die bündische Jugend war stark von einem jungen Führer beeinflußt, der Ende der zwanziger Jahre neue Formen und Ideen entwickelt hatte. Dieser Eberhard Köbel oder Tusk, der Deutsche, wie er sich nannte, hatte am 1. November 1929 seine Deutsche Jungenschaft gegründet, sie abgekürzt als dj.1.11 benannt und zur Revolution gegen die Alten in den Bünden aufgerufen. Schon die Abkürzung und Kleinschreibung des Namens war Programm. Denn die radikale Kleinschreibung wurde von den Künstlern des Bauhauses vertreten, die in den zwanziger Jahren in Deutschland abstrakte und rein funktionale Formen propagierten, ganz im Gegensatz zu den bis dahin herrschenden verschnörkelten Ornamenten des Jugendstils.[73]

Köbel war als Sohn eines Richters in Stuttgart aufgewachsen[74] und hatte nach dem Abitur eine Zeitlang in Lappland gelebt, von wo er seinen Namen mitgebracht hatte. Dieses ferne Land bedeutete für die Jungen Exotik und Abenteuer. Tusk war mit einem Stamm der Lappen den Königsweg gewandert, hatte die Mitternachtssonne gesehen, in dem Feuerzelt, der Kote, geschlafen, wo man in den kalten Nächten zu zweit einen Schlafsack teilen mußte, um nicht zu erfrieren. Er war durch Schnee gestapft, der auch im Sommer nicht taute, und mit der Rentierherde und seinen fremden Freunden durch unendlich weite Birkenwälder gezogen. Weitab von aller modernen Zivilisation mit ihren technischen Errungenschaften, ihren Autos und Motorrädern, Lastwagen und Telefonen, die damals gerade am Anfang ihrer Verbreitung standen, hatte Tusk seine Ideen eines neuen Jungenlebens entwickelt.

Die äußeren Formen leitete er aus dem Leben im hohen Norden ab. Er machte die schwarze Kote zum Zelt der bündischen Jugend: Lange Stangen wurden mit den Spitzen zusammengestellt, dreieckige Bahnen darüber gelegt, die Spitze blieb offen, damit der Rauch des Feuers abziehen konnte; der Boden wurde mit Streu abgedeckt, unter dem Feuerloch ein Herd aus Steinen gebaut und darüber der Kessel aufgehängt. Dieses Zelt konnte beliebig vergrößert und überall in kürzester Zeit aufgestellt werden. Man konnte darin auch im Winter kampieren. Tusk legte sogar die Breite des Ornamentstreifens fest, mit dem es draußen geschmückt werden sollte. Seine Jungen trugen die »blaue Kluft« – eine lose geschnittene Jungenschaftsbluse mit zwei Querriegeln am Hals und breitem Kragen, der zu einer Kapuze hochgeschlagen werden konnte.[75]

Trotz Abenteuerromantik und Naturliebe begeisterte sich Tusk auch für die moderne Technik. Er war zu der Einsicht gekommen, daß »der Antitechniker in der technisierten Gegenwart einem Mann ähnelte, der Fleisch verzehrte, obwohl er gegen das Schlachten von Tieren eintrat«. Von der Mutter bekam er ein Motorrad geschenkt – äußerst kostbar in dieser Zeit –, und mit der modernen Maschine erschloß sich ihm die Welt der Motoren.[76] So mischte Tusk Formen und Ideale aus dem Leben der »edlen Wilden« mit seiner Begeisterung für moderne Technik und erschuf daraus das Ideal einer großartigen Jungenwelt: In Lappland konnte nur bestehen, wer härter und besser war als alle anderen und wer tiefer und gründlicher nachdachte. Das war seine elitäre Botschaft, die er in und um Stuttgart herum verbreitete, wo er seine Jungenschaften zuerst gründete. Die Kote und die blaue Jungenschaftsbluse wurden rasch zu Symbolen dieses neuen Lebens. Auch Max trug sie und erzählte seinen Jungen viel von Tusk und seiner Heldenfibel, in der diese Ideale niedergelegt waren.[77] Hans kam glücklich und stolz von der ersten großen Fahrt seines Lebens zurück und berichtete seinen Geschwistern zu Hause ausführlich von seinen Erlebnissen. Zu gern wären auch die Mädchen auf so eine Fahrt gegangen.

Die bündische Ausrichtung war im übrigen für keinen der Jungen ein Hinderungsgrund, sich für Adolf Hitler zu begeistern. Als der Führer Ulm im Herbst besuchte, um an dem Manöver der Reichswehr teilzunehmen, waren auch die Geschwister und ihre Freunde unter den Tausenden, die vor dem »Russischen Hof« standen, um ihm zuzujubeln. Alle Schüler hatten frei bekommen, und für die meisten Jungen waren das Manöver und die Panzer, die zum ersten Mal gezeigt wurden, eine aufregende Sache.[78]

Im diesem Herbst wurde auch das »Deutsche Jungvolk« gegründet, eine relativ eigenständige Unterabteilung der Hitlerjugend für die Zehn- bis Vierzehnjährigen, die andere Freizeitbedürfnisse hatten als die Älteren. Auch innerhalb des BDM schuf man wenig später die »Jungmädel« für die Kleineren. Aber in Ulm waren Führer für das neue Jungvolk und die Jungmädel Mangelware. Die Hitlerjugend brauchte jetzt jeden, der sich irgendwie für einen solchen Posten eignete. So erhielt auch der knapp sechzehnjährige Hans seinen ersten Posten als Schaftführer. Das war die niedrigste Position, die die Hitlerjugend zu bieten hatte. Ein Schaftführer gebot über zehn bis höchstens zwanzig Buben. Die gleiche Einteilung galt bei den Mädchen.

Max stieg zur gleichen Zeit zum Fähnleinführer auf und blieb damit weiterhin Hans' »Vorgesetzter«.[79] Ein Fähnleinführer, diesem Rang entsprach bei den Mädchen die Gruppenführerin, marschierte immerhin schon vier Jungzügen oder Mädelscharen voran. Das waren etwa hundertzwanzig Kinder mit ihren zwölf Schaft- und drei Scharführern. Jungzüge beziehungsweise Mädelscharen hießen die Zwischenstufen, zu denen jeweils vier Schaften zusammengeschlossen wurden.

Sophie und Liesl hatten durch die Erzählungen von Inge, Hans und Werner von Anfang an alles miterlebt, was in der Hitlerjugend los war. Sie wollten natürlich selbst gern mitmachen. Aber erst als die Jungmädelschaften eingerichtet wurden, erlaubten die Eltern, daß auch ihre beiden Kleinen zur Hitlerjugend gingen. Im Januar 1934 trat die knapp dreizehnjährige Sophie in die Gefolgschaft von Charlo ein, die schon eine Klasse weiter als Inge war.[80]

Charlo hatte den Bund Deutscher Mädel in Ulm mit aufgebaut und war jetzt die erste Ringführerin der neuen Jungmädel geworden. Sie verstand es, ihre Mädel zu begeistern, und war rasch zu einer der beliebtesten Führerinnen in Ulm geworden, um die sich eine große Gruppe von Mädchen scharte. Charlo war fast selbst wie ein Junge. Da die Mädchen keine eigenen bündischen Vorbilder wie die Jungen hatten, orientierten sie sich sowieso ganz an dem, was die Jungen machten. Sie wollten auch so frei und ungebunden in der Natur leben, Fahrten unternehmen und die Welt kennenlernen wie diese. So zog Charlo mit ihrer Gefolgschaft immer hinaus ins Freie. In den Wäldern und Wiesen spielten sie die gleichen wilden Spiele wie die Jungen, übten Marschieren und Speerwerfen, veranstalteten Ringkämpfe, kletterten auf Bäume, machten Geländespiele und übten sogar Kleinkaliberschießen.

Manche Eltern waren allerdings überhaupt nicht von Charlo begeistert. Sie fanden, daß ihre gesittet erzogenen Mädchen bei ihr verwilderten. Ihre rauhe Art ging ihnen viel zu weit.[81] Aber Charlo war nicht nur burschikos – wie man damals sagte, wenn ein Mädchen das jungenhafte Verhalten der Burschen nachahmte –, sondern auch sehr intelligent. Sie interessierte sich für Kunst und Literatur. Bei ihr wurden nicht nur die Tage und Nachmittage im Freien zu einem Erlebnis, auch die Heimabende, die bei schlechtem Wetter notgedrungen drinnen abgehalten wurden, gestaltete sie fesselnd. Gemeinsam sang sie mit ihren Mädchen alte und neue Lieder, betrachtete Kunstwerke und las ihnen in ihrer mitreißenden und packenden Art Geschichten und Märchen so vor, daß ihnen die Bilder leuchtend vor Augen standen, die ihre Stimme beschwor. Sie verhinderte auch keine Diskussion, sondern förderte sie und verhalf ihnen oft zu neuen Einsichten. Ihre Jungmädel bildeten bald eine echte Gemeinschaft. Sie waren gerade im Backfischalter, und viele von ihnen beteten Charlo geradezu an. Sie wären für diese Führerin durchs Feuer gegangen, die ihnen Vorbild und ältere Freundin zugleich war. Die ganze Liebe und Leidenschaft ihrer jungen Herzen galt ihr.

Sophie fühlte sich bei den Jungmädeln zum ersten Mal in Ulm richtig wohl. Der doppelte Wechsel aus dem heimatlichem Forchtenberg, wo sie die Tochter des Schultheißen und der Liebling des Lehrers gewesen war, nach Ludwigsburg, wo sie sich plötzlich als eine unter vielen wiederfand, und kurz darauf von Ludwigsburg nach Ulm, wo sie wieder von vorn anfangen mußte, war nicht spurlos vorübergegangen. Alle fünf Kinder hatten sich seitdem eng in ihrem Familien- und Geschwisterkreis zusammengeschlossen. Sophie kam in der Schule zwar problemlos mit, aber mit ihren Klassenkamera-

dinnen war sie von Anfang an nicht richtig warm geworden.
Bei den Jungmädeln war das ganz anders. Hier waren alle neu und wollten etwas Neues. Hier gab es Sport, Spiel und Spaß. Hier konnte sie sich mit allen ihren Fähigkeiten einbringen. Bei Charlo konnte sie richtig aus sich herausgehen. Sie übernahm rasch erste Führungsaufgaben. Sie konnte gut singen und hatte genug Klavierunterricht genossen, um ohne große Mühe Begleitakkorde zu den neuen Liedern zu finden und die unbekannten Melodien mit den anderen einzuüben. Lange hatte sie als Schwächste in der Familie gegolten und war von der Mutter ein wenig verzärtelt worden. Jetzt konnte sie zeigen, was in ihr steckte. Ihr kindlicher Körper begann sich zu strecken. Der viele Sport an der frischen Luft machte sie stark, gesund und kräftig, so daß sie längst nicht mehr so leicht krank wurde wie früher.[82]
Bei den Jungmädeln lernte sie auch Annlies kennen, die bald ihre beste Freundin wurde. Als Annlies vom Gymnasium auf Sophies Schule überwechselte, setzten sie sich nebeneinander und schlossen sich noch enger aneinander an.[83] Aber die Schule spielte in ihrem Leben nicht die größte Rolle. Ihre Mädelschaft war ihnen viel wichtiger.
Mittags trafen sie sich bei der Georgskirche zum »Ständerling«, wie sie es nannten. Sophie, Liesl und Inge hatten es von dort nicht weit nach Hause. Auch ihre Brüder kamen auf dem Schulweg an dieser Straßenecke vorbei. Die Mädchen fuhren einander zur Begrüßung mit ausgestreckter Hand über den Haaransatz an der Stirn und puschelten ihn ein wenig. Charlo hatte diesen Gruß, der den Hitlergruß mit einer zärtlichen Geste verband, bei ihnen eingeführt. Die Kleineren tobten meistens herum und balgten sich wie die Jungen miteinander. Die Größeren unterhielten sich über die Schule oder planten neue Aktivitäten. Sophie und Annlies waren beim Balgen immer mitten dabei. Sie genossen es, ganz unmädchenhaft ihre Kräfte miteinander zu messen.[84]

Inge kam allerdings bald nur noch selten mit zum Ständerling. Ostern 1934 hatte sie ihr zehntes Schuljahr vollendet und damit das Einjährige, wie die Mittlere Reife hieß, in der Tasche. Sie hatte die Schule satt, besonders mit dem Mathematikunterricht stand sie auf Kriegsfuß. Außerdem brauchte der Vater eine Hilfe in seinem Büro und bot ihr an, bei ihm zu arbeiten. Der Direktor bestürmte den Vater zwar, Inge auf der Schule zu lassen, sie sei doch intelligent genug für das Abitur. Aber sie war entschlossen abzugehen und beim Vater zu arbeiten. So konnte sie zu Hause wohnen bleiben, und ihre Ausbildung kostete nichts.[85] Der Vater bezahlte ihr ein richtiges Gehalt, so daß sie die einzige von den Fünfen war, die jetzt immer über eigenes Geld verfügte.

Sie fühlte sich jetzt ebenso wie Hans als junge Erwachsene. Ostern wurden beide konfirmiert, und die Konfirmation galt als das Ende der Kindheit. Die evangelischen Christen hatten sich am Nationalsozialismus gespalten. Gegen die »Deutschen Christen« war die Bekennende Kirche aufgestanden. Aber diese innerkirchlichen Kämpfe interessierten die von Hitler begeisterten Jugendlichen sowieso nicht mehr. Sie hielten nichts von den alten Autoritäten. Sie lebten ein neues Jugendleben! Darin hatten die Kirche und die alten Leute – zu denen auch die Eltern zählten – keinen Platz mehr. Trotzdem waren Inge und Hans zur Konfirmation gegangen. Das gehörte einfach zum Erwachsenwerden dazu, und sie wollten sich nicht gegen den Wunsch der Mutter auflehnen.

Frauenbildung und Erblehre

Um dieselbe Zeit ging auch das erste Schuljahr nach der Machtergreifung zu Ende.[86] In den letzten Monaten hatten die Nationalsozialisten mit immer neuen Anweisungen in das Schulleben eingegriffen und im ganzen Reich neue

Unterrichtsinhalte vorgegeben, die alle Lehrer vermitteln mußten. So war im Herbst an allen Schulen angeordnet worden, daß der Blick der deutschen Jugend auf den Osten gerichtet werden sollte, weil dieser angeblich für die Zukunft Deutschlands von größter Bedeutung war.[87] Die deutsche Minderheit in Polen und der Tschechoslowakei und besonders die Freie Stadt Danzig kam plötzlich in fast jeder Stunde vor.

An Sophies Mädchenschule hatten im letzten Jahr zum ersten Mal Abiturprüfungen stattgefunden. Der Direktor hatte sich seit Jahren dafür eingesetzt, daß seine Schule eine wissenschaftliche Oberstufe bekam und das Abitur abnehmen konnte. Jetzt hatte er sein Ziel fast erreicht. 1933 hatten dreißig Mädchen ihre Reifeprüfung bestanden. Doch für die nachfolgenden wissenschaftlichen Klassen gab es kaum noch neue Anmeldungen. Während der Wirtschaftskrise waren immer weniger Eltern bereit gewesen, ihre Töchter in die Oberstufe zu geben. Viele konnten das Schulgeld nicht bezahlen, und die Meinung, daß Mädchen sowieso heirateten und eine wissenschaftliche Bildung für sie im Grunde hinausgeworfenes Geld bedeutete, war weit verbreitet. So hatte die neue Oberstufe von Anbeginn an auf tönernen Füßen gestanden. Die Nationalsozialisten hatten der Schule dann umgehend die staatliche Anerkennung als Vollanstalt verweigert. Sie hätten die Oberstufe am liebsten wieder abgeschafft und statt dessen das Frauenschuljahr, das bisher als freiwillige elfte Klasse angeboten wurde, zu einer dreijährigen Frauenoberschule ausgebaut. Ihrer Meinung nach brauchte die künftige deutsche Frau keine Übung im rationalen Denken. Anstelle der geistigen Ausbildung sollte vielmehr ihre seelische und gefühlsmäßige Bildung den Vorrang bekommen. Der Direktor war mit solchen Tendenzen nicht einverstanden und wehrte sich. Er bemühte sich mit allen Mitteln darum, so viele Mädchen wie möglich in den wissenschaftlichen Zweig zu bekommen, und versprach den Eltern die Übernahme des Schulgeldes, wenn sie ihre Töchter dorthin schickten. Gerade in Sophies Jahrgang brauchte er mindestens zehn Schülerinnen, um seine Oberstufe zu erhalten. So brauchten auch ihre Eltern kein Schulgeld für sie zu zahlen.[88]

Wie der alte Direktor waren längst nicht alle Lehrerinnen und Lehrer von der neuen Weltanschauung und den Vorstellungen von der weiblichen Rolle in der zukünftigen nationalsozialistischen Gesellschaft begeistert. Aber wer dagegen war, hielt sich jetzt lieber zurück, um seine Existenz nicht aufs Spiel zu setzen. Wie sehr allerdings die Lehrer und Lehrerinnen im Unterricht die neue Ideologie betonten oder unter den Tisch fallen ließen, blieb immer noch ihre Sache. So hatte auch Sophie Lehrerinnen, die weiterhin Wert auf eine fundierte wissenschaftliche Bildung legten und die nötigen Grundlagen für ein Hochschulstudium vermitteln wollten.

Besonders Fräulein Dr. Frieß, die Biologie und Chemie gab, ließ sich in ihrem hohen Anspruch nicht beirren. Als Studienassessorin war sie gerade frisch von der Universität gekommen. Sophie mochte diese junge Lehrerin sehr gern und lud sie sogar einmal ein, bei den Jungmädeln zum Zelten mitzukommen, obwohl Annlies eigentlich dagegen war und überhaupt nicht verstand, wieso sie ihre Lehrerin in die Hitlerjugend einladen sollten.[89] Als Fräulein Dr. Frieß die Klasse neu übernahm, musterte sie ihre Schülerinnen mit kritischen Augen und gewöhnte ihnen mit ein paar mißbilligenden Blicken als erstes das Schwatzen und Kichern ab. Sie erwartete von ihnen Einsatz und Konzentration, bot ihnen aber auch etwas. Denn sie erschloß ihnen eine ganz neue Dimension der Naturbetrachtung. Bei ihr war nicht das Gefühl gefragt, sondern die kritische Untersuchung und Analyse der sichtbaren Stoffe und ihrer Reaktionen miteinander. Sie lehrte das komplizierte und sinnvolle Zusammenspiel der Organe des menschlichen Körpers verstehen und schlug ihre Schülerinnen damit in Bann, daß sie ihnen die Dynamik des Stoffwechsels erklärte.

Trotz ihres wissenschaftlichen Anspruches mußte natürlich auch Fräulein Dr. Frieß die neue »Erblehre und Rassekunde« in ihren Unterricht integrieren. In einem sogenannten lebenskundlichen Lehrgang mußten sie sich mit »Familienkunde, Erblehre und Erbpflege« befassen. Die Schülerinnen wurden aufgefordert, anhand der eigenen Familie Ahnenforschung zu betreiben. Sophie interessierte sich zum ersten Mal für ihre Herkunft und fragte die Eltern gründlich nach ihren Vorfahren aus. Die arische Abstammung war ungeheuer wichtig, nur damit gehörte man zu der neuen Herrenrasse, die in Zukunft die Welt beherrschen würde.

Fräulein Dr. Frieß besprach mit ihren Schülerinnen ausführlich die Mendelschen Gesetze und ließ sie den Weg nachvollziehen, den die erblichen Merkmale bei der Fortpflanzung nahmen. Sie erzählte ihnen sogar schon etwas von der Theorie der Gene, die gerade erst 1928 aufgestellt worden war. Aber sie mußte auch über die »Gegenauslese durch überdurchschnittliche Fortpflanzung erblich Mindertüchtiger und rassisch Minderwertiger« sprechen, gegen die das neue »Gesetz zur Verhütung erbkranken Nachwuchses« durch »Sterilisation und Sicherheitsverwahrung« einen starken Damm aufrichten sollte. Daraus ergaben sich als weitere Themen die »notwendige Erweiterung des Lebensraumes für Gesunde« und die »notwendigen Einsparungen der Unterhaltskosten für Minderwertige« ebenso wie »Vergreisung« und »Geburtenrückgang«. In den Lehrerbegleitheften hieß es dazu, daß die Schülerinnen durch diesen Unterricht zu einem »triebsicheren Willen zur Abwehr des drohenden Volkssterbens und zum Mitwirken an der geplanten Volksgesundung« erzogen werden sollten.[90]

Auch in den Zeitungen erschienen immer wieder Artikel über die Erbkrankheiten. Sophie erinnerte sich an einen Besuch in Schwäbisch Hall. Die Mutter hatte für die Fahrt von Forchtenberg aus sogar ein Auto gmietet und alle Kinder mitgenommen, weil sie ihnen die Diakonissenanstalt, in der sie früher gearbeitet hatte, zeigen wollte. Auch in das Haus mit den schwerbehinderten Kindern hatte die Mutter sie geführt. Ihre Kinder sollten sehen, wie glücklich sie sein konnten, daß sie eine große gesunde Familie waren. Manchen Kindern dort hatte man ihre Behinderung nicht ansehen können, aber andere waren klein und fett gewesen, mit Glubschaugen und halboffenen Mündern. Ein Junge war hinter Liesl hergelaufen und hatte ihr einfach den Apfel aus der Hand gerissen, in den sie gerade hineinbeißen wollte. Einen Moment lang versuchte sie, mit ihm zu reden, bis sie merkte, daß man mit solchen Kindern gar nicht reden konnte. Dieses Erlebnis hatte sie alle tief beeindruckt.[91] Daß Erbkranke keinen Nachwuchs zeugen durften, damit nicht solche schrecklichen Kinder auf die Welt kommen konnten, fanden sie deshalb ganz richtig.

Während sich Fräulein Frieß insgesamt sehr mit dem nationalsozialistischen Gedankengut zurückhielt, hatten sie in Geschichte mit Herrn Dr. Brunner einen überzeugten Verfechter der neuen Ideologie zum Lehrer, der sich ganz am heldischen Gedanken in seiner germanischen Ausprägung und an dem Führergedanken der Gegenwart orientierte. Die Mädchen fanden ihn ein bißchen fies, weil er sie gern einmal mit einer gemeinen Bemerkung verunsicherte.[92] Außer Deutsch und Geschichte gab er auch Weltanschauung, ein neues Fach, das immer mehr Mädchen anstelle des kirchlichen Religionsunterrichtes besuchten. Bei Brunner spielte die Geschichte der Kriege die wichtigste Rolle. Sein oft wiederholter Grundsatz lautete, daß ein Volk seine Nationalkraft nur im Krieg wirklich kennenlernt.

Dr. Brunner begann seinen Unterricht mit der heimischen Vorgeschichte und der römischen Besiedlung, von der Sophie schon in Forchtenberg etwas gehört hatte. Jetzt stand der heroische Kampf der Germanen gegen die römischen Besetzer

im Vordergrund. Auch Brunner ging noch einmal – und gründlicher als Fräulein Dr. Frieß – auf die Rassenkunde ein und begründete weitschweifig, warum Römer und Juden als Volk hatten untergehen müssen. Dann kam er auf die nordischen Wanderungen und natürlich besonders die germanischen Völkerwanderungen zu sprechen. Sie lernten bei ihm, daß alle europäische Kultur nordisch bedingt war. Daraus folgte, daß nur »das Vorherrschen nordischer Artung eine Entartung deutschen Wesens« verhindern konnte. Brunner glorifizierte die Deutschen gern und kam immer wieder auf die Wichtigkeit der »Artreinheit« zu sprechen, durch die das deutsche Volk zu neuer Blüte kommen sollte. Gerade die zukünftigen jungen Frauen waren aufgerufen, ihr Blut rein zu halten. »Am deutschen Wesen wird die Welt genesen.«[93]
Manchmal vermischte er Geschichte und Deutsch. Dann diktierte er ihnen zum Beispiel mit Pathos ein Gedicht auf den Führer:

»DEM FÜHRER
So gelte denn wieder
Urväter Sitte:
Es steigt der Führer
aus Volkes Mitte.

Sie kannten vorzeiten
nicht Krone noch Thron.
Es führte die Männer
ihr tüchtigster Sohn,

die Freien der Freie!
Nur eigene Tat
gab ihm die Weihe
und Gottes Gnad'!

So schuf ihm sein Wirken
Würde und Stand.
Der vor dem Heer herzog,
ward Herzog genannt.

Herzog des Reiches,
wie wir es meinen,
bist du schon lange
im Herzen der Deinen.«

Das Klassengespräch eröffnete er darauf mit der Frage, wer die Urväter waren. Die Antwort war leicht, natürlich waren die Vorfahren aus germanischen Zeiten gemeint. Warum man sich jetzt so besonders gern auf sie und ihre Sitten besann, fragte er weiter. Sophie meldete sich und antwortete wie aus der Pistole geschossen und sehr bestimmt, daß die Germanen in einer Zeit der freien Entfaltung urwüchsiger Kraft gelebt hatten, in der man fremde Hilfe ablehnte. Sie waren auf die eigene Art stolz gewesen und hatten nichts von Römern und Juden wissen wollen. Dieses Streben, von allen fremden Einflüssen rein zu werden, galt auch jetzt wieder etwas. Man suchte wieder das Reine, Artgemäße.
Bei der Frage, was sie von den Vorvätern wußten, antwortete ein anderes Mädchen zur Gaudi aller, daß die Germanen in Bärenfellen und mit Hörnern am Kopf herumgelaufen seien. Sie hätten ihre Frauen arbeiten lassen und selbst nur auf ihren Fellen gelegen, Met getrunken und gefaulenzt. Brunner schritt energisch dagegen ein. Das behaupteten nur die Gegner der neuen Weltanschauung. In Wirklichkeit hatte es bei den Germanen viele wichtige Einrichtungen gegeben, auf die man sich heute wieder besann: die Wahl des Führers, die Sonnenwendfeiern, das Thing, den Speergruß, das Hakenkreuz und einzelne Runen, die nach altem Vorbild wieder verwendet wurden. Gerade die strahlende Siegrune

war doch jetzt das Zeichen des Jungvolks und der Jungmädel geworden.
Krone und Thron in der nächsten Strophe tat Brunner als fremdsprachig und fremde Sitte ab. Wie bei den Germanen stand der Führer heute in seinem Braunhemd mitten unter seinem Volk, mitten unter ihnen, und doch ehrten und umjubelten ihn alle als Herzog der freien Deutschen. Warum war der Führer auch ohne Krone und Thron ein Edelmann? Einige Mädel antworteten wie im Chor, daß der Adel in seinem Blick, in seiner Haltung und in seinen stolzen Taten läge. Was sagte der Führer über die Tat aus eigener Kraft? Daß sie die Quelle des Lebens sei. Und dabei hatte der Führer selbst die Gnade Gottes angerufen. Sophie erinnerte sich gut an die Worte, die er am Anfang als neuer Reichskanzler gesprochen hatte und die immer wieder zitiert wurden: »Möge der allmächtige Gott unsere Arbeit in seine Gnade nehmen, unseren Willen recht gestalten, unsere Einsicht segnen und uns mit dem Vertrauen unseres Volkes beglücken, denn wir wollen nicht kämpfen für uns, sondern für Deutschland!«
Ihre Deutschlehrerin Fräulein Walser dagegen vermied es, auf den Nationalsozialismus einzugehen. Sie war katholisch und hielt sich aus dem politischen Geschehen so weit wie möglich heraus. Aber natürlich kam auch sie nicht ganz darum herum, Lesebuchthemen anzuschneiden wie »Deutsches Leben und deutsche Arbeit«, die aufgegliedert waren in »Das deutsche Jahr«, »Du und die Deinen«, »Vaterland und Heimat«.[94] Aber Fräulein Walser konnte sehr gut erzählen und schmückte solche Geschichten meist mit eigenen Erlebnissen aus, so daß sie sich ganz anders anhörten als im Lesebuch. Außerdem bevorzugte sie in ihrem Unterricht klassische und moderne Literatur und traf dabei eine geschickte Auswahl, die den neuen Machthabern nicht anstößig sein konnte, aber trotzdem die völkischen Themen weitgehend ausließ. Damit erreichte sie, daß sich die Mädchen für Literatur und Literaturgeschichte zu

interessieren begannen und einen freieren Blick bekamen, der nicht von vornherein bestimmte Richtungen ausschloß. Sie forderte die Mädchen außerdem immer wieder auf, ihre eigenen Erfahrungen, Erlebnisse und Gedanken in den Unterricht einzubringen, und brachte sie in ihrer behutsamen Art immer wieder zum Nachdenken. Sanft, aber beharrlich zwang sie jede einzelne dazu, ihre eigenen Gedanken und Gefühle zu überprüfen, wenn sie ihre Meinung oder ihre neuerworbene Weltanschauung mit Vehemenz vertrat. Fräulein Walser machte nie jemanden lächerlich. Sie wußte sehr wohl um die empfindlichen Stellen ihrer Schülerinnen und vermied es taktvoll, ihr in den Reifejahren besonders sensibles Selbstbewußtsein in irgendeiner Weise zu beschädigen.[95]
Sophie fing unter ihrer Anleitung damit an, einen eigenen Schreibstil zu entwickeln. Sie fand zu einem leichten, ganz persönlichen Erzählton, der die Wirklichkeit lebendig schilderte und ganz ohne die in den vielen Reden und Ansprachen ständig wiederholten Phrasen und hohlen Begriffe auskam. Langsam, aber sicher wurde Sophie im Deutschunterricht offener und gelöster, denn Fräulein Walser sah ihre Begabung und förderte sie nach Kräften in ihrer Entwicklung, obwohl sie Sophies Begeisterung für den Führer ganz und gar nicht teilte. Gerade Sophies Aufsätze las sie gern vor der Klasse vor und lobte jede besonders gelungene Stelle. Es war kein Wunder, daß auch Sophie ihre Deutschlehrerin bald sehr gern hatte.
Eine ganz andere Erscheinung war die junge Studienassessorin Fräulein Dr. Kimmich. Sie war die einzige Lehrerin, die sich stets modebewußt kleidete. Für die Schülerinnen war das geradezu eine Offenbarung. Die Mädchen nannten sie mit Spitznamen »Zebra«, weil sie manchmal ein schwarz-weiß gestreiftes Kleid trug. Anstatt auf dem Katheder zu thronen wie die meisten anderen Lehrer, saß sie mit übergeschlagenen Beinen auf einem Schülertisch mitten unter ihnen. Den Englischunterricht – Englisch war ihre erste Fremdsprache –

machte sie zu einem Erlebnis. Die Mädchen mußten von Anfang an leichte Sätze selbst sprechen, so daß sie fast mühelos lernten, sich in der fremden Sprache auszudrücken.[96] Insgesamt aber fanden Sophie, Liesl und ihre Freundinnen bei den Jungmädeln ihre Lehrerinnen fast alle ein wenig verknöchert, blutleer und altjüngferlich. Diese Frauen entsprachen so gar nicht dem Ideal der kräftigen und kerngesunden deutschen Mutter, dem sie nacheifern wollten. Im Gegenteil gehörten die akademisch gebildeten Lehrerinnen im Grunde gerade zu jenen selbständigen und selbstbewußten Frauen, die der Nationalsozialismus entschieden ablehnte. Es war kein Wunder, daß manche Lehrerinnen ihren Stoff ausgesprochen vorsichtig behandelten. Überall ging die Angst vor Denunziationen um, die einem Beamten leicht die Lebensstellung kosten konnten. Auch in der Schule sprach man bald nicht mehr alles deutlich aus. Ohne daß die Mädchen es richtig merkten, wurden die Dinge jetzt oft unscharf und undeutlich dargestellt, als ob sie ein Nebel umgäbe, oder es fand ein Rückzug in eine »heile« Welt statt, aus der alle Themen ausgeschlossen waren, die eine gesellschaftlich-politische Stellungnahme erforderten.

»Es geht wieder aufwärts!«

Hans stieg in diesem Jahr im Jungvolk weiter auf. Bald nach den Osterferien wurde er Jungzugführer, wobei auch Max wieder eine Stufe höher kam und sein Stammführer wurde. Ein Stamm bestand aus vier Fähnlein, also etwa vierhundert Jungen. Als Ende April 1934 der Gebietsführer der Hitlerjugend Ulm besuchte, standen vor ihm über tausend Jungen im Hof der Grenadierkaserne stramm, denn die Hitlerjugend erhielt immer noch Zuwachs aus anderen Organisationen, die Stück für Stück aufgehoben wurden. Der Gebietsfüh-

rer lobte das Ulmer Jungvolk als das beste in ganz Württemberg. Hans fühlte sich in seinem Dienst ungeheuer bestätigt. Ulm sollte nicht nur Hochburg der Bewegung, sondern auch Hochburg der HJ werden! Die Fahne der Jugend sollte über ganz Ulm wehen, das war ihr großes Ziel.[97]
Inzwischen hatten fast alle Menschen in Deutschland das Gefühl, daß es wieder aufwärts ging. Die Zeitungen berichteten jeden Monat über die Abnahme der Arbeitslosenzahlen. Die Erfolge beim Autobahnbau und den anderen Arbeiten des neuen Reichsarbeitsdienstes wurden groß herausgestellt. Hitler betonte in seinen Reden immer wieder, daß er keinen Krieg wolle.[98] Und die Menschen glaubten seinen Worten mehr als seiner Politik. Er trat im Herbst 1933 aus dem Völkerbund aus und begann damit, Deutschland aufzurüsten.
Bei den Scholls zu Hause kam es zu heftigen Auseinandersetzungen zwischen dem Vater und Hans. Hans begriff nicht, wie der Vater immer noch behaupten konnte, Hitler bringe den Krieg. Das war doch nun wirklich eindeutig widerlegt. Der Vater mußte doch sehen, daß Hitler mit seiner Friedenspolitik Ernst machte. Sogar mit Polen hatte er einen Nichtangriffspakt geschlossen.[99] Und außerdem waren die Arbeitslosen wirklich von der Straße verschwunden. Die Kaufkraft stieg immer mehr an, so daß sich auch die Auftragslage der Firmen verbesserte.[100] Deutschland war wieder ein sicheres Land geworden, wo auch die Frauen abends unbehelligt durch die Straßen gehen konnten. Die politischen Auseinandersetzungen in der Öffentlichkeit hatten aufgehört. Der Strom der mittellosen Wanderer und Bettler war nahezu versiegt.[101] Diese ganze positive Entwicklung hatte Deutschland doch nur dem Führer zu verdanken. Der Vater mußte das doch endlich anerkennen und ihm genauso zujubeln wie alle anderen.
Doch der Vater verwies Hans barsch darauf, daß Hitler alle demokratischen Rechte abgeschafft und seine Gegner ausgeschaltet hatte. Gerade war der Volksgerichtshof eingerichtet

worden, der Verräter völlig außerhalb jeder Legalität verurteilen konnte.[102] Deshalb war es auf den Straßen so ruhig geworden. Das war Friedhofsruhe und Totenstille und nichts anderes. Und was machten die Nationalsozialisten mit den Juden? Gestern hatte im *Tageblatt* gestanden, daß man keine Anzeigen von jüdischen Firmen mehr drucken würde.[103] Wie sollten solche Geschäfte noch werben und Kunden finden? Hans konnte doch selbst sehen, daß immer mehr Juden aufgaben und ihr schwer erworbenes Eigentum weit unter dem Marktpreis verschleudern mußten. Viele verließen jetzt ihr angestammtes Heimatland, für das sie im Ersten Weltkrieg noch ihr Leben eingesetzt hatten. Ihren Platz im Geschäftsleben nahm dann ganz schnell die arische Konkurrenz ein. Fand Hans das in Ordnung? In seinen, des Vaters Augen, war es nichts anderes als Betrug und Raub!
So gehörte der Vater in Hans' Augen im Grunde zu jenen Reaktionären und Miesmachern, gegen die der Gau Württemberg im Mai in einer sogenannten Sperrfeueraktion die Partei mobilisierte. In Ulm beteiligten sich alle einschließlich der Hitlerjugend demonstrativ an dem von der Parteileitung ausgerufenen »Großkampf gegen Nörgler und Hetzer« und propagierten den Nationalsozialismus als einzigen Lebensstil.[104] Die Parteiführer wetterten besonders gegen die katholische Kirche. Katholiken aus Söflingen hatten zu einer Elternversammlung gegen die antikirchlichen Bestrebungen eingeladen und Flugblätter verteilt. Die Hitlerjungen wurden damit aufgehetzt, daß bei der katholischen Jugend trotz des Verbotes geschlossen marschiert und Sport betrieben wurde. Es war doch völlig untragbar, daß in Deutschland heute noch eine gesonderte katholische Jugend marschierte. Die erregten Hitlerjungen stürmten daraufhin wütend die Elternversammlung im Saalbau. Angeblich wurden sie dabei sogar vom Kreisleiter angefeuert, der das natürlich hinterher lauthals dementierte. Die Jungen mußten den Saal zwar schließlich wieder

verlassen. Doch die Partei konnte den Eklat zum erwünschten Anlaß nehmen, die Zusammenkunft der Katholiken abbrechen zu lassen.

Am nächsten Tag rief der Kreisleiter eilig eine Protestkundgebung auf dem Münsterplatz zusammen. In seiner Rede wehrte er sich gegen »konfessionelle Zersetzungsversuche und Behauptungen, daß durch die nationalsozialistische Jugendbewegung eine neue Hetze in die Bevölkerung getragen und das Christentum gefährdet werde«. Solche Angriffe hätten alle, die so redeten, nie aufstellen können, »wenn die deutsche Jugend ihre Kirche nicht vor dem Bolschewismus und dem Antichristentum bewahrt hätte... Die deutsche Jugend konnte es nicht verstehen, daß man ihre Eltern als evangelische oder katholische Christen ansprach, und diese Jugend hatte den richtigen nationalsozialistischen Geist. Die konfessionellen Kreise hätten auf ihre Flugblätter die Kampfparole geschrieben, ›man müsse Gott mehr gehorchen als den Menschen‹. Das mochte wohl sein, aber im Dritten Reich gehörte der religiöse Kampf nur in die Kirche und nirgendwo anders hin. Das sollten sie sich gesagt sein lassen.« Zum Schluß dieser Rede warnte er die konfessionellen Kreise davor, eine öffentliche Kundgebung für ihre besonderen Vorteile auszunutzen und von einem »Vormarsch der katholischen Jugendverbände« in Ulm zu sprechen. Wenn eine Jugend marschierte, so nur die Jugend des Führers. Sie allein hatte den Anspruch auf Totalität. Wer aber die Werte des Volkes angriff, der war nichts anderes als ein Hochverräter am deutschen Volk.[105]

Dieses Thema erregte noch eine ganze Zeit lang die Gemüter der Erwachsenen, als die Jugendlichen schon längst wieder mit anderen Dingen beschäftigt waren. Die Sonnenwendfeier zusammen mit dem Fest der Jugend stand vor der Tür. Am 21. und 22. Juni wurde im ganzen Reich nach alter deutscher Sitte, wie es hieß, die Sommersonnenwende gefeiert. In Ulm herrschte in diesen Tagen brütende Hitze, das Thermometer war vier Tage zuvor sogar auf 44 Grad hochgeklettert. Am Sonnenwendabend zogen Sophie und ihre Mädelschaft den Michelsberg hinauf zu dem Holzstoß, den die großen Hitlerjungen schon seit Tagen immer höher aufgeschichtet hatten. Als die Dunkelheit einbrach, standen die Jungen in ihren Braunhemden und die Mädchen in den leuchtend weißen Blusen im Kreis um den großen Scheiterhaufen. Stille senkte sich über sie, sie warteten, bis die letzten herangetreten waren. Dann erscholl wie aus einer Kehle das gemeinsame Lied:

»Flamme empor! Flamme empor!
Steige mit lodernden Strahlen
Von den Gebirgen und Talen
Glühend empor, glühend empor!«

Sie sangen alle Strophen. Sie standen – wie im Lied – im »geweihten Kreise«, um die Flamme »zum Preise des Vaterlandes« zu sehen. Sie waren die Jugend, die die heilige Glut zusammengerufen hatte, damit ihnen bei den lodernden Flammen der Mut wachse. Ja, ihre Feinde sollten alle erbleichen, wenn sie die flammenden Zeichen auf allen Höhen sahen. Sie waren Deutsche und sie schworen es, so wie sie hier vor diesem »Flammenaltare« standen. Dann kam die letzte Strophe, die Sophie voller Inbrunst sang:

»Höre das Wort, höre das Wort
Vater auf Leben und Sterben
Hilf uns die Freiheit erwerben
Sei unser Hort! Sei unser Hort!«[106]

Jetzt wurde das Feuer angezündet, und die ersten Flammen züngelten empor. Schnell begann das trockene Holz zu brennen. Sie rückten ein Stück vom Feuer ab, in dessen Nähe es immer heißer wurde. Dann trat ein großer Junge vor und sprach mit lauter, andächtiger Stimme. »Wir ehren unsere toten Kameraden, die für uns und unser Vaterland gefallen sind.« Ernsthaft bewahrten sie einen Augenblick des Schweigens, als er einen Kranz in das Feuer warf, der rasch verglühte, um danach das Lied vom »Guten Kameraden« anzustimmen. Weitere Jungen traten vor und sagten Feuersprüche. Als die Flammen fast abgestorben waren und die Glut am Boden glimmte, fingen die Jungen an, Anlauf zu nehmen und über das Feuer zu springen. Bald machten die mutigsten Mädchen es ihnen nach. Sophie und Annlies waren natürlich auch darunter.[107]

Wenige Tage nach dem Sonnenwendfest kam die Nachricht von einem Putschversuch des obersten SA-Führers Röhm. Hitler hatte in letzter Minute mit eiserner Faust eingegriffen und die Feinde des Staates und der Bewegung vernichtet. Der Verräter Röhm und sein Klüngel war erschossen worden. Er hatte das Vertrauen des Führers schamlos mißbraucht. Doch der hatte Schlag auf Schlag gegen die unsauberen Elemente geführt.[108] So berichteten jedenfalls Rundfunk und Zeitungen.

Doch was in der fernen Politik vor sich ging, streifte das Bewußtsein der Jungmädel nur am Rande. Das ging sie nichts an. Der Führer wußte schon, was nötig war. Die Sommerferien standen vor der Tür. Hans wollte in diesem Sommer mit seinen Jungen zum ersten Mal selbst auf Großfahrt gehen. Werner durfte mit, obwohl er doch noch jünger als Sophie war. Wie im Jahr davor ging die Tour auch diesmal in den Böhmerwald. Die Mädchen wären furchtbar gern genauso auf Fahrt gegangen, aber die Jungmädel in der Ulmer Hitlerjugend waren noch nicht so weit. So erlaubten die Eltern nur, daß Inge und Liesl gemeinsam nach Forchtenberg fuhren, wo sie bei den Eltern von Liesls alter Freundin Lore wohnen und dort ein bißchen mit aushelfen konnten. Die beiden Mädchen machten die Tour von Ulm aus mit dem Fahrrad, denn Zugfahren war eine teure Angelegenheit.[109]

Sophie war wie immer von ihrer Tante in Backnang eingeladen worden. Anschließend besuchte sie noch ihre beste Freundin, Lisa. Sie hatten sich in Backnang kennengelernt, als Lisas Eltern und die Tante noch Nachbarn gewesen waren. Ihre Freundschaft hatte alle Jahre über gehalten, obwohl Lisa inzwischen in Leonberg bei Stuttgart wohnte. Sie sahen sich außerhalb der Ferien kaum und standen dann nur brieflich miteinander in Kontakt, aber trotzdem waren die beiden Freundinnen jedesmal sofort wieder ein Herz und eine Seele, wenn sie sich wiedersahen. Es war immer so, als ob sie sich nie getrennt hatten. Sie hatten viele ähnliche Interessen und Vorlieben und eine sehr verwandte Art, das Leben und die Natur um sich herum zu betrachten. In diesem Jahr waren sie beide auf die Romane von Karl May gestoßen und verbrachten einen großen Teil ihrer Ferien damit, in den Abenteuern Old Shatterhands und Winnetous zu schwelgen oder im Geiste auf Jagd in das Land der Skipetaren zu gehen.

Als alle wieder aus den Ferien zurückkamen, gab es ein großes Erzählen. Besonders Hans und Werner berichteten in den höchsten Tönen von ihren Abenteuern und Heldentaten und heizten so die Sehnsucht der Mädchen richtig an. Nächstes Jahr wollten sie unbedingt auch auf Fahrt gehen und genauso wie die Buben Freiheit und Abenteuer erleben.

Die Schule begann jetzt am ersten Tag nach den Ferien immer mit einem Flaggenappell. Selbstverständlich waren die jüdischen Schülerinnen davon ausgeschlossen. Die Juden waren schließlich das Unglück Deutschlands, so hörten sie es alle überall und immer wieder. Am Donaubad war sogar im Juli ein Schild aufgestellt worden »Hunde und Juden kein Zutritt«, und an der Donaubrücke stand »Juden in Ulm unerwünscht«.[110] Die Mädchen in Sophies und Liesls Klassen übernahmen solche Parolen, ohne sich Gedanken zu machen. Manchmal sagten sie solche Sätze auch in Gegenwart einer ihrer wenigen jüdischen Klassenkameradinnen einfach so

dahin. Wenn sie dann deren entsetzte Reaktion bemerkten, hielten sie inne und lenkten sofort beschwichtigend ein. »Aber du natürlich nicht, Luise, du bist damit nicht gemeint!« hieß es dann wie aus einem Munde. Die Widersprüchlichkeit, die in diesen Worten lag, nahmen sie nicht wahr.[111]
Zum Appell versammelten sich die arischen Schülerinnen auf dem Hof. Sie traten in ordentlichen Reihen blockweise nach ihren Klassen geordnet an. Der diensthabende Lehrer meldete dem Direktor, daß die Schülerinnen angetreten waren. Der Direktor begrüßte sie laut mit »Heil Hitler, Schülerinnen!«, und sie antworteten im Chor »Heil Hitler!« An den Schnüren der Fahnenstange hatte ein Lehrer inzwischen das rote Tuch befestigt. Dann trat eine Schülerin vor und las mit lauter, klarer Stimme ein Gedicht. Meistens ging es darin um Heldentaten und Tod, Ruhm und Ehre. Danach hielt der Direktor eine Ansprache und ermahnte sie, auch weiterhin in der Schule ihre Pflicht zu tun.
Dann rief der Diensthabende: »Stillgestanden! Wir singen beim Hissen der Fahne: Ein junges Volk steht auf, zum Sturm bereit... ersten Vers. Zur Flaggenhissung – Augen – rechts! Heiß Flagge!« Auf das Kommando wurde das Lied gesungen und die Fahne hochgezogen. Nach »Augen gerade – aus! Rührt euch!« führten die Lehrer und Lehrerinnen ihre Klassen geschlossen in ihre jeweiligen Räume, und der Schulalltag begann.[112]
Nach den großen Ferien war für die Hitlerjugend der Staatsjugendtag eingeführt worden. Dadurch sollte die Sportarbeit verstärkt werden. Gleichzeitig wollte die Reichsjugendführung die bisher noch nicht organisierte Schuljugend für sich gewinnen.[113] Durch den Staatsjugendtag hatten die Jungen und Mädchen, die in der Hitlerjugend waren, samstags schulfrei, damit sie in ihrer Jugendgruppe Dienst machen konnten. Dieser Dienst bestand für die Jungmädel fast immer daraus, daß sie hinausgingen und Sport trieben; aber nicht so langwei-

ligen Sport wie in der Schule, sondern Wettspiele, Völkerball, Wettrennen und Leichtathletik und alles, was ihnen sonst Spaß machte. Natürlich war das ein Anreiz für viele Klassenkameradinnen, jetzt zu den Jungmädeln zu kommen. Dann mußten sie nicht in die Schule, wo die Lehrerinnen sowieso keinen vernünftigen Unterricht mehr mit ihren Restklassen abhalten konnten. Für die neuen Aktivitäten am Staatsjugendtag wurden weitere Führerinnen gebraucht, so daß auch die vierzehnjährige Liesl und ihre Freundinnen Posten als Schaftführerinnen bei den Zehnjährigen erhielten. Inzwischen war Inge zur Ringführerin aufgestiegen, denn auch der Bund Deutscher Mädel hatte inzwischen erheblichen Zuwachs erhalten, so daß der Ring Ulm geteilt werden mußte.[114] Nur Sophie hatte noch keinen Posten, weil sie mit ihren dreizehn Jahren noch als zu jung galt.
Noch während der großen Ferien war Anfang August der alte Reichspräsident von Hindenburg gestorben. Die offizielle Staatstrauer dauerte vierzehn Tage. Die Fahnen wehten halbmast, und die Trauerrede Adolf Hitlers wurde im Rundfunk reichsweit übertragen. Hitler hatte gleich nach Hindenburgs Tod auch das Amt des Reichspräsidenten übernommen und trug jetzt den Titel Reichskanzler und Führer. Damit hatte er sein letztes demokratisches Mäntelchen fallen gelassen und war zum unumschränkten Herrscher geworden, auf den die Reichswehr feierlich vereidigt wurde.[115]
Schon während des ganzen Jahres hatte die bevorstehende Saarabstimmung die Propanganda bestimmt. Im Jahr 1920 war das Saargebiet durch den Versailler Vertrag für fünfzehn Jahre unter die Verwaltung des Völkerbundes gestellt worden. Anfang des nächsten Jahres sollten nun die Bewohner selbst entscheiden, ob ihr Land in Zukunft französisch oder deutsch werden sollte. Mit großem Aufwand wurde immer wieder darauf hingewiesen, daß »der deutschen Saar das Tor zur Freiheit und Heimkehr ins Reich« geöffnet werden sollte. Noch

vor den großen Ferien hatte die Hitlerjugend eine Saarausstellung in der Tuchhalle eröffnet. Ende August fand eine große Kundgebung statt. Einen Monat später wurde berichtet, daß die deutsche Bevölkerung des Saarlandes in Massenversammlungen die Einmütigkeit und den festen Willen zum Vaterland zurückzukehren bekundete. Für den Tag der Abstimmung sollten außerdem im ganzen Reich Sonderzüge bereitgestellt werden, um abstimmungsberechtigte Saarländer in ihre Heimat zu transportieren.[116]

Am 13. Januar 1935 fand endlich die so lange propagandistisch vorbereitete Abstimmung unter internationaler Überwachung statt. 90,8 Prozent der Bevölkerung entschieden sich für Deutschland. Dieses Ergebnis rief einen patriotischen Begeisterungssturm hervor. »Die Saar bleibt deutsch!« hieß es überall. Als die Saarländer, die aus Ulm und Umgebung in ihre Heimat gefahren waren, zurückkamen, wurde ihr Sonderzug von einer riesigen Menschenmenge auf dem Bahnsteig begrüßt. Zum Tag der Saarübergabe einen Monat später prangte die Stadt schon am Morgen im üblichen Fahnenschmuck. Die Bäcker hatten große »Saar-S« gebacken. Die Geschäfte boten überall saarländische Erzeugnisse an. Kurz nach zehn erklangen die Münsterglocken, und die Fabriksirenen heulten. Eine plötzliche Stille legte sich über die Stadt, alle hielten in ihrer Arbeit inne, und sogar die Autos stoppten auf den Straßen: Die ganze Stadt legte eine Minute des Gedenkens an das glückliche Ereignis der Eingliederung ein.[117]

Als am Abend wieder einmal die Formationen der Partei mit Fackeln durch die nächtliche Stadt zum Münsterplatz zogen, war anscheinend ganz Ulm auf den Beinen. Unter den schmissigen Klängen des Musikzuges des Heeres marschierten auch die Jungen und Mädchen der Hitlerjugend zum Münsterplatz.[118] Dort wurden sie in ihre Positionen eingereiht. Die Abordnungen der Wehrmacht hatten sich schon aufgestellt. Der Standortkommandant schritt feierlich ihre Formation ab.

Der Kreisleiter nahm die Meldung der angetretenen Parteizüge entgegen. In seiner Gedenkrede wies der Polizeikommandant dann auf die unerhörten Leistungen der beiden letzten Jahre und auf die große und wunderbare Gemeinschaft des deutschen Volkes hin, zu der jetzt das Saarland zurückgekommen war. Nach der Rede stiegen plötzlich farbensprühende Raketen in den dunklen Nachthimmel auf, und neben der Tribüne erschien eine großes, rot angestrahltes Hakenkreuz.
Zum Schluß kam der »Große Zapfenstreich«. Es herrschte äußerste Ruhe. Die Mädchen froren zwar an ihren nackten Beinen, denn es war Ehrensache, an einem solchen Tag, auch wenn es kalt war, nur in Halbstrümpfen oder sogar bloß in Söckchen herumzulaufen. Aber diese persönlichen Gefühle waren unwichtig. Ein letzter Trommelwirbel ertönte. Das Kommando »Helm ab zum Gebet« erscholl. Aus tiefster Seele dankte das deutsche Volk für die glückliche Rückführung ihrer Brüder und Schwestern. Alle sangen »Wir beten an die Macht der Liebe...«, das Horst-Wessel-Lied folgte, zum Schluß erklang aus Tausenden von Kehlen die Nationalhymne mit allen ihren Strophen: »Deutschland, Deutschland über alles«.[119] Sie waren alle eine Einheit, eine große Gemeinschaft, die füreinander bis zum letzten einstand. Die Jungen und Mädchen glaubten aus vollem Herzen und ganz ohne den leisesten Zweifel daran.
Hans war kurz vor der Saarabstimmung zum Fähnleinführer aufgestiegen. Der Reichsjugendführer hatte zwar das Vorjahr zum »Jahr der Schulung und inneren Ausrichtung« ausgerufen, um eine eigene Führerschaft aufzubauen, die Hitlerjugend zu vereinheitlichen und so die bündischen Führer immer mehr auszuschalten. Aber auch die vermehrten Schulungen hatten bei weitem nicht ausgereicht, um den riesigen Zuwachs im ganzen Reich zu kanalisieren – insgesamt vergrößerte sich die Hitlerjugend von etwas mehr als hunderttausend Mitgliedern vor 1933 auf über drei Millionen Ende 1934.

Im Ulmer Jungvolk herrschte daher immer noch Führermangel. Deshalb hatte man in den einzelnen Fähnlein sogenannte A-Mannschaften gebildet, die geeigneten Nachwuchs stellen und besonders ausgebildet werden sollten. Selbstverständlich führte Hans eine solche A-Mannschaft. Seine Truppe war sogar die beste, die Max in seinem ganzen Stamm hatte.[120]
Die Aufgaben seiner Hitlerjugend hatte der Führer selbst auf dem letzten Reichsparteitag umrissen. »Alles muß erkämpft und erobert werden«, hatte er ihnen zugerufen. Diese Lehre vom allgemeinen Kampf und dem Recht des Stärkeren galt jetzt überall. »Man wird dereinst nicht beherrschen, was man nicht vorher gelernt und sich anerzogen hat.« Das leuchtete unmittelbar ein. »Wir wollen ein Volk sein, und ihr, meine Jugend, sollt dieses Volk nun werden«, versprach er ihnen. »Wir wollen keine Klassen und Stände mehr sehen ... Wir wollen, daß dieses Volk treu ist, und ihr müßt diese Treue lernen! Wir wollen, daß dieses Volk einst gehorsam ist, und ihr müßt euch in Gehorsam üben! Wir wollen, daß das Volk friedliebend, aber auch tapfer ist, und ihr müßt deshalb friedfertig sein und mutig zugleich!«
Treue und Gehorsam predigten ihnen auch die Eltern und Lehrer, das kannten sie schon. Aber sie wollten anders sein als die Alten, bei denen die gesellschaftlichen Unterschiede noch immer so eine große Rolle spielten. Sie, die Jungen, wollten ein Volk werden, einheitlich und ohne Klassenunterschiede. Daß das ein unerreichbares Idealbild war, das dem Vorbild von Führer und Gefolgschaft, dem sie ebenso begeistert nachstrebten, total widersprach, entging ihnen dabei. »Wir wollen, daß dieses Volk einst nicht verweichlicht wird, sondern daß es hart sei, daß es den Unbilden des menschlichen Lebens Widerstand zu leisten vermag, und ihr müßt euch in der Jugend dafür stählen! Ihr müßt lernen, hart zu sein, Entbehrungen auf euch zu nehmen, ohne jemals zusammenzubrechen.«[121]
Das war eine Herausforderung, wie die Hitlerjugend sie liebte.

Die blaßgesichtigen Intellektuellen mit ihren Brillen, die Kinder, die nicht aus ihren muffigen Bürgerstuben an die Luft kamen und bei jedem Regenguß sofort nach Hause wollten, die Zuckerpüppchen und Muttersöhnchen, die nicht freudig zum Dienst erschienen, die nicht so richtig »reinschlugen«, diese ganzen Spießer hatten sie schon lange zu ihrem persönlichen Feindbild erkoren. Sie waren die Jugend des Führers; sie wollten nicht verweichlichen und untergehen wie andere Völker; sie wollten sich stählen, hart sein und Entbehrungen ertragen lernen, damit in ihnen Deutschland weiterlebte.[122]
Auch bei Hans ging es deshalb zackig zu. Er war davon überzeugt, daß der Nationalsozialismus das Beste für Deutschland, für sein eigenes Volk wollte, und zog mit einem fast fanatischen Eifer die Ausbildung seiner Jungvolkbuben durch. Abhärtung, Disziplin und Ordnung waren für ihn der Weg zu jenem Idealbild eines Hitlerjungen, den er für seinen Führer ausbilden wollte. Hans war inzwischen zu einem stattlichen Sechzehnjährigen herangewachsen, der sportlich gut durchtrainiert war. Die Freundinnen seiner drei Schwestern begannen jetzt für ihn zu schwärmen. Sie zogen einander manchmal damit auf, weil jede meinte, daß die andere in Hans verliebt sei. Er sah in ihren Augen sehr gut aus mit seinen schönen braunen Augen und Haaren. Sein leicht kantiges Gesicht entsprach ganz dem Typ des nordischen Menschen, der jetzt als Idealbild galt.
Hans war für sie das große Vorbild. Er kam mit seinen Pimpfen immer schneidig daher. Er hielt auf Ordnung und Disziplin. Bei seinen Ordnungsübungen herrschte ein scharfer Kasernenhauston. Mitten im Winter konnte er seinen Buben befehlen, in kurzen Hosen und Söckchen zum Dienst zu kommen, um sie ebenso abzuhärten, wie er sich selbst abzuhärten gewohnt war. Bei ihm mußten die Jungen immer wieder üben, in ihren Einheiten zum Marschdienst anzutreten, exakt zu exerzieren, Appelle genau nach Vorschrift auszuführen

und den Befehlen auf der Stelle zu gehorchen. Oben an der Wilhelmburg waren im Graben Wehrsportanlagen eingerichtet worden, und Hans konnte gnadenlos eine Übung wiederholen lassen, wenn einer der Jungen sie nicht zu seiner vollsten Zufriedenheit ausführte. Er war stolz darauf, daß er seine Pimpfe voll im Griff hatte.[123] Die meisten Jungen machten bei ihm voller Begeisterung mit. Sie liebten die Geländespiele im Sommer. Sie lebten doch in einer Pfunds-Kameradschaft, wie sie es nannten. Natürlich wollten sie gerade in Hans' A-Mannschaft immer die ersten sein und alles am besten machen, was ihr Führer verlangte. Außerdem war bei der Hitlerjugend endlich was los. Da wurde was geboten. Da marschierte man so wie die bewunderten Soldaten der Garnisonsstadt. Da machte man manöverähnliche Feldübungen. Da gab es Fahrten und Lager, Sommernächte am Feuer, Abenteuer und eben Kameradschaft. Sie hatten immer etwas vor und wußten, wo sie hingehen sollten. Langeweile konnte gar nicht aufkommen. Mittwochnachmittag war Heimabend und am Sonnabend Staatsjugendtag. So war die Woche ausgefüllt.[124]
Gerade Hans folgten sie besonders gern. Manche Jungen verehrten ihn regelrecht. Er forderte nichts von ihnen, was er nicht selbst vorlebte. Er war der Abgehärtetste von allen, führte jede Übung mit absoluter Exaktheit aus und handelte stets mit höchster Konsequenz. Er merkte dabei gar nicht, daß er sich damit im Grunde an dem Vorbild orientierte, das ihm sein Vater stets vorgelebt hatte, nämlich an sich selbst hohe Anforderungen zu stellen und alles, was man sich vorgenommen hatte, mit unbedingter Geradlinigkeit durchzuführen.
Im Winter saß Hans mit seinen Jungen an den Heimabenden oft bei Kerzenschein um den Ofen zusammen, in dem ein lustiges Feuer brannte. Sie sangen gemeinsam, und meistens las Hans etwas vor, über das sie hinterher miteinander diskutierten. Die Vorgaben der Reichsjugendführung, daß an den Heimabenden ausschließlich deutsche Themen, Rassekunde,

ausgesuchte Legenden aus der deutschen Geschichte, die Idee der Volksgemeinschaft und die Fragen des Grenz- und Auslandsdeutschtums behandelt werden sollten[125], faßten die Ulmer Fähnleinführer unter Max sowieso eher großzügig auf. Solche Themen wurden auch behandelt, aber es gab noch so viel anderes auf der Welt, das die Jungen interessierte. Manche Führer hatten noch die Schriften von Tusk zu Hause, mit denen sie selbst groß geworden waren. Sie tauschten sie untereinander aus. Tusk hatte sich nicht nur für die nordischen Völker und die Sowjetunion interessiert, sondern auch über die japanischen Samurai geschrieben. Seine Welt lag groß und offen vor ihnen.

So pflegte Hans das bündische Brauchtum weiter, das er bei Max kennengelernt hatte.[126] Die Jungen seiner Gefolgschaft nähten sich in diesem Winter eine neue Fahne, die er angeregt und entworfen hatte. Wenn sie im Zug marschierten, schritten immer mehrere junge Fahnenträger voraus, die die langen Bambusstangen geschultert hatten, an denen ihre großen Fahnen hingen. Stolz hielten sie die Stangen fast senkrecht in die Höhe. In ihrer Phantasie lebten sie alle in einer heldischen Welt voller Ungeheuer und Fabeltiere, die es wie bei den alten Recken und Rittern zu bekämpfen galt. Ihre Gefolgschaften trugen abenteuerliche Namen. Die Jungvolkfahnen zeigten normalerweise die schlichte weiße Siegrune auf schwarzem Grund, die die Partei als Symbol vorgegeben hatte. Hans' Pimpfe stichelten statt dessen emsig und mühevoll – Nähen lernten Jungen nicht wie die Mädchen in der Schule – aus erbettelten Stoffresten ein phantasievoll ausgestaltetes Fabeltier zusammen, das fast das ganze schwarze Fahnentuch ausfüllte.[127] Als sie im nächsten Frühjahr mit ihrer neuen Fahne zum ersten Mal aufmarschierten, wurden sie sehr bewundert. Die Fahne war so ungewöhnlich, daß der Bruder von Max – er hieß auch Hans und führte wie Hans Scholl ein Fähnlein des Jungbannes Ulm – seine Führer sogar schriftlich dazu ermunterte, doch auch einmal etwas Neues auf ihren Jungenschaftfahnen zu bringen und als Symbole Dinge zu nehmen, die den Jungen nahe lagen und ihnen etwas sagten.[128]

Zu Hause war Hans in diesem Jahr fast überhaupt nicht zu sehen. Er kam praktisch nur noch zum Essen. Selbst das war nicht immer erfreulich. Einmal erzählte er bei Tisch vom Geschichtsunterricht. Sie hatten über Bismarck gesprochen, der von der offiziellen Propaganda als Vorläufer Hitlers hingestellt wurde. Es hieß, der Führer habe Bismarcks Reichsidee vollendet.[129] Sofort brauste der Vater auf, was diese Leute seinen Kindern erzählten, stimme hinten und vorne nicht. Das seien alles Lügen. Hinterher war Hans ganz verstört. Wem sollte er eigentlich glauben, fragte er fast verzweifelt die Mutter, die ihn zu trösten versuchte.[130] Kaum aber begannen die Ferien, war Hans schon wieder unterwegs. Ostern zog er mit seinem Jungvolk in ein Osterlager in Ochsenhausen. In den großen Ferien ging es auf Fähnleinfahrt nach Wangen, und dem September fieberte er schon entgegen: Er sollte als Fahnenträger des Ulmer Jungvolks zum Reichsparteitag in Nürnberg fahren und mit seiner Fahne vor dem Führer antreten.[131]

Zur selben Zeit, als Hans zum Fähnleinführer aufgestiegen war, waren auch Sophie und Annlies Schaftführerinnen bei den Jungmädeln geworden und hatten damit zum ersten Mal in ihrem Leben Verantwortung für eine eigene Gruppe zehnjähriger Mädchen übernommen. Sophie hatte es in das katholische Wiblingen südlich der Donau verschlagen, ein kleines Dorf, das nur für sein riesiges barockes Benediktinerkloster berühmt war. Zweimal die Woche radelte sie mit dem Fahrrad los, um dort mit ihren Mädchen den Staatsjugendtag und den Heimabend durchzuführen. Außerdem nahm sie einmal in der Woche an den Führerinnenbesprechungen teil, auf denen Charlo sie anleitete, ihre Aktivitäten mit den Kleineren zu organisieren.

Wie bei den Jungen galt auch bei den Mädchen der Sport oder, wie es damals hieß, die Leibesübungen als wichtigster Teil des Jungmädeldienstes. Sophie und besonders ihre beste Freundin Annlies waren vom Sport begeistert. Die Reichsjugendführung hatte ein Leistungsabzeichen gestiftet, um dem sportlichen Streben ein Ziel zu geben und eine Anerkennung zuteil werden zu lassen, wie es hieß. Jeder Junge und jedes Mädel hatte die Ehrenpflicht, es zu erwerben. Leistungen im Laufen, Hoch- und Weitsprung, Ballwurf, Kugelstoßen, Wandern, Schwimmen und Wasserspringen, Kenntnisse im Kartenlesen und Erste Hilfe bei Unglücksfällen wurden verlangt, wobei an Führerinnen höhere Anforderungen gestellt wurden als an einfache Jungmädel.[132]

Die Begeisterung, mit der Sophie auf Bäume kletterte, Hürden überwand, schwamm und lief, übertrug sie unbesehen auf ihre Jungmädel. Auch sie war der – bezweifelbaren – Überzeugung, daß ein gesunder Geist nur in einem gesunden Körper existieren konnte. Wie von oben vorgegeben, verwandte sie zwei Drittel der Zeit in ihrer Jungmädelschaft auf sportliche Betätigung und ein Drittel auf weltanschauliche Schulung.[133]

Wenn ein Mädchen dabei nicht so durchtrainiert war und beim Weitsprung wie ein nasser Sack am Boden landete, dann mußte sie die Übung eben wiederholen, bis sie fast nicht mehr konnte. Das Ideal der Härte gegen sich selbst, das ihr großer Bruder so konsequent vorlebte, ging auch Sophie in Fleisch und Blut über.

Die Hitlerjugend war praktisch immer irgendwie beschäftigt. Anfangs mußten sie erst einmal ihr Heim einrichten und schmücken. Denn die Mädchen trafen sich in unbenutzten Räumen: Ehemalige Ställe, Kutscherwohnungen, ein freies Zimmer im Gemeindehaus oder ein leerstehendes Dienstmädchenzimmer dienten ihnen als Versammlungsräume. So ein Zimmer mußte mit den spärlichen Mitteln, die ihnen zur Verfügung standen, wohnlich hergerichtet werden. Sie bespannten die Wände mit billigem Rupfen, schnitten Deckchen aus Papier aus und stellten Kerzen auf, um es sich gemütlicher machen. Oft mußte dann für das Winterhilfswerk gebastelt oder die nächste Sammelaktion besprochen werden. Wie Hans las auch Sophie gern etwas vor, Geschichten von Heldentaten und Märchen standen dabei oben an. Natürlich nahm auch das gemeinsame Singen viel Zeit in Anspruch, denn es sollte möglichst jeden Monat ein neues Lied eingeübt werden.

Vieles machte sie einfach so, wie sie es bei Charlo gelernt hatte. Die Mädchen aus Charlos Gruppe waren inzwischen alle selbst zu Führerinnen herangewachsen. Charlo selbst stand kurz vor dem Abitur. Nach den Sommerferien wollte sie ihren Posten als Ringführerin aufgeben. Den Scholl-Mädchen war Charlo zur Freundin geworden, die manchmal sogar bei ihnen übernachtete. Das Faszinierende an ihr war, daß sie so anders war als alle jene Frauen, die Sophie und Annlies sonst kannten. Ihre eigenen Mütter arbeiteten sich entweder für ihre Familie auf, wie bei Sophie zu Hause, oder schufteten im Geschäft mit und versorgten nebenher ihren Haushalt, wie bei Annlies, deren Eltern ein gutgehendes Fotogeschäft unten bei der Donaubrücke besaßen. Sie arbeiteten jedenfalls von morgens bis abends und hatten kaum Zeit für andere Interessen. Auch die meisten anderen Frauen konnten außer über Kinder und Haushalt nur noch über ihr Aussehen und ihr Heim reden. Auf der anderen Seite standen alle jene vertrockneten Lehrerinnen, die sie aus der Schule kannten und die nur in ihrem Beruf aufgingen. Beides war nicht Charlos Welt. Charlo fand diese Frauen alle spießbürgerlich. Das waren die Alten, deren Leben schon fast vorbei war. Sie hatten ihnen, der neuen Jugend, nichts mehr zu sagen. So wie sie wollten sie nicht werden. Sie wollten bewußt leben, die Welt in vollen Zügen genießen, stark und gesund sein, fähig, auf allen Gebieten des Lebens ihre eigenen Erfahrungen zu sammeln. Sie wollten

nichts ausschließen, wollten aktiv und zupackend sein und keine Spießer werden, die durch nichts hinterm Ofen hervorzulocken waren und vor lauter Angst das Leben verpaßten.
Sophie und Annlies waren jetzt gerade in dem richtigen Alter, um durch Charlos Augen ihre Elternhäuser neu zu sehen. Sie begannen damit, erwachsen zu werden und Werte und Vorstellungen der Eltern in Frage zu stellen. Bei Charlo lernten sie eine neue Freiheit kennen, die nicht nur – wie sonst immer – für die Jungen galt, sondern auch für sie selbst, die Mädchen. Sophie hatte sich in diesem Jahr verändert und machte diesen Wandel auch nach außen hin sichtbar. Sie hatte bisher einen geraden Pagenschnitt getragen. Während die meisten Mädchen ihre Haare lang wachsen ließen und zu Zöpfen flochten, um dem deutschen Ideal zu entsprechen, ließ Sophie sich einen richtigen Herrenschnitt machen. Sie trug ihre Haare von jetzt ab im Nacken und an den Seiten stoppelkurz geschnitten. Nur oben auf dem Kopf blieben sie länger und bildeten eine vorwitzige Tolle. Die Eltern waren zuerst entsetzt, obwohl sie mit ihren eigenwilligen Kindern schon Kummer gewohnt waren. Sophie kümmerte das nicht. Sie fand sich schick, sie wollte sich frei und bubenhaft fühlen und das mit ihrem Haarschnitt auch ausdrücken. Auch Annlies ließ sich die Haare kurz schneiden, aber einen solchen Schnitt wie Sophie wagte sie aus Angst vor ihrem strengen Vater doch nicht.
Dieses Jahr fuhren Inge und Liesl in den großen Ferien mit Charlo und den anderen Führerinnen in den Böhmerwald, wie sie das Gebiet des Bayrischen Waldes an der Grenze zu Tschechien nannten. Die Eltern erlaubten nicht, daß ihr Küken Sophie mitfuhr. Sie fanden eine solche Tour noch viel zu anstrengend für ihr Kind.
Inge kam früher als die anderen von der Fahrt zurück, weil sie bei ihrem Vater nur den für Angestellte üblichen vierzehntägigen Urlaub bekommen hatte. Sie war noch ganz erfüllt von ihren Erlebnissen. Das Größte war die Begegnung mit dem

Führer gewesen.¹³⁴ Sie hatten den Zug bis zum Chiemsee genommen, um erst einmal ein ganzes Stück von zu Hause wegzukommen. Auf ihren Fahrrädern fuhren sie weiter in Richtung Berchtesgaden und schlugen in Ramsau am Hintersee ihr erstes Zeltlager auf, wo sie fast eine Woche blieben. An einem Morgen hatten sie gerade ihre weißen Uniformblusen gewaschen und aufgehängt und trugen Turnzeug, als ein paar Jungen kamen und ihnen zuriefen, daß der Führer komme. Sie sollten zur Straße vorlaufen, um eine Kette zu bilden und seinen Wagen anzuhalten. So wie sie waren, liefen sie los. An der Straße faßten sie sich an den Händen. Zuerst kamen Motorradfahrer, die sie unwirsch von der Straße jagen wollten. Doch da hielt das große dunkle Auto des Führer an. Die Mädchen rannten darauf zu und kletterten auf die Trittbretter. Der Führer stieg aus und bedeutete seinen Männern, die Kinder gewähren zu lassen. Aufgeregt umringten sie ihn. Er gab jeder einzelnen die Hand und fragte, woher sie kämen. Inge und Charlo antworteten ihm stolz, daß sie seine Jungmädel auf großer Fahrt seien. Bevor er wieder einstieg, schenkte er ihnen sogar noch Geld für ihre Fahrt. Glückstrunken liefen die Mädchen zu ihrem Lager zurück. Sie hatten in die strahlenden blauen Augen ihres Führers gesehen. Er hatte ihnen die Hand gedrückt – einige fanden seinen Händedruck etwas schlaff, aber er mußte ja auch dreißig Hände drücken, trösteten sie sich –, er hatte sie, kleine unbedeutende Mädel aus der Hitlerjugend, ganz persönlich wahrgenommen und mit ihnen von gleich zu gleich gesprochen. Für sie hatte das nichts, aber auch gar nichts mit Politik zu tun. Sie glaubten an ihren Führer.
Natürlich beneidete Sophie ihre Schwestern glühend um dieses Erlebnis. Wie gern wollte sie auch richtig auf Fahrt gehen und nicht nur an den Wochenenden zelten, wenn sie draußen vor der Stadt mit ihrer Schaft gemeinsam übernachtete. Warum die Eltern sie bloß immer noch nicht losließen? Sie war jetzt schließlich schon vierzehn und führte doch selbst eine

Mädelschaft. Sie war kein Kind mehr. Alles in ihr lehnte sich gegen diese Behandlung auf. Um sich zu beweisen, daß auch sie jetzt erwachsen war, wollte sie etwas sehr Verrücktes unternehmen: Sie wollte eine Zigarette rauchen und überredete Liesl, es mit ihr auszuprobieren. Natürlich wußten sie, daß das im neuen Staat nicht erwünscht war. »Die deutsche Frau raucht nicht!« Solche Schilder hingen seit dem letzten Herbst überall in den Lokalen. Außerdem konnten sie nicht einfach in ein Tabakgeschäft hineinspazieren und nach Zigaretten verlangen. Dazu waren sie noch zu jung. Ein Älterer mußte ihnen welche besorgen. Dann brauchten sie noch einen Platz, wo sie ungestört waren. Auf der Straße war es nicht einmal für erwachsene Frauen möglich zu rauchen, so wie man auch niemals in der Öffentlichkeit irgend etwas aß. Das gehörte sich einfach nicht.[135]

So gingen Liesl und Sophie an die Donau hinunter und wanderten ein ganzes Stück weit den Uferweg entlang, bis sie sich trauten, ihre Zigaretten herauszuholen und anzuzünden. Aber ausgerechnet als sie den ersten Zug nehmen wollten, kam der Vater um die Ecke, der zu einem seiner langen einsamen Spaziergänge aufgebrochen war. Ihre Herzen klopften laut und schnell. Rasch ließen sie ihre angerauchten Glimmstengel verschwinden. Ob der Vater sie gesehen hatte? Würde er sie jetzt gleich zur Rede stellen und einen seiner beißenden Kommentare abgeben? Ängstlich schauten sie ihm entgegen. Weglaufen konnten sie nicht, er hatte sie schon gesehen. Aber dann geschah das Unerwartete: Der sonst so strenge Vater erwähnte ihre Zigaretten mit keinem Wort! Erleichtert atmeten sie auf und liefen rasch nach Hause. Sie wagten nicht so bald, einen neuen Versuch zu starten. Trotzdem wurde Sophie zur Raucherin. Annlies und sie rauchten bald immer öfter heimlich, bis diese Leidenschaft schließlich zu Hause akzeptiert wurde.

Der September kam heran und damit der Reichsparteitag,

dem Hans und seine Geschwister schon so lange entgegengefiebert hatten. Sie waren ungeheuer stolz darauf, daß ein Mitglied ihrer Familie die Hitlerjugend in Ulm an vorderster Stelle vertreten und ihre Fahne tragen durfte. Die Geschwister brachten Hans zum Bahnhof, wo der Sonderzug mit Marschmusik und Fähnchen verabschiedet wurde. Aufgeregt, stolz und strahlend winkte er bei der Abfahrt aus dem Abteilfenster. Tausende von Menschen strömten in diesen Tagen aus dem ganzen Reich nach Nürnberg, lauschten dort den Reden der Parteiführer und formierten sich auf den riesigen Flächen des aus dem Boden gestampften Parteitagsgeländes zu immer neuen uniformen Menschenmassen, die an ihrem Führer vorbeizogen.

Als Hans nach einer Woche wiederkam, bestürmten die Geschwister ihn mit Fragen. Hatte er direkt vor dem Führer gestanden? Hatte er ihm auch die Hand gegeben wie Inge und Liesl? Wie war es gewesen? Was hatte er erlebt? Aber Hans wehrte ihre Fragen unwirsch ab. Sie sollten ihn in Ruhe lassen. Er hatte jetzt keine Lust zum Erzählen. Er war müde. Sie sollten überhaupt nicht soviel fragen. Enttäuscht trotteten sie neben ihm nach Hause. Was war bloß mit ihrem sonst so gesprächigen Bruder los? Inge hatte gedacht, er würde mindestens ebenso begeistert zurückkommen wie sie im Sommer, und jetzt war er so anders, so wie sie ihn überhaupt nicht kannten.

Tagelang blieb Hans mürrisch und verschlossen. Wenn sie ihn nach dem Reichsparteitag fragten, ließ er sich jedes Wort einzeln aus der Nase ziehen. Nach und nach reimten sich die Geschwister ihr eigenes Bild zusammen. Hans war in Nürnberg zum ersten Mal auf einer Massenveranstaltung gewesen. Sie hatten in einer riesigen Zeltstadt gewohnt, die für die 450 000 Hitlerjungen aufgebaut worden war. Andauernd hatten sie antreten müssen, überall hatten Lautsprecher gebrüllt, ständig hatten sie Lieder gelernt und ihren Auftritt für die gro-

ße Parteitagsarena geübt. Stundenlang marschieren oder strammstehen, ewig irgendwelchen Reden zuhören und auf Befehl jubeln, das hatte trotz der allgemeinen Hochstimmung angestrengt.[136]
Aber es war noch etwas anderes hinzugekommen, das ihn so verwirrt hatte, daß er seinen Schwestern nichts erzählen wollte und konnte. Er war zum ersten Mal in seinem Leben nicht nur mit Oberschülern oder kleinen Pimpfen, die zu ihm aufsahen, konfrontiert worden, sondern mit dem ganz normalen deutschen Volk. Natürlich waren sie nach Geschlechtern getrennt untergebracht gewesen. Unter der Hand wurde später allerdings gemunkelt, daß neunhundert BDM-Mädchen trotz der getrennten Unterbringung schwanger vom Reichsparteitag zurückgekommen waren und daß die Vaterschaft nur bei knapp der Hälfte geklärt werden konnte.[137] So hatte auch Hans sich unendlich viel dummes Geschwätz und noch viel mehr ordinäre und obszöne Witze anhören müssen.[138] Sexuelle Anspielungen und rüde Anmache bestimmten sowieso oft den Ton in dieser militarisierten und kasernierten Männerwelt, in der kaum Gelegenheit bestand, das andere Geschlecht kennenzulernen, geschweige denn sich auf gleicher Ebene auszutauschen. Gerade die Jungvolkführer standen aber am Beginn ihres Mannesalters und damit in einer Lebenszeit, in der Jungen nach ihrer geschlechtlichen Identität suchen und die Sexualität einen wichtigen Raum im Denken und Fühlen einnimmt. In Nürnberg aber waren nicht nur allgemein sexuelle, sondern auch anzügliche homoerotische Bemerkungen an der Tagesordnung. Offiziell hieß es zwar immer, daß die gleichgeschlechtliche Liebe eine typische Erscheinung der bündischen Jugend sei, die in der Hitlerjugend keinen Platz hatte. Aber unter der Oberfläche war sie in der Hitlerjugend und den übrigen Gliederungen der Partei kein unbekanntes Phänomen.
Unerwartet war Hans so in eine ihm bisher völlig fremde Welt

gestolpert, die ihn innerlich aus dem Gleichgewicht geworfen hatte. Über solche Themen konnte man mit den eigenen Schwestern natürlich nicht sprechen. »Bleib sauber!« hieß es in der Hitlerjugend oft zum Abschied. Die bürgerlichen Mädchen waren doch fast alle unaufgeklärt und naiv. Sie glaubten doch daran, daß alles bei ihnen so unheimlich sauber war, wie es in ihrer Sprache hieß, wenn das Geschlechtliche völlig negiert wurde. Sie nahmen doch keine »schmutzigen« Wörter in den Mund und waren fest davon überzeugt, daß sie alle einander nichts anderes als Kameraden und Kameradinnen waren. Sie kamen gar nicht auf andere Ideen.
Hans aber hatten die anzüglichen Bemerkungen die Augen geöffnet. Plötzlich sah er die Rangeleien und die Berührungen mit seinem Freund Rolf, die sein Blut zum Aufwallen gebracht hatten, in einem neuen Licht. Er begann sich – wie so viele Gleichaltrige – im geheimen schreckliche Sorgen zu machen, ob mit ihm alles in Ordnung sei. Außerdem hatte er in Nürnberg zum ersten Mal von der Novelle des Paragraphen 175 des Strafgesetzbuches gehört, der gleichgeschlechtliche Handlungen sogar unter Strafe stellte.[139] Hans brauchte eine ganze Zeit, um mit diesen neuen Einsichten fertig zu werden und im Familienkreis wieder aufzutauen.
Nicht lange nach dem Parteitag Ende dieses Jahres lernte Hans Ernst Reden kennen.[140] Ernst war zum Infanterieregiment 56 in Ulm eingezogen worden. Er war vier Jahre älter als Hans und kam aus Köln. Wie alle jungen Männer hatte er nach dem Abitur ein halbes Jahr Arbeitsdienst ableisten müssen. Jetzt hatte die im Frühjahr wiedereingeführte allgemeine Wehrpflicht seine beruflichen Pläne über den Haufen geworfen, denn er hatte schon seit zwei Semestern Philosophie studiert. Ernst war noch in der Weimarer Republik der Freischar junger Nation beigetreten, der auch Werner und Fritz angehört hatten. Bis zu ihrer Auflösung hatte er eine Kölner Gruppe im Stil der Deutschen Jungenschaft geführt. Im Mai 1933 war er dann

in die Hitlerjugend gegangen und hatte es dort ebenso wie Hans bis zum Fähnleinführer im Jungvolk gebracht. Er stand ganz in der Tradition der dj.1.11 und hatte, wie so viele Jungvolkführer, sein bündisches Leben in der Hitlerjugend weitergeführt.
Aber bei ihm kam noch etwas anderes hinzu. Er fühlte sich von Jungen angezogen, und er war sich seiner Homosexualität bewußt. Selbstverständlich mußte er sie streng geheimhalten. Allein in Ulm, suchte Ernst Kontakt zu einer ähnlichen bündischen Jugendvolkgruppe wie in Köln. Ein gemeinsamer Bekannter brachte ihn deshalb mit Hans in Verbindung, dessen Schwärmerei für bündische Ideen überall bekannt war. Hans akzeptierte den Älteren rasch als Mentor und nahm ihn auch auf seine Fahrten mit. Bald spielte Ernst auf den Heimabenden eine maßgebliche Rolle, weil er viel erfahrener und belesener als Hans war und fast alle Schriften von Tusk besaß, mit dem er sogar einen Briefwechsel begonnen hatte. Doch diese bündische Tradition wurde in der Hitlerjugend nicht mehr lange geduldet.
Ende 1935 wurde in der *Neuen Weltbühne,* einer Prager Emigrantenzeitschrift, ein Artikel veröffentlicht, der über das Wiedererscheinen der bündischen Jugend in Deutschland berichtete. Es hieß dort, daß sie sich zu illegalen Gruppen zusammenfänden. Ihre Freundschaftskreise würden beginnen, eine große Oppositionsströmung zu bilden, meinte der Schreiber. Die Reichsjugendführung sah darin offensichtlich eine große Gefahr. Am 1. November 1935, dem sechsten Jahrestag der Gründung der mittlerweile fast legendären dj.1.11, wurde alles verboten, was als verwerflicher Ausdruck jungenschaftlich-bündischer, ja, schlimmer noch, fremdvölkischer Beeinflussung angesehen wurde: die Verwendung von Koten und Jurten, schwarze Knöpfe an Jungenschaftsjacken, Schottenhemden und Literatur aus dem Verlag Günther Wolff aus Plauen, in dem die meisten Schriften von Tusk veröffentlicht worden waren.[141]

Ernst und Hans besprachen besorgt dieses Verbot. Und es kam noch schlimmer: Hans' A-Mannschaft im Jungvolk wurde aufgelöst und in die anderen Gruppen eingeordnet.[142] Natürlich gefiel Hans die Auflösung seiner Elitemannschaft überhaupt nicht. Er fühlte sich durch diese Maßnahme entsetzlich getäuscht. Er konnte nicht verstehen, daß seine Jungen ohne jeden Grund plötzlich zurückgesetzt wurden. Das war eine richtige Gemeinheit. Es war kein Wunder, daß es jetzt immer wieder zu Spannungen mit Max kam. Außerdem war Max inzwischen weiter aufgestiegen und zum Standortführer des Ulmer Jungbannes geworden. Bisher hatte Hans immer seinen freigewordenen Platz eingenommen. Jetzt aber stand ihm, nach der Ächtung alles Bündischen, natürlich keine weitere Aufstiegsmöglichkeit innerhalb des Jungvolks mehr offen. Ein anderer Fähnleinführer nahm Max' Stelle als Stammführer ein.[143]

»Ihr braucht keine besondere Fahne!«

Im neuen Jahr gingen die Maßnahmen gegen die bündischen Umtriebe in der Hitlerjugend weiter. Im Februar stellte die Gestapo für Preußen die Fortführung aller Gruppen und Vereine der bündischen Jugend unter Strafe. Gleichzeitig wurden die Zehnjährigen zum ersten Mal im ganzen Reich als geschlossener Jahrgang zur Hitlerjugend eingezogen. Damit ging eine weitere bündische Struktur zugrunde. Bisher hatte noch jeder eintreten können, wann er selbst wollte, und sich dabei seine eigene Gruppe aussuchen können. Jetzt kam zu Hitlers Geburtstag am 20. April fast der gesamte Jahrgang 1926 zur Hitlerjugend, da sich kaum jemand dem Druck entziehen konnte, den die Nationalsozialisten auf Kinder und Eltern ausübten. Bei den Jungen wurde die Wehrerziehung in diesem Jahr ganz groß geschrieben.[144]

Inzwischen verbuchte der Führer weitere Erfolge für sich. Als am 7. März die Reichswehrtruppen in das von den Franzosen besetzte Rheinland einmarschierten, waren alle begeistert. Jetzt brachte ihr Führer auch dieses Gebiet, das so schrecklich unter der französischen Fremdherrschaft gelitten hatte, heim ins Reich. Zwei Wochen später ließ Hitler sich diese Stimmung durch die Neuwahl des Reichstages bestätigen, die mit der Billigung der Rheinlandbesetzung verbunden wurde. Selbstverständlich war Ulm auch diesmal mit Fahnen und girlandenumwundenen Propagandatafeln festlich überzogen. Ebenso selbstverständlich gab es wieder über neunzig Prozent Zustimmung.

Ganz Deutschland und besonders die Jungen und Mädchen in der Hitlerjugend fieberten den Olympischen Spielen entgegen. Der Sport war in ihrem Leben ungeheuer wichtig geworden. Sie trainierten, so oft sie nur konnten. Sie hatten sich in den letzten drei Jahren körperlich abgehärtet und waren stark und kräftig geworden, so wie sich der Führer seine Jugend wünschte. Daß sie dabei einem Ideal der Härte nachliefen, das nicht nur den Körper stärkte, sondern auch die Seelen verhärtete, war ihnen nicht bewußt. Was mich nicht umbringt, macht mich stark! Diese Devise hatte auch Sophie beherzigt, wenn sie mitten im Winter nur mit Söckchen und Uniform und natürlich ohne Kopfbedeckung durch Eiseskälte nach Wiblingen gefahren war. Einmal allerdings waren Liesl und Sophie gemeinsam mit dem Fahrrad losgefahren, als Sophie plötzlich anhielt und nachfühlte, ob ihr Ohr noch vorhanden war. Sie hatte gefürchtet, es sei abgefroren, so eiskalt war es geworden. Aber sie hätte nie zugegeben, daß diese Übungen in Härte und im Ertragen körperlicher Strapazen ihr irgend etwas ausmachten oder sie Überwindung kosteten. Sie hatte sich daran gewöhnt, sich zu prüfen. Gelobt sei, was hart macht![145]

Sie verfolgten mit Begeisterung die Berichte über die Wettkämpfe. Schon im Frühjahr fanden die alpinen Ausscheidungen in Garmisch-Partenkirchen statt. Im Sommer traf sich die Jugend der Welt in Berlin. Die feierliche Eröffnung der Spiele wurde in Sonderseiten in den Zeitungen gewürdigt und im Rundfunk übertragen. Die ganze Welt blickte auf Deutschland. Ihr Vaterland stand im Mittelpunkt der Aufmerksamkeit und zeigte sich von seiner schönsten und stärksten Seite. Die Menschen draußen, die gegen Hitler Propaganda machten, konnten jetzt sehen, wozu die Deutschen im Nationalsozialismus fähig waren, wie Deutschland wieder aufgebaut worden war und wie seine Jugend zu einem neuen starken und kräftigen Geschlecht aufgeblüht war. Sie waren ungeheuer stolz auf ihr Vaterland in diesem Jahr.

Nur Hans bekam im olympischen Jahr Probleme in der Hitlerjugend. Er hatte sich eng an Ernst angeschlossen, der inzwischen bei den Scholls ein und aus ging. Durch ihn lernten auch die Mädchen die Ideale der dj. 1.11. immer besser kennen. Vorsichtig hatte der junge Mann damit begonnen, jene ersten Zweifel an der Hitlerjugend und ihren Zielen zu nähren, die untergründig schon vorhanden waren. Er fragte nach, verwies auf Literatur und lieh ihnen die Bücher, die ihm wichtig waren. Seit der Auflösung seiner A-Mannschaft hatte Hans damit begonnen, mit seinen Jungen eine Art »Privatbetrieb« innerhalb des Jungvolks aufzumachen. Zu dieser Gruppe gehörten seine jüngeren Freunde und auch sein kleinerer Bruder Werner. Sie warben dabei sogar um neue Mitglieder.[146] Sie fühlten sich in gewisser Weise immer noch als auserlesen. Obwohl es in der Hitlerjugend jetzt nicht mehr gern gesehen wurde, gestaltete Hans seine Heimabende immer mehr nach den Ideen der dj. 1.11.

Von Ernst angeregt, beschäftigten sie sich intensiver als vorher mit den Schriften von Tusk. Dieser war bald nach der Gründung der dj. 1.11 von Stuttgart nach Berlin gezogen, wo er in einem Verlag arbeitete. In der Reichshauptstadt hatte er die rotgraue Aktion ins Leben gerufen, in der Gruppen seiner Jungenschaft in einer Art von Kommunen zusammenzuleben begannen. Ein Chor und ein Orchester waren entstanden. Im Sommer 1931 war Tusk mit einer Gruppe auf Großfahrt in die Sowjetunion bis hinauf zur Eismeerinsel Nowaja Semlja gefahren. Bald darauf trat er in die Kommunistische Partei ein. 1934 war er von der Gestapo verhaftet und während der Haft so gefoltert worden, daß er zwei Selbstmordversuche unternahm. Schließlich ließ man ihn frei, weil er in der bündischen Jugend zu bekannt war und man keine Märtyrer schaffen wollte. Er verließ Deutschland und ging über Schweden nach England, wo er sich noch im selben Jahr in London niederließ.[147]

In der »Heldenfibel«, die 1933 erschienen war, hatte Tusk sein freies und auf seine Weise romantisches Fahrtenleben beschrieben. Er propagierte ein Leben in der Gemeinschaft von Gleichen, in dem sie ihre Lebendigkeit fühlen konnten und die Nähe der Natur in ihrer ganzen Schönheit und wilden Gefährlichkeit auskosteten. Er forderte Heldentum: »Der große Held liebt die Welt und nicht seine Wünsche und Illusionen. Die Welt, das Leben ist fürchterlich. Hüten wir uns davor, nur an seine süßen Seiten zu denken. Das Süße lieben alle. Für uns geht die Zeit zur Neige, in der wir das Süße bevorzugen. Alles erhält den gleichen, einen Wert, und wir stehen mittendrin.« Seine Ansprüche an sich selbst und seine Kameraden waren von einem ausgesprochen elitären Denken geprägt. Er verlangte stets von sich selbst mehr als von den anderen. Alles, was man tat, sollte man nicht nur ordentlich, sondern sehr gut tun. In Tusks Forderungen lag die gleiche Absolutheit, die Hans unbewußt für sich selbst von seinem Vater übernommen hatte. Tusk schrieb: »Lebe so, wie dein Gewissen es dir vorschreibt. Prüfe immer wieder deine Haltung, erkenne die Fehler, lerne daraus. Sei mißtrauisch gegen die Meinung der Mehrheit und gegen die, die Autorität beanspruchen. Prüfe sie besonders gründlich. Erforsche die Meinung der Minderheit. Gehe nie mit den Mächtigen. Wende dich gegen Unrecht und Gewalt.« Und Tusk predigte seinen Jüngern ein fanatisches Leben: »Lebt alles selbst«, schrieb er ihnen, und sie sollten »besser lernen und besser können, besser singen, besser schweigen, besser schlemmen, besser fasten, grimmig arbeiten und hemmungslos faulenzen«.[148]

Bei einem solchen Elitedenken, wie es Ernst jetzt noch verstärkte, konnte allerdings auch noch mehr im Spiel sein. Tusk umschrieb es einmal damit, daß sich »unerkannt neben den großen Bestrebungen, die sie auf dem Munde führen«, Männer in die Jugendbewegung einschlichen, »in denen der Hang zur Jugend zur Eigenschaft erstarrt ist und die am liebsten abseits in einem ungestörten Garten mit ihren hübschen Knaben leben. Sie propagierten dann notgedrungen ›Heimliches Königreich‹ und ›Abseits vom lauten Getriebe... wir Aristokraten‹«.[149]

Aber davon wußten Hans' jüngere Schwestern nichts. Sie sogen mit gläubigem Herzen die Geschichten vom großen Heldentum, von Rittern und Samurais ein, die Hans ihnen als leuchtendes Beispiel vor Augen stellte. Sie lernten begierig von ihm die wilden Lieder, die er mit seinen Jungen sang und die vom kriegerischen Leben der Kosaken, von unbekannten Landschaften im fernen Rußland und von Heldentaten erzählten.[150]

Tusk hatte seinen Jungen sieben Losungen gegeben, die er in seiner hochgespannten Sprache zu sieben Sternen machte, die ihnen den richtigen Weg in ein besseres und gerechteres Leben zeigen sollten. Auch diese Losungen übernahmen die Geschwister für ihr Leben. Zuallererst hieß es: »Wir müssen selbst unseren Weg suchen.« Die alten Leute hatten Deutschland von Mißerfolg zu Mißerfolg geführt. Die Jungen sollten nicht nachbeten, sondern neue, bessere Wege suchen. Sie hatten ein Recht auf ihre eigene Zukunft! Der zweite Stern war die sozialistisch-kommunistische Devise: »Alles für alle!« Seine Jungen sollten den Zeitgeist der Eigensucht und der Einzelgänger bekämpfen, sie sollten eine Volksgemeinschaft bilden. Tusk aber verlangte noch mehr. Er wollte, daß auf den Fahrten das Essen stets streng geteilt wurde. Sie sollten gemeinsame Kasse machen, um ärmeren Kameraden die Uniform zu kaufen. Sie sollten alles gemeinsam und alles für die Gruppe machen. »Töten wir den Geiz, so stirbt der Neid«, brachte er seine Forderungen auf den Punkt und ging damit viel weiter als die Nationalsozialisten.

Auch der dritte Stern schien dem zu entsprechen, was sie in der Hitlerjugend immer wieder hörten: »Befehlen lernen, gehorchen lernen!« Aber Tusk widersprach diesen Worten subtil mit einem Nachsatz »und dabei das Denken nicht verlernen!« Zu allem Überfluß fügte er noch einen weiteren Widerspruch gegen diesen Widerspruch hinzu mit dem Satz: »Unsere Führer wissen, was sie tun.« Da konnte sich jeder die Worte heraussuchen, die er brauchte. Des weiteren rief er sie zur Arbeit und zum Kampf für den Aufbau der neuen Welt auf. Auch das war Hans und seinen Geschwistern geläufig: Die Hitlerjugend rief andauernd zu Diensten, Appellen und Sammlungen auf. Arbeit gab es wahrlich genug, wenn man die Welt neu und besser aufbauen wollte. Wie Tusk es von ihnen forderte, waren auch sie bereit, dabei unaufhaltsam »Vorwärts, in die Zukunft!« zu stürmen. Sie waren die Jugend, sie lebten jetzt, sie gehörten nicht zu den »Vergangenen«, die »tränenden Auges zurückschauten«.

Der siebte Stern verpflichtete sie zur unbedingten Treue. »Selbst wenn wir alles Liebe verlieren, wenn wir gejagt werden wie die Hasen, selbst wenn es für den einen oder anderen ein Opfer ist, wir halten unserer gemeinsamen Sache die Treue. Wir lassen uns nicht abbringen von unserem Weg und geben keine Genossen verloren.«[151] Treue war das höchste Gut des Menschen. Treue zum Vaterland und für die gemeinsame Sache, Treue zur Fahne, dem hehren Symbol der Gemeinschaft, das predigte nicht nur Tusk, das dröhnte ihnen von allen Seiten her in die Ohren, das durchzog wie der dumpfe Schlag der Landsknechttrommeln bei den Appellen und nächtlichen Feuern das Leben der ganzen Jugend. Wer die Treue aufgab, verlor seine Ehre. Treue und Ehre aber waren viel wichtiger als das eigene Leben, das sich gegenüber diesen unsagbar heiligen Begriffen so unwichtig und wertlos ausnahm und so leicht für das Vaterland hingegeben werden konnte, wie sie es in ihren Liedern immer und immer wieder sangen.

Im Grunde schienen Tusks Forderungen von denen der Hitlerjugend nicht allzu weit entfernt. Dennoch fiel Hans jetzt immer öfter auf, wie viele Dinge in Deutschland in den letzten Jahren verboten worden waren. Schon durch Max und jetzt erst recht durch Ernst hatte er eine ganze Reihe von Liederbüchern kennengelernt, die aus dem Umkreis der bündischen Jugend stammten. Die meisten dieser Melodien und Texte waren inzwischen als »fremdvölkisch« ebenso verpönt wie die bündischen Bücher und Zeitschriften, ganz zu schweigen von jüdischen und linksgerichteten Autoren. Als Hans einmal über das Liederverbot gelacht hatte, waren ihm sogar Strafen angedroht worden.[152]

Noch etwas anderes war in der Hitlerjugend mehr oder weniger unerwünscht: die Beschäftigung mit literarischen und philosophischen Texten, mit Kunst und Kultur und mit politischen Ideen außerhalb der Weltanschauung des Nationalsozialismus. Gerade das aber begann den siebzehnjährigen Hans jetzt immer mehr zu interessieren. Ernst eröffnete ihm eine neue Welt des Geistes und der Kreativität. Er machte ihn ebenso auf verbotene Literatur wie auf Kunstwerke aufmerksam, die als entartet galten und doch so viel mehr zu den Fragen der Zeit aussagen konnten als die glatte und realistische Welt der offiziellen deutschen Kunst.

So war es kein Wunder, daß die Freundschaft mit Ernst zu Auseinandersetzungen mit Max führte, der nicht verstand, wieso Hans sich immer mehr von ihm entfernte. Ein wenig uneingestandene Eifersucht mochte dabei auch mit im Spiel sein. Außerdem hatte Hans seinen Groll über die Zurücksetzung seiner A-Mannschaft immer noch nicht verwunden. Jedenfalls kam es Ostern 1936 zum Eklat. An diesem Abend war ein Appell angesetzt worden. Hans' Pimpfe marschierten wie immer stolz und zackig hinter ihrer Fahne mit dem Fabeltier auf, die feierlich auf den Führer geweiht war. Diese Fahne war ihr höchstes Gut. In ihren Gedanken und Liedern verklärte sie sie. Sie war es, die sie zum Kampf mahnte und ihnen den ehrenvollen Tod im Krieg versprach.[153]
Der neue Stammführer nahm die Front der strammstehenden Pimpfe ab. Plötzlich blieb er vor dem Fahnenträger stehen und forderte ihn barsch auf, sofort die Fahne abzugeben. Der Junge zauderte und wußte nicht recht, was zu tun war. Der Stammführer fuhr ihn an, daß sie keine besondere Fahne brauchten, sondern sich an die halten sollten, die für alle vorgeschrieben war. Er griff nach der Stange, die Hans eigenhändig mit nordischen Runen verziert hatte.[154] Das war zuviel für Hans. Was nahm der andere sich vor versammelter Mannschaft heraus? Seit wann war ihre Fahne verboten? Hans schäumte vor Wut, ging auf den anderen zu und gab ihm eine heftige Ohrfeige. Fast wäre eine deftige Keilerei ausgebrochen, wenn Max nicht eingeschritten wäre. Er übernahm die umstrittene Fahne, rollte sie ein und schritt weiter. Das würde ein Nachspiel haben!
Max nahm die Fahne nach dem Appell mit zu sich nach Hause. Aber Hans ließ nicht so leicht locker. Er wollte seine Fahne wiederhaben, koste es, was es wolle. In der Nacht schlich er sich hin und warf ein Fenster ein, um sie herauszuholen. Es gab eine furchtbare Aufregung. Schließlich mußte sogar die Mutter kommen, um ihren wütenden Sohn zu beruhigen und

nach Hause zu bringen.[155] Natürlich hatte diese unerhörte Gehorsamsverweigerung für Hans Folgen: Ihm wurde die Führung seines Fähnleins entzogen. Allerdings wurde er nicht aus der Hitlerjugend ausgestoßen. Das hätte für ihn bedeutet, ohne Abitur von der Schule abzugehen, denn an den Ulmer Schulen herrschten in dieser Hinsicht streng nationalsozialistische Maßstäbe. Hans wurde nur degradiert und tat nach einigen Wochen Beurlaubung wieder seinen Dienst, allerdings nur noch als Jungzugführer. Seitdem sah er sich vor, und es gab innerhalb des Jungvolkbannes keine Beanstandung mehr.[156]

Diese Fahnenaffäre sorgte ganz schön für Wirbel im Familienleben. Der Mutter war es unangenehm gewesen, daß sie mitten in der Nacht ihren Sohn aus einer so unerfreulichen Lage herausholen mußte. Aber die Schwestern waren ganz auf seiner Seite. Wenn es um die Fahne ging, das geheiligte Symbol ihrer Kameradschaft und Treue, dann verstanden sie alle keinen Spaß. Die Fahne war ihr heiligstes Gut, für das man alles einsetzen mußte, auch das eigene Leben. So wie es Rainer Maria Rilke in der »Weise von Liebe und Tod des Cornets Christoph Rilke« beschrieb, so war auch ihre Beziehung zur Fahne. Sie lebten im Geiste mit dem edlen Jüngling, der nach langem Ritt vor seinen General tritt und zum Cornet ernannt wird, zum Fahnenträger der Kompanie.

Sie, deren junge Männlichkeit und Weiblichkeit gerade aufzukeimen begann, erschauerten in dem angedeuteten Liebesrausch des Cornets in der Nacht vor seinem Tod, und liefen im Geiste mit ihm gehetzt aus dem Schloß

»um die Wette mit brennenden Gängen, durch Türen, die ihn glühend umdrängen, über Treppen, die ihn versengen, bricht er aus aus dem rasenden Bau. Auf seinen Armen trägt er die Fahne wie eine weiße, bewußtlose Frau. Und findet ein Pferd, und es ist wie ein Schrei: über alles dahin und an allem vorbei, auch an den Seinen. Und da kommt auch die

Fahne wieder zu sich und niemals war sie so königlich, und
jetzt sehen sie sie all, fern voran und erkennen den hellen,
helmlosen Mann und erkennen die Fahne...
Aber da fängt sie zu scheinen an, wirft sich hinaus und wird
groß und rot...
Da brennt ihre Fahne mitten im Feind, und sie jagen ihr
nach.«[157]
Auch sie stürmten in ihren Heldenphantasien vor wie der junge Cornet, fanden sich plötzlich allein, erkannten mit ihm, daß sie mitten unter den heidnischen Hunden waren, und folgten ihm in den Tod.

Fahrten und Lager – Freiheit und Abenteuer

Nach dem Weihnachtsfest 1935 war Sophie mit
Irm auf Fahrt gewesen. Die alte Freundin aus der ersten Zeit in
Ulm hatte inzwischen den neugebildeten Jungmädelring sieben übernommen. Bald darauf hatte sie ihre Söflinger Mädelschaft an Sophie abgegeben, die dabei zur Scharführerin aufgestiegen war.[158] Über Silvester hatte die ältere Freundin dann das erste Winterlager der Ulmer Führerinnen organisiert. Bisher war es ein Privileg der Jungen gewesen, auch in der kalten Jahreszeit auf Fahrt zu gehen und in den Bergen Ski zu laufen. Jetzt wollten die Mädchen gleichziehen. Für Sophie war diese Fahrt besonders aufregend, weil es ihre erste große Tour in der Hitlerjugend war.
Ihr Winterlager war eine Hütte des Alb-Vereins. Als sie mit ihren schweren Rucksäcken den Aufstieg hinter sich gebracht hatten, waren sie von den unglaublich primitiven Verhältnissen dort oben völlig überrascht. Die Hütte hatte nur einen einzigen Raum mit Tisch, Stühlen und einer Bank. Ein eiserner Ofen diente als Heizung und Kochstelle. Es gab nicht einmal Betten, von einem »Häuschen mit Herz« oder fließend Wasser

und Strom ganz zu schweigen. Aber sie wollten auf keinen Fall klein beigeben. Mit dem gewohnten Fahnenappell machten sie sich erst einmal Mut. Dann erkundeten sie das Gelände, sammelten Tannenreisig als Unterlage zum Schlafen und zum Feueranzünden und richteten sich, so gut es eben ging, häuslich ein. Nach einiger Zeit saßen sie alle mit ihrem Kochgeschirr an dem wackeligen Tisch, stellten den Topf mit der dampfenden Suppe in die Mitte und begannen hungrig zu essen. Abends breiteten sie den Reisighaufen auf dem Boden aus und wickelten sich warm angezogen, wie sie waren, in ihre mitgebrachten Decken.

Dieses einfache Leben ohne jeden Komfort und Hygiene war das völlige Gegenteil von dem, was sie zu Hause gewohnt waren. Sie empfanden es als ein richtiges Abenteuer, bei dem sie alle gleichberechtigt waren und die Pflichten untereinander verteilten. Nur Sophie als ihre Jüngste wurde geschont. Fast wie zu Hause paßten die anderen Mädchen alle wie ältere Schwestern auf sie auf. Irm wies ihr zum Schlafen den wärmsten Platz neben dem Ofen an, weil es morgens in der Hütte immer empfindlich kalt wurde. Tagsüber waren sie meistens draußen. Einige hatten Skier dabei, die anderen erwanderten die Umgebung. Wenn früh am Nachmittag die Dämmerung einsetzte, kamen sie wieder zusammen, saßen bei Kerzenlicht um den Tisch herum und vertrieben sich die Zeit damit, mehrstimmig Lieder zu singen, vorzulesen und sich miteinander zu unterhalten. Sophie griff selten in das Gespräch ein. Sie hörte meistens nur interessiert zu, wenn die anderen redeten, so wie sie es von zu Hause gewohnt war, wo auch meist die älteren Geschwister das Gespräch bestimmten. Wenn sie einmal etwas sagte, dann sprach sie eher leise. Sie wirkte fast ein wenig schüchtern, auch wenn sie manchmal ihre Meinungen durchaus mit Nachdruck vertreten konnte.

Natürlich erzählten sie, als sie nach Hause kamen, daß sie eine großartige Zeit verlebt hatten. Es war einfach pfundig gewesen, wie sie damals immer sagten. Sie hatten ihre Kameradschaft – über ein paar kleinliche Zänkereien und Streitigkeiten sahen sie großzügig hinweg – und ihre ungewohnte Freiheit aus vollem Herzen genossen. Während sie sonst zu Hause immer um Erlaubnis fragen mußten, wenn sie einmal aus dem gewohnten täglichen Lebensrhythmus ausbrechen wollten, hatte ihnen auf der Hütte niemand etwas verbieten können. Keine Mutter, kein Vater, kein großer Bruder hatte sie mit irgendwelchen Vorschriften, Aufträgen oder Wünschen behelligt. Zu Hause gab es außerdem immer irgend etwas zu putzen oder zu waschen. Ihre Mithilfe im Haushalt wurde stets als Selbstverständlichkeit eingefordert. Dagegen hatten Sauberkeit und Hygiene auf der Hütte kaum eine Rolle gespielt. Wenn man immer erst Schnee auftauen mußte, um Wasser zu bekommen, dann konnte es nicht mehr als eine Katzenwäsche geben. So waren sie trotz aller Strapazen nach einer Woche ungewaschen, aber gesund und munter wieder zurückgekehrt, und es war kein Wunder, daß Sophie die nächste Fahrt zu Pfingsten herbeisehnte.

Hans war in diesem Frühjahr mindestens jedes zweite Wochenende mit seiner Jungengruppe auf Fahrt gegangen. Er plante für die Sommerferien im August zum ersten Mal eine Großfahrt ins Ausland. Hans füllte zwar weiterhin seinen Posten im Jungvolk aus, aber mit dem Herzen war er jetzt nicht mehr richtig dabei. Das schlug nur noch für seine eigene Gruppe, die unbeanstandet in dem offiziellen Betrieb der Hitlerjugend mitlief. Ihre große Fahrt sollte nach Schweden und Finnland gehen, wohin Tusk noch gute Kontakte unterhielt. Hans hatte diese Fahrt lange im voraus bei der Reichsjugendführung angemeldet, und sie war auch genehmigt worden.

Doch dann kam die große Enttäuschung: Wenige Tage bevor es losgehen sollte, wurde die Fahrt verboten. Militärisch knapp und ohne jede Begründung wurde ihm mitgeteilt, daß sie nicht fahren durften. Aus der Traum! Was sollten sie tun? Sie waren wütend, enttäuscht, traurig und verzweifelt. Sie hatten sich gefreut, hatten gespart und sich vorbereitet. Sie waren sogar von einem der Freunde von Tusk eingeladen worden. Jetzt sollte das alles umsonst sein? Das konnte nicht sein. Hans ließ sich seinen Traum nicht einfach nehmen. Diese Fahrt ließ er sich nicht verbieten! Er hielt mit seinen Jungen Kriegsrat. Sollten sie trotzdem fahren? Würden sie alle dichthalten? Denn es gab inzwischen Streifen der Hitlerjugend, die wilde – also nicht im vorgeschriebenen Verband von Jungvolk oder HJ auf Fahrt gehende – Gruppen anhalten und anzeigen konnten. Solche Fahrten waren strafbar. Wenn sie sich trotz des Verbotes auf den Weg machten, mußten sie vorsichtig vorgehen. Sie mußten einzeln oder zu zweit aufbrechen, damit sie nicht auffielen. Unauffällig machten sie sich am Anfang der Ferien auf den Weg. Hans schmuggelte sein Geld in einer Zahnpastatube heimlich aus dem Land, denn es war verboten, deutsches Geld ungenehmigt ins Ausland zu bringen. Das galt als Devisenvergehen und konnte ebenfalls bestraft werden. Doch zum Glück ging alles gut, und sie kamen unbeschadet zurück.

Auch Inge organisierte im Jungmädelring wieder eine Großfahrt für ihre Führerinnen. Diesmal ging es an die Nordsee und auf die Insel Langeoog. Sophie gehörte inzwischen zum Ring ihrer großen Schwester, weil Irm nach Ostern wegen ihrer Berufsausbildung bei den Jungmädeln aufgehört hatte. Zum ersten Mal durfte sie mit auf große Fahrt gehen und war sogar als Fahnenträgerin auserwählt worden. Sie waren eine Gruppe von zwanzig Mädchen. Natürlich war es für Inge nicht immer einfach, den ganzen Haufen zusammenzuhalten. Aber es gab auch tiefe und weihevolle Momente, wie den Abend, als sie ihre Zelte auf Langeoog aufgeschlagen hatten und nach dem Abendbrot und dem gewohnten Fahnenappell um das Feuer herumsaßen und sangen. Die Nächte waren oben im

Norden viel länger hell als bei ihnen zu Hause. Aber jetzt ging die Dämmerung in Dunkel über, und ein leuchtender Mond stand am Himmel. Sie hatten über die Fahne gesprochen. Jetzt nahm Sophie das heilige Tuch und trug es ihnen voran in das Meer. Tiefsternst weihten sie in den salzigen Fluten ihre Fahne erneut und beschworen ihre Treue zum Vaterland.[159]

Nach der Langeoogfahrt führte Sophie zusammen mit ihren Scharführerinnen selbst zum ersten Mal ein Jungmädellager durch. Mit ihren Mädeln gingen sie nicht länger als eine Woche auf Fahrt. Meistens wanderten sie sogar nur am Wochenende in ein Heim in der Nähe von Ulm.[160] Aber diesmal radelten sie zusammen Richtung Bodensee. Sie waren eine große Gruppe. Auf den Rädern hatten sie ihre Decken, Töpfe und Zeltbahnen dabei, die zu großen Zelten zusammengeknöpft werden konnten. Die Stöcke dafür mußten sie sich unterwegs selbst schneiden. Manchmal durften sie auch in einer Scheune übernachten. Wenn die jungen Führerinnen an die große Verantwortung dachten, die sie für ihre Mädchen übernommen hatten, war ihnen nicht immer ganz wohl zumute. Sie mußten schließlich dafür sorgen, daß niemandem unterwegs etwas passierte. Ihnen hatten die Eltern ihre Kinder anvertraut. Oft aber ließen sie Verantwortung Verantwortung sein und kletterten mit ihren Schutzbefohlenen, ohne auf irgendeine Gefahr zu achten, steile Felsen hinauf und überboten einander tolldreist beim Wettstreit darum, wer sich am weitesten auf den Gipfel vorwagte, um die weite Aussicht zu genießen.

Dabei war der Gruppendruck so groß, daß alle ohne Murren mitmachten. Meckern und Miesmachen galten als unkameradschaftlich, und sie wollten doch alle kameradschaftlich sein. So maulte niemand, wenn es auf Fahrt nicht so sauber und ordentlich zuging wie in ihren bürgerlichen Elternhäusern. Sie holten sich das Wasser aus Quellen und Bächen und wuschen ihr Kochgeschirr im Fluß. Selbst wenn eine ein wenig heikel war und sich zu Hause strikt weigerte, von einem angegessenen Apfel abzubeißen oder einen schon benutzten Löffel in den Mund zu nehmen, hätte sie das vor den anderen niemals zugegeben.[161] Trotzdem waren Sophie und die anderen Führerinnen erleichtert, wenn niemand krank wurde und sie alle ihre Kinder heil und gesund wieder nach Hause zurückbrachten.[162]

In ihrer Arbeit mit den Jungmädeln orientierte sich auch Sophie jetzt immer mehr an dem Vorbild des großen Bruders. Hans' Ideen von Freiheit, Treue und Auserwähltheit und besonders seine wilden neuen Lieder nahm sie bereitwillig auf. Die Forderung von Tusk, daß alles gerecht und gleich verteilt sein sollte, wenn man echte Kameradschaft hielt, leuchtete ihr ganz besonders ein. Gerechtigkeit war die Grundlage, auf der die Mutter das Familienleben mit ihren vielen Kindern aufgebaut hatte, und Sophie als kleinstes und schwächstes Glied der Familie hatte Ungerechtigkeit immer besonders schlecht aushalten können.

Wenn die Jungmädel feierlich in die Hitlerjugend aufgenommen wurden, durften sie nicht sofort die vollständige Uniform tragen, zu der ein schwarzes Vierecktuch gehörte, das zu einem Schlips gerollt um den Hals gebunden und von einem Lederknoten zusammengehalten wurde. Tuch und Knoten bekamen die Mädel erst nach einem halben Jahr, wenn sie ihre Jungmädelprobe abgelegt hatten. Dafür waren sportliche und weltanschauliche Grundanforderungen von der Reichsjugendführung festgelegt worden. Weitsprung und Ballwurf gehörte ebenso dazu wie mindestens eine Tagesfahrt, die jedes Jungmädel mitgemacht haben mußte und die im Dienstbuch bescheinigt wurde. Bestanden sie ihre Probe, die die ganze neue Schaft gemeinsam ablegte und auf deren Erfolg die Führerin beim Dienst natürlich hinarbeitete, dann erhielten sie feierlich die Insignien ihres neuen Standes überreicht und durften sich endlich ganz jener Gemeinschaft zugehörig fühlen, die die sportliche, sauber und adrett wirkende Uniform auch nach außen hin symbolisieren sollte und in der es angeblich keine sozialen Unterschiede mehr gab.[163]

Sophie nahm diese Aufhebung der sozialen Schranken tief ernst. Bei ihr sollten die Mädchen wirklich alle gleich sein. Ihre Jungmädel aber kamen aus ganz unterschiedlichen Elternhäusern. Wenn sie einen Ausflug machten, hatte die eine nur ein Vesperbrot, das dünn mit Margarine bestrichen war, während andere dicke Mettwurstscheiben oder sogar die von allen heißbegehrte Schokolade als Belag mitbekamen. Deswegen mußten die Kinder bei Sophie alle ihre Brote abgeben. Wenn sie eine Pause machten, wurden diese auf ein Tuch gelegt. Nacheinander wurden jedem Mädchen die Augen zugebunden. Erst dann durfte es sich ein Brot von dem gemeinsamen Haufen greifen. So sorgte Sophie für eine gerechtere Verteilung. Einige Mütter regten sich allerdings schrecklich darüber auf. Ihnen war es egal, ob ihre Kinder dem Ideal der wahren Volksgemeinschaft nachstrebten oder nicht. Das heißt, eigentlich sahen sie es im Grunde höchst ungern, wenn ihre Töchter durch die Hitlerjugend engen Kontakt zu jenen Schmuddelkindern aus der näheren Umgebung bekamen, deren Familien für sie zu den Asozialen gehörten. Der nationalsozialistische »Kommunismus«, den diese kleine Hitlerjugendführerin da vertrat, ging ihnen reichlich zu weit. Sie putzten zu Hause nicht und sorgten immer wieder für Hygiene und Sauberkeit, damit ihre Kinder draußen im Schmutz lebten und Krankheiten, Ungeziefer und schlechte sittliche Einflüsse mit nach Hause brachten.[164] Sophie verstand das überhaupt nicht und interessierte sich auch nicht für die Meinung der »Alten«. In gewisser Weise war sie ganz naiv und vertrat optimistisch, gutgläubig und spontan[165] die Ideale, die sie von ihren Geschwistern und aus der Hitlerjugend übernommen hatte.

So versuchten sie, auch aus ihren Mädelschaften verschwore-

ne Gemeinschaften zu machen, die dem Führer die unbedingte Treue hielten. Freundschaft und Treue bis in den Tod, besiegelt durch die Blutsbrüderschaft, von der sie bei Karl May immer wieder gelesen hatten, geisterte durch ihre Köpfe. Die jungen Führerinnen veranstalteten auch Geländespiele, bei denen eine Gruppe ausschwärmen, die anderen sie suchen und fangen mußten. Einmal wurden die Gefangenen sogar an Bäume gefesselt. Wie in einem Ritual ritzten die großen Mädchen sich selbst und den Gefesselten mit einem Messer die Haut auf und vermischten ihr Blut. Manche der kleinen Mädchen verstanden gar nicht richtig, worum es eigentlich ging, und fürchteten sich fast zu Tode. Aber das durften sie natürlich auf keinen Fall zeigen. So konnte es passieren, daß die begeisterten jungen Führerinnen überhaupt nicht merkten, was in manchen Jungmädeln vor sich ging, und in ihrem Glauben blieben, daß alle ebenso freudig wie sie selbst bei der Sache waren.
Nicht alle Mädchen waren so furchtsam. Wie bei Hans' Pimpfen genossen viele Mädchen wirklich die Freiheit und Ungebundenheit, ebenso wie Sport und Spiel, die der Dienst bei den Jungmädeln ihnen boten. Sie fanden es toll, mit Sophie gemeinsam auf Fahrt zu gehen und dabei nachts nicht brav im Zelt schlafen zu müssen, sondern mit ihr unter dem dunklen Sternenhimmel am Lagerfeuer zu sitzen und ihr zuzuhören, wenn sie ihnen wilde Balladen von Kampf und Streit, rauhen Winden und flatternden Fahnen, Sieg und Beute vorsang. Nur die Eltern waren wieder einmal unzufrieden: So hatten sie sich das Jungmädelleben nicht vorgestellt. Wie anfangs bei Charlo war jetzt vielen von den soliden Handwerkern, die in Söflingen wohnten, alles, was dieses Scholl-Mädchen mit ihren Töchtern machte, viel zu burschikos. Sie fanden, daß Sophie kein erstrebenswertes Beispiel und Vorbild für ihre Töchter darstellte. Dieses Mädchen war so spontan und ungezähmt.[166]
Sophies Tage als Jungmädelführerin waren bis zum obersten

Rand mit Aufgaben ausgefüllt. Die meiste Zeit beanspruchte der Dienst in der Hitlerjugend: Einmal in der Woche mußten alle drei Schwestern zur »Führerbesprechung«. Inge war jetzt die erste unter den Ringführerinnen. Auf sie hatten die Mädchen alle jene Verehrung übertragen, die Charlo in ihnen geweckt hatte. Inge war gesetzter und ordentlicher als Charlo. Sie arbeitete mit mehr Ruhe, Stetigkeit und zielbewußtem Ernst und gestaltete die Besprechungen jedesmal wunderschön. Gewöhnlich führte sie die Themen aus der Zeitschrift *Unser Weg* ein, die vom BDM extra für die Jungmädelführerinnen herausgegeben wurde: das Parteiprogramm, die neueste politische Entwicklung, der Vierjahresplan, die Judenfrage, die Vererbungsgesetze und anderes Gedankengut aus dem Fundus der nationalsozialistischen Weltanschauung wurden darin besprochen. Außerdem lernten sie jedesmal ein neues Lied.[167]

An einem zweiten Nachmittag kamen die sechzehn Führerinnen von Sophies Jungmädelgruppe zusammen. Jede von ihnen mußte im Wechsel einen Heimabend ausarbeiten und den anderen vorstellen. Die Kameradinnen hielten nicht mit Kritik hinterm Berg, wenn sie etwas nicht gut fanden. Sie gingen sogar ziemlich rücksichtslos und hart miteinander ins Gericht und hatten dabei das Gefühl, daß sie sich einer strengen Selbsterziehung unterwarfen. Sie waren immer ungeheuer ernst bei der Sache. Eigentlich viel zu ernst und viel zu engagiert für ihr Alter. Aber sie wollten unbedingt gute Vorbilder und wahre Führerinnen ihrer Jungmädel werden und bestärkten einander durch ihre Konkurrenz gegenseitig. Im Grunde nahmen sie in dieser Zeit ihr ganzes Leben nur noch durch die Brille ihrer Jungmädelarbeit wahr. Alles, was sie in der Schule oder daheim lernten und erfuhren, wurde im Geiste daraufhin untersucht, ob sie es beim nächsten Mal für ihren Heimabend benutzen konnten.

Der dritte Nachmittag – der Mittwoch – war von dem Heimabend mit der eigenen Schaft belegt, den Sophie und ihre Schwestern immer mit absoluter Pünktlichkeit einhielten. Wenn sie dann mitten in der Hausarbeit aufhörten, um ihre Uniformen anzuziehen, konnte es passieren, daß die Mutter vorwurfsvoll klagte, es sei noch so viel zu tun, und sie ließen sie damit wieder einmal ganz allein. Dann konnte Sophie mit absoluter Entschiedenheit entgegnen, daß eben Dienst sei.[168] Sie waren auf den Führer verpflichtet, und ihre Pflicht rief sie unerbittlich. Selbstverständlich forderte Sophie auch von ihren Jungmädeln regelmäßiges Erscheinen und absolute Pünktlichkeit. Das war sonst nicht überall üblich, anderswo kamen die jungen Führerinnen oft zu spät oder gar nicht zum Dienst, so daß manche Jungmädelschaft nur auf dem Papier bestand.

Bei den Besprechungen im Ring lernten die Führerinnen gewisse Druckmittel für den Fall, daß ein Mädchen mehrfach unentschuldigt fehlte. Und sie setzten diese ganz bedenkenlos ein. Mit ihrer Schaft marschierten sie in Dreierreihen zu dem Haus einer solchen Kameradin und riefen auf der Straße laut im Chor, sie solle zum Dienst kommen. Wenn das nichts half, sprach die junge Führerin bei den Eltern vor und mahnte sie, ihre Tochter zu schicken. Sie konnten sehr schnippisch und leicht unverschämt auftreten, wenn Eltern ihre Kinder zurückhielten. Daß es einem Mädchen bei ihnen nicht gefiel, konnten sie sich einfach nicht vorstellen. Sollten die Eltern ihr Kind doch gleich unter eine Käseglocke stellen, wenn sie Angst hatten, daß ihm etwas passieren konnte![169] Später, als die Hitlerjugend zur alleinigen Staatsjugend geworden war, konnten sie sogar die Polizei beauftragen, um ein Mädchen, das öfter im Dienst fehlte, zum Erscheinen zu zwingen.

Im Herbst und Winter, wenn sie nicht mehr soviel Sport treiben konnten, weil keine Hallen zur Verfügung standen, mußten sie sich um die diversen Sammlungen kümmern. Heilpflanzen und Kräuter wurden draußen in Feld und Flur als

Medizin gepflückt und getrocknet; an den Eintopfsonntagen, die im Winter einmal im Monat ausgerufen wurden, mußte auf den Straßen für das Winterhilfswerk gesammelt werden, und auch für das Auslandsdeutschtum und viele andere gute Werke galt es immer wieder auf der Straße oder von Tür zu Tür kleine Abzeichen zu verkaufen und aggressiv um Spenden zu betteln. Denn die meisten Straßen- und Haustürsammlungen wurden von der Hitlerjugend durchgeführt.
Trotz dieser enormen Beanspruchung durch den Pflichtdienst schloß sich jetzt der kleine Kreis gleichaltriger Jungmädelführerrinnen aus Charlos erster Mädelschaft noch enger zusammen. Manchmal radelten sie übers Wochenende zum Zelten an die Donau, die Iller oder in ein Albtal. Natürlich fanden sich dazu nur die ganz besonders Begeisterten zusammen. Sie waren sehr stolz auf ihre Gruppe, in der sie sich als etwas Besonderes fühlten. Wie die Jungen um Hans hatten auch sie höhere Ziele als die anderen, auf die sie ein wenig herabsahen: Auch sie wollten besser sein und alles besser machen! Sie wollten gegenseitig an sich arbeiten, sich in der Erkenntnis von Lebenszusammenhängen fördern, sie wollten »versuchen, frei von den Einflüssen von Schule und Elternhaus, auch äußerlich ungebunden und frei von bürgerlichen Sitten, jeden Tag nach ihrem Gusto wie ein Künstler schön zu formen«.[170]
Sie durchwachten die Nächte am Lagerfeuer bei gemeinsamem Gesang und ernsten Gesprächen, waren voll heißer Liebe für die deutsche Natur, machten sich auf alles Schöne aufmerksam, photographierten und zeichneten, wanderten nachts und suchten die Sternbilder am Himmel zu entziffern, lasen gemeinsam deutsche Balladen, Stifter, Rilke, Märchen der Gebrüder Grimm oder von Brentano, neue Gedichte von Hans Baumann, Geschichten von Walter Flex, Dwinger und anderen Zeitgenossen. Jenen, die später den Krieg überlebten, sollten diese gemeinsam verbrachten Tage und Nächte ein

Leben lang in Erinnerung bleiben, und die Kameradschaft, die sie hier miteinander erlebten, wurde zu einem unzerstörbaren Freundschaftsband zwischen ihnen.[171]

So verlief ihr Jungmädeldasein in ständiger Aktivität, wobei die Schule nur eine Nebenrolle spielte. Währenddessen ging Hans' Schulzeit ihrem Ende zu. Für ihn war die nächste Zukunft schon vorgezeichnet. Seine Klasse hatte noch im Dezember erfahren, daß ihr der Besuch der Oberprima, wie die dreizehnte Klasse hieß, erlassen wurde. Er würde Ostern 1937 Abitur machen. Dann folgte der inzwischen obligatorische Reichsarbeitsdienst von einem halben Jahr und danach die Wehrdienstzeit. Durch den Ersten Weltkrieg waren die Jahrgänge 1917 und 1918 relativ geburtenschwach, deshalb sollten sie zusammen zur Reichswehr eingezogen werden. Der Führer brauchte Soldaten. Auf den Arbeitsdienst hatte Hans keinen Einfluß, aber für den Wehrdienst bewarb er sich freiwillig bei der Kavallerie, wo er wenigstens reiten konnte.[172] Seit sie von ihrer unerlaubten Fahrt zurückgekommen waren, war Hans vorsichtiger geworden. Seine Jungen hielten ihre regelmäßigen Treffen jetzt nicht mehr in seinem Jungvolkheim ab, sondern kamen nur noch privat bei einem von ihnen zu Hause zusammen. Die Kontrollen waren schärfer geworden. Sie sahen voraus, daß es nur noch eine Frage der Zeit war, bis das preußische Verbot der bündischen Aktivitäten auch in Württemberg ausgesprochen wurde. Trotzdem hatten auch die Jungen wie die Mädchen zu Silvester wieder ein eigenes Winterlager veranstaltet und waren am Widderstein Ski gefahren.[173]

Doch die Gruppe um Hans begann sich aufzulösen. Einigen Jungen wurde die ganze Sache zu heiß. Sie hörten lieber auf, bevor sie mit der Staatsgewalt in Konflikt kamen. Auch Hans machte sich deshalb Sorgen. Außerdem gingen seine Gedanken schon immer mehr in die Zukunft und sein neues Leben in der Welt der Erwachsenen. Ohne ihn aber verlor die Gruppe ihren inneren Halt, der ganz entscheidend von seiner strahlenden Führerpersönlichkeit abhing. Schon im Februar, als sein Abitur kurz bevorstand, trafen sie sich nicht mehr zu ihren privaten Heimabenden.

Am Palmsonntag wurden Sophie und Werner in der Garnisonskirche konfirmiert. Gerade bei dieser kirchlichen Feier, die die meisten Jugendlichen immer noch der von den Nationalsozialisten angebotenen Jugendfeier vorzogen, wurde der Widerspruch besonders sichtbar, in dem sich die jungen Menschen in dieser Zeit ihren eigenen Weg suchen mußten. Immer wieder wurden sie auf den Glauben an Führer und Vaterland eingeschworen, der längst fast religiöse Formen angenommen hatte. Zugleich übten die Nationalsozialisten immer mehr Druck auf alles Kirchliche in ihrem Staat aus. Nach Ostern mußte sich zum Beispiel die einzige private katholische Mädchenrealschule in Ulm auflösen. Die katholischen Schülerinnen wechselten zum Teil in Sophies Schule über, so daß sich ihre Klasse plötzlich von zehn auf zwanzig Schülerinnen vergrößerte. Natürlich mußten die Katholikinnen nachweisen, daß sie im BDM waren. Zwei Jahre zuvor hatte sogar ein Mädchen Sophies Oberstufenzweig verlassen müssen, weil sie sich geweigert hatte, ihren Führerposten in der katholischen Jugend aufzugeben und dem BDM beizutreten.[174]

Auf der anderen Seite aber stand der Wunsch der Eltern und die jahrhundertelange Tradition der Kirche. Sophies Mutter konnte sich überhaupt nichts anderes als eine Konfirmation für ihre Kinder vorstellen. Für sie war die Aufnahme ihrer beiden Jüngsten in die große Gemeinde der evangelischen Christen ein wichtiger Tag, an dem ein neuer Lebensabschnitt begann, auch wenn dazu keine große Familienfeier abgehalten wurde. Aber die Mutter war damit einverstanden, daß ihre Tochter sich in der Uniform der Jungmädel konfirmieren ließ.

Die schwarzen Kleider, die die meisten Konfirmandinnen damals trugen, ließen sich nach der Feier kaum noch weiterverwenden, und man sparte immer noch fleißig. Zugleich aber stellte diese Uniform ein sichtbares Zeichen dafür dar, daß ihre Trägerin sich auch in der Kirche zu ihrem Glauben an die nationalsozialistische Weltanschauung bekannte.

Mit der Konfirmation hatten auch die beiden jüngsten Kinder der Familie Scholl den ersten Schritt in das Erwachsenenleben getan. Kurz darauf brachte das Osterfest weitere Veränderungen. Am Ostermontag fuhren Hans und Werner zusammen mit den letzten Kameraden, die in ihrer Schaft noch übrig waren, ins Winterlager nach Fischen im Allgäu. Von dort sollte Hans Anfang April direkt zum Reichsarbeitsdienst im nahen Göppingen einrücken.[175] Für Werner war der Weggang des großen Bruders besonders schmerzlich, da sich die gemeinsame Jungengruppe jetzt praktisch ganz auflöste. Werner und Sophie gingen als einzige noch in die Schule. Liesl hatte sich entschlossen, Kindergärtnerin zu werden, obwohl sie kurz vor ihrem Abitur stand. Seit Ostern radelte sie täglich zum Fröbelseminar nach Söflingen. Das Seminar beanspruchte sie weit mehr als vorher die Schule, so daß ihre freie Zeit knapp wurde, während für Sophie Schule und Jungmädelbetrieb wie gewohnt weitergingen.

III. TEIL

»Sie haben die falsche Weltanschauung«
1938–1942

Erste Zweifel

Hans lernte im Reichsarbeitsdienst das Leben von einer ganz neuen Seite kennen. Da gab es nicht mehr das romantische Schwärmen junger, vom Leben noch unbeleckter Oberschüler. Reichsarbeitsdienst hieß »eine Baracke, ein Bettgestell, zweistöckig, ein Strohsack, Knobelbecher und Drillich. Im Speisesaal harte Bänke, ungedeckte Tische, das Führerbild mit Tannengrün umkränzt, das Bild des Reichsarbeitsführers Konstantin Hierl ohne Tannengrün.... Mittendrin: Viel Lärm, viele Dialekte, rotznäsige, versnobte, kaltschnäuzige, zotenreißende Jungen.«[176] Oder vielmehr junge Männer, die nicht mehr zum Denken kamen, weil viel zuviel zu tun war.
Um fünf Uhr morgens war Wecken: »›Morgen, Männer‹, brüllte eine Stimme. Dann kamen Frühsport, Waschen, Anziehen, Morgenkost im Speisesaal, Bettenbauen, Morgenappell

und Hissen der Fahne mit der Losung des Tages, Exerzieren. Ein Unterfeldmeister dozierte über Leibeserziehung: Auflockerung des Körpers, Züchtung zu hoher Leistungsfähigkeit, das Ziel: der stählerne Mann; in den Spinden Bilder; sie durften Weiber aufhängen. ›Aber Körper, rate ihnen, Körper‹, sagte der Obervormann. Nach einer Belehrung ging es dann zur Arbeit auf die Baustelle, Gelände einebnen, ein Geröllfeld planieren, Steine schleppen, Brotzeit mit Graupensuppe und Brot im Kochgeschirrdeckel.« Dazu eine Ansprache des Truppführers: »Gelobt sei, was hart macht, Männer. Unsere Väter haben bei diesem Dreckswetter im Schützengraben gelegen. Und ihr wollt schlappmachen. Ihr sollt Soldaten der Arbeit werden, ihr Faulenzer, für 25 Pfennige Sold am Tag, das ist noch viel zuviel für euch Schlappschwänze.«
Hans lernte neue Menschen kennen, die aus gröberem Holz geschnitzt waren als er und seine Freunde. Aber es gab auch welche darunter, die ein offenes Wort riskierten und sich nicht einfach den Mund und das Denken verbieten ließen. Gerüchte über die Konzentrationslager kursierten. Natürlich hatte Hans davon gehört. Als sie 1933 eingerichtet wurden, hatte das ja überall in den Zeitungen gestanden. Aber wie die Mehrzahl der Deutschen hatte er sich über ihre Bedeutung keine besonderen Gedanken gemacht. Der Führer wußte, was er tat. Damals kannte er auch niemanden, der dorthin gekommen war. Und selbst wenn er jemanden gekannt hätte: Keiner, der von dort zurückkam, erzählte etwas von seinen Erfahrungen. Nur die Gesichter solcher Menschen sprachen für sich: Sie waren eingefallen und wirkten um Jahre gealtert, die Lebensfreude war aus ihnen gewichen, sie verbreiteten eine Aura von tiefer Traurigkeit, Verzweiflung und Depression um sich. Sprach man sie auf ihre Verhaftung hin an, so sagten sie nur abwehrend, man solle sie in Ruhe lassen, sie wollten darüber nicht reden. Wie eine düstere Nebelwand lagen Schweigen und Ungewißheit über ihnen.

Die meisten Leute verdrängten solche Begegnungen schnell wieder und mieden den Umgang mit diesen Menschen. Man konnte schließlich nie wissen: Wenn einer verhaftet wurde, dann mußte er auch irgend etwas Schlimmes verbrochen haben, so war es doch immer gewesen. Inge und ihre Schwestern konnten deswegen auch überhaupt nicht verstehen, daß ein junger Lehrer, den sie persönlich kannten, zuerst von einer SA-Gruppe angespuckt und dann ins KZ gebracht wurde. Sie gingen sogar zu seiner Mutter, um nachzufragen, was er denn getan hatte. Aber diese wollte den Mädchen, die in Ulm als geradezu fanatisch begeisterte Jungmädelführerinnen gut bekannt waren, nichts Näheres sagen.[177]
Nach sechs Wochen Arbeitsdienst bekam Hans zu Pfingsten zum ersten Mal Heimaturlaub. Sie freuten sich, daß sie endlich wieder alle beisammen waren, und machten mit den Eltern einen Ausflug in die schwäbische Alb. Hans wanderte mit dem Vater und Inge durch die Frühlingslandschaft. Sie gingen ein ganzes Stück vor den anderen her, als er vorsichtig auf die Konzentrationslager zu sprechen kam. Zum ersten Mal, seitdem er in die Hitlerjugend eingetreten war, suchte er von sich aus das Gespräch mit seinem Vater über die Lage in Deutschland. Darauf angesprochen, erzählte Robert Scholl seinen beiden Großen offen, was er von diesen Lagern wußte und darüber hinaus ahnte: Jeder konnte ohne Gerichtsurteil beliebig lange gefangengehalten werden. Folter und Grausamkeiten waren an der Tagesordnung. Er regte sich dabei über die Recht- und Gesetzlosigkeit im eigenen Land furchtbar auf und nahm kein Blatt vor den Mund. Seiner Meinung nach war das Krieg gegen das eigene Volk, gegen den wehrlosen Einzelmenschen.[178]
Natürlich gab Inge sofort zu bedenken, ob denn der Führer überhaupt etwas von diesen Lagern wisse. Dieses Nichtwissen des Führers hatte ihr bisher immer als Entschuldigung für alles gedient, was sie am Nationalsozialismus nicht verstand. Aber

der Vater widersprach heftig: Konzentrationslager existierten seit vier Jahren. Die Parteigenossen des Führers hatten sie eingerichtet. Man mußte davon ausgehen, daß sie seinem Willen und seinen Absichten voll und ganz entsprachen. Durch diese Schreckensherrschaft hatte er von Anfang an jede Opposition im Keim erstickt. Dadurch erhielt er seine Macht aufrecht. Inge war erschüttert. Ihr war es, als ob sie bisher in einem wunderschönen Haus gelebt hatte, in dessen Keller hinter verschlossenen Türen furchtbare, böse und unheimliche Dinge geschahen. Ihr Weltbild hatte einen Stoß bekommen. Zum ersten Mal fragte sie sich ehrlich, ob es möglich war, daß die Nationalsozialisten Verbrecher waren. Aber im Grunde konnte sie sich kaum vorstellen, daß gerade ihr Volk, ihr deutsches Vaterland, das sich seiner hochstehenden Kultur so sehr rühmte, von schlechten Menschen regiert wurde.[179]

An diesem Abend erzählte der Vater seiner Frau freudig erregt, daß endlich der Augenblick gekommen war, auf den er so lange gehofft hatte: Seine beiden Ältesten hatten ihm zum ersten Mal wirklich zugehört und sich den negativen Seiten des Nationalsozialismus geöffnet, die sie bisher so erfolgreich verdrängt hatten. Vielleicht würden sie sich doch noch bekehren lassen und aufhören, diesem schrecklichen Unterdrückungsapparat zuzuarbeiten. Natürlich bekamen auch Sophie und Liesl genau wie Werner Hans' neue Erkenntnisse und Inges bittere Zweifel an Recht und Gerechtigkeit mit.

Wie Hans befürchtet hatte, war Anfang Mai auch in Württemberg das Verbot jeglicher bündischer Betätigung erlassen worden. Hans hatte davon im Reichsarbeitsdienst erfahren. Trotzdem war er nach dem denkwürdigen Familienausflug noch mit Werner und zwei anderen Jungen auf Fahrt gegangen und hatte wie gewohnt in der jetzt auch in Ulm verbotenen Kote gezeltet.[180] Ganz wollte er von seinem alten Jungenleben, das seine Zeit bisher zum Bersten mit Fahrten und Heimabenden, Erlebnissen und Aufregungen und unermeßlich hohen Idealen ausgefüllt hatte, noch nicht lassen. Sie begannen auch schon für den Sommer zu planen. Sophie und Inge wiederholten die Fahrt in den Böhmerwald, die Inge und Liesl schon einmal gemacht hatten, allerdings hatte diese Fahrt fast privaten Charakter, denn sie fuhren nur zu viert. Hans' große Fahrt dagegen kam überhaupt nicht mehr zustande.

Erste Liebe

Nach den Sommerferien wurde Sophies Klasse von den Jungen der Oberrealschule zur Tanzstunde eingeladen. Sophie und Annlies hatten keine Lust mitzugehen. Sophie tanzte zwar für ihr Leben gern, aber die Tanzstunde war den beiden Freundinnen zu spießig. Sie gingen lieber zu den Tanztees, die Inge und ihre älteren Freundinnen unter sich organisierten. Sophie war jetzt sechzehn. Sie begann, das wilde Aufbegehren abzulegen, das die ersten Jahre in der Hitlerjugend bestimmt hatte. Sie war stiller und fraulicher geworden, aber auch nachdenklicher. Jetzt übernahm sie nicht mehr alle Anschauungen unbesehen, sondern machte sich ihre eigenen Gedanken und sah auch einmal genauer hin. Diese Sache mit dem Verbot der Bündischen Jugend, wegen der Hans sich soviel Sorgen machte, hatte ihr ebenso zu denken gegeben wie die Berichte über die Konzentrationslager.
In diesem Herbst verliebten Sophie und Fritz sich ineinander. Sie kannte ihn schon, seitdem sie nach Ulm gezogen waren. Damals war sie elf gewesen, und der vier Jahre ältere Fritz, für den ihr kleiner Bruder Werner so geschwärmt hatte, gehörte zu den Großen, die schon fast erwachsen waren. Fritz hatte zur selben Zeit wie Hans sein Abitur gemacht und den obligatorischen Arbeitsdienst abgeleistet. Auch er war eingezogen worden. Bald nach seiner Grundausbildung war er zum Leutnant aufgestiegen, da er sich für die Offizierslaufbahn ent-

schieden hatte. Sophie gefiel der dunkelhaarige Junge mit dem scharf geschnittenen Gesicht gut, der manchmal so witzige Bemerkungen machen konnte. Er war mit Charlo befreundet, die Sophie und Annlies immer noch sehr verehrten. An dem Abend, an dem Sophie und er sich zum ersten Mal nahekamen, hatte Annlies sie alle zusammen zu sich nach Hause einladen dürfen.

Die beiden Freundinnen verbrachten inzwischen manche Nachmittage bei Annlies zu Hause, deren Eltern eines jener neuen Radios mit Kurzwellenempfang besaßen, mit denen man auch ausländische Sender hören konnte. Wenn sie nicht gerade ihre drei Lieblingsplatten abspielten, die Annlies' Vater mittlerweile zur Weißglut brachten, stellten sie mit Vorliebe Radio Luxemburg ein. Dort wurde der moderne amerikanische Swing gesendet, der ihnen direkt in die Beine ging.[181] Die Nationalsozialisten hatten zwar die sogenannten fremdvölkischen Rhythmen als »Neger- und Urwaldmusik« verfemt, so daß sie auf den öffentlichen Veranstaltungen nicht mehr zu hören waren. Aber die Mädchen ließen sich nicht alles verbieten, was Spaß machte und neu war. Warum sollten sie sich um alle diese Verbote der Partei zu sehr kümmern, wenn sie jetzt ihr Leben genießen konnten?

An diesem Abend unterhielten sie sich anfangs nur miteinander und tranken etwas. Später begannen sie zu tanzen. Fritz forderte immer öfter Sophie auf, die seit zwei Jahren für die Pallucca schwärmte. Diese berühmte Tänzerin, die mit ihrer Kunst eine ganze Skala von Gefühlen ausdrücken konnte, war vor einiger Zeit im Ulmer Stadttheater aufgetreten. Sophie hatte sie sich zum Vorbild erkoren. So gab sie sich beim Tanzen immer ganz ihren Gefühlen hin und versuchte, diese in Rhythmus und Bewegung auszudrücken. Dadurch hatte sie ihren eigenen Tanzstil entwickelt, der manchmal sogar Anstoß erregte, weil er Freundinnen und Lehrern zu frivol schien.[182]

So vergaß Sophie auch diesmal alle Zurückhaltung, als Ann-

lies nach einiger Zeit einen Wiener Walzer auflegte und Fritz sie wieder aufforderte. Der Dreivierteltakt ging ihr direkt ins Blut. Fritz zog sie dicht an sich heran, und sie ließ sich rückhaltlos in seine Arme sinken. Sie spürte seinen Herzschlag, als sie so durch das Wohnzimmer wirbelten. Sie hatte den Kopf leicht zurückgelegt und suchte seinen Blick. Einen Moment lang versanken ihre Augen selbstvergessen ineinander. Dann überließ sie sich wieder ganz dem Rausch des Tanzes. Sie waren beide verwirrt. Fritz hatte es noch nie erlebt, daß sich ein Mädchen so wie Sophie in seine Arme legte. So etwas taten Mädchen normalerweise nicht. Wenn das nicht eine deutliche Aufforderung war, ihr näherzukommen, dann verstand er die Welt nicht mehr.[183]
In der nächsten Zeit trafen sie sich öfter. Fritz konnte oft am Wochenende nach Hause fahren und stand dann sonnabends an der Straße, um das Auto seines Vaters zu putzen. Ein eigenes Auto war damals ein wertvoller und ungewöhnlicher Besitz. Anfangs kam Sophie nie allein. Meistens gingen Annlies und sie zusammen »ganz zufällig« durch seine Straße. Wenn sie ihn dann trafen, blieben sie selbstverständlich für einen kleinen Plausch stehen. Dann kam die Zeit, in der sie sich zu gemeinsamen Spaziergängen, Autofahrten oder anderen Unternehmungen verabredeten. Sie trafen sich aber nicht allein, sondern blieben immer mit ihren Freunden zusammen. Fritz war der einzige von ihnen, der für ihre Verhältnisse gut verdiente, so daß er sie selbstverständlich alle freihielt, wenn sie einmal ein Café aufsuchten.[184]
Später besuchte Sophie ihren neuen Freund manchmal zusammen mit Annlies oder Lisa in seiner Kaserne im nahen Augsburg. Einmal gab sie sogar einem plötzlichen Einfall nach und kam zusammen mit Lisa völlig unvorbereitet am frühen Abend dorthin, um ihn zu überraschen. Die beiden Mädchen waren einfach nach Augsburg gefahren und hatten sich am Eingang der Kaserne angemeldet. Er habe reizenden Besuch,

wurde dem jungen Leutnant mit süffisantem Unterton gemeldet. Er ging nach vorn zum Tor, um sie abzuholen, denn er konnte die Mädchen dort nicht einfach stehen lassen. Es war auch zu spät, um sie wieder wegzuschicken. Er wohnte in einem Zweibettzimmer. Was blieb ihm anderes übrig, als den Mitbewohner zu bitten, ihm das Zimmer allein zu überlassen, und die beiden Mädchen bei sich übernachten zu lassen? Das war natürlich streng verboten, und der nächste Morgen gestaltete sich entsprechend schwierig. Die Mannschaft war schon unterwegs und lärmte auf den Fluren. Vorsichtig ging Fritz allein hinaus und wartete, bis die Luft rein war. Er konnte in Teufels Küche kommen, wenn jemand mitbekam, daß zwei Mädchen aus seinem Zimmer schlichen. Zum Glück brachte er die beiden heil wieder vor das Tor. Aber Fritz schärfte Sophie ein, so etwas nie wieder zu machen. Das konnte ihn seine Karriere kosten.

Gestapo vor der Tür

Ende September ging Hans' Zeit im Arbeitsdienst zu Ende. Gleich danach wurde er zum Reiterregiment 18 in Bad Cannstadt eingezogen. Hans' Jungen in Ulm trafen sich nicht mehr. Sie fanden ohne ihn alles öde, stritten sich und hatten auf den ganzen Betrieb keine richtige Lust mehr. Im Juli hatte er zusammen mit Werner und den letzten zwei verbliebenen Freunden noch eine Nachtfahrt aufs Hochsträss bei Ulm gemacht. Sie hatten keine Kote mitgenommen. Unter dem Sternenzelt hatten sie über ihren weiteren Zusammenhalt geredet. Ihre Stimmung schwankte hin und her. Hans selbst war zwiegespalten: Er sah die drohende Gefahr und wollte doch soviel wie möglich von dem bewahren, was bis dahin sein Lebensinhalt gewesen war.[185] Ernst kümmerte sich kaum noch um die Ulmer Jungengruppe. Er hatte nur noch

Sophie Scholl, wahrscheinlich 1939/40
Foto: Inge Aicher-Scholl/Bildarchiv Preußischer Kulturbesitz, Berlin

Charlo um 1935. Sophie war 1934 in die Gefolgschaft von Charlo eingetreten und schwärmte heftig für ihre BDM-Führerin.
Foto: Privatbesitz von Susanne Hirzel-Zeller, Stuttgart

Lesen, Zeichnen und Träumen gehörten zu Sophies Lieblingsbeschäftigungen.
Foto: Privatbesitz von Anneliese Roscoe, Ulm

Trotz ihrer großen Beanspruchung durch den Dienst im BDM fand Sophie immer noch Zeit für ihre geliebten Bücher. Um 1938.
Foto: Privatbesitz von Anneliese Roscoe, Ulm

Der Münsterplatz in Ulm, die Eingliederung der evangelischen Jugend in die Hitlerjugend, 1934. Foto: Stadtarchiv Ulm, Bestand: 87/37-84

Am Schiffberg – die Ulmer Bewegung beim Marsch zum Geburtstag des Führers, 1937. In der Mitte die Fahne der Jungenschaft von Hans Scholl.
Foto: Stadtarchiv Ulm, Bestand: Bihr Origin. II/54-B37

Die 3. Ulmer Maifestspiele im Stadion: Aufmarsch der Jugend mit eingeflochtenen Hakenkreuzen, 1939.
Foto: Stadtarchiv Ulm Bestand: Bihr Origin II/53-E10

Die 3. Ulmer Maifestspiele 1939: der Bund Deutscher Mädel beim Bändertanz unter dem Maibaum.
Foto: Stadtarchiv Ulm, Bestand: Bihr Origin. IV/164-C37A)

Sophie Scholl, um 1939. Sie übernimmt nicht mehr alle Anschauungen unbesehen und macht sich ihre eigenen Gedanken.
Foto: Inge Aicher-Scholl/Geschwister-Scholl-Archiv, Rotis/
Bilderdienst Süddeutscher Verlag, München

Gruppenbild mit Sophie, wahrscheinlich 1940. Sophie steht in der obersten Reihe links außen, die Freundin Suse Hirzel ist unten ganz rechts zu sehen.
Foto: Privatbesitz von Susanne Hirzel-Zeller, Stuttgart

Theodor Haecker, Kulturphilosoph, Privatgelehrter, Mitarbeiter von Carl Muth. Sophie hatte mit großem Interesse sein Buch „Was ist der Mensch?" gelesen. Es war eine zornige, sprachgewaltige Abrechnung mit dem Nationalsozialismus.
Foto: Deutsche Schillergesellschaft/Literaturarchiv Marbach am Neckar

Christoph Probst und Alexander Schmorell. Die beiden waren seit ihrer Schulzeit miteinander befreundet.
Foto: Bildarchiv Preußischer Kulturbesitz, Berlin

Alexander Schmorell, genannt Schurik, gehörte zu den ältesten Freunden von Hans in München. Hans hatte ihn bereits während des Frankreichfeldzuges in der Studentenkompanie kennengelernt.
Foto: Bildarchiv Preußischer Kulturbesitz, Berlin

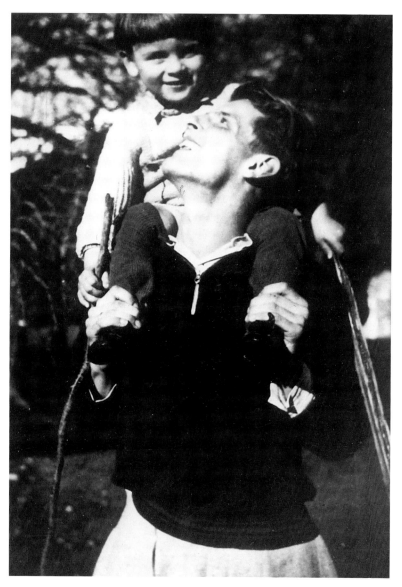

Christoph Probst, genannt Christl, mit seinem Sohn Mischa. Christl und seine Frau Herta hatten bereits zwei kleine Kinder.
Foto: Bildarchiv Preußischer Kulturbesitz, Berlin

Willi Graf, Medizinstudent und Mitglied der Weißen Rose. Er war mit elf Jahren einem katholischen Schülerbund beigetreten und hatte sich bewußt gegen die Hitlerjugend entschieden.
Foto: Ullstein Bilderdienst, Berlin

Sophie Scholl und Christoph Probst (rechts) verabschieden Hans Scholl (links), der 1942 an die Ostfront abkommandiert wird.
Foto: Bildarchiv Preußischer Kulturbesitz, Berlin
Fotograf: © Prof. Dr. Georg J. Wittenstein

Unser heutiger "Staat" aber ist die Diktatur des Bösen. "Das wissen wir schon lange," höre ich Dich einwenden, "und wir haben es nicht nötig, dass uns dies hier noch einmal vorgehalten wird." Aber, frage ich Dich, wenn ihr das wisst, warum regt ihr euch nicht, warum duldet ihr, dass diese Gewalthaber Schritt für Schritt offen und im Verborgenen eine Domäne eures Rechtes nach der anderen rauben, bis eines Tages nichts, aber auch gar nichts übrigbleiben wird, als ein mechanisiertes Staatsgetriebe, kommandiert von Verbrechern und Säufern? Ist euer Geist schon so sehr der Vergewaltigung unterlegen, dass ihr vergesst, dass es nicht nur euer Recht, sondern eure s i t t l i c h e P f l i c h t ist, dieses System zu beseitigen? Wenn aber ein Mensch nicht mehr die Kraft aufbringt, sein Recht zu fordern, dann muss er mit absoluter Notwendigkeit untergehen. Wir würden es verdienen, in alle Welt verstreut zu werden, wie der Staub vor dem Winde, wenn wir uns in dieser zwölften Stunde nicht aufrafften und endlich den Mut aufbrächten, der uns seither gefehlt hat. Verbergt nicht eure Feigheit unter dem Mantel der Klugheit! Denn mit jedem Tag, da ihr noch zögert, da ihr dieser Ausgeburt der Hölle nicht widersteht, wächst eure Schuld gleich einer parabolischen Kurve höher und immer höher.

Viele, vielleicht die meisten Leser dieser Blätter sind sich darüber nicht klar, wie sie einen Widerstand ausüben sollen. Sie sehen keine Möglichkeiten. Wir wollen versuchen Ihnen zu zeigen, dass ein jeder in der Lage ist, etwas beizutragen zum Sturz dieses Systems. Nicht durch individualistische Gegnerschaft, in der Art verbitterter Einsiedler, wird es möglich werden, den Boden für einen Sturz dieser "Regierung" reif zu machen oder gar den Umsturz möglichst bald herbeizuführen, sondern nur durch die Zusammenarbeit vieler überzeugter, tatkräftiger Menschen, Menschen, die sich einig sind, mit welchen Mitteln sie ihr Ziel erreichen können. Wir haben keine reiche Auswahl an solchen Mitteln, nur ein einziges steht uns zur Verfügung - der p a s s i v e W i d e r s t a n d.

Ausschnitt aus dem dritten Flugblatt der Weißen Rose.
Vorlage: Weiße-Rose-Stiftung, München

Der Lichthof der Ludwig-Maximilians-Universität. Von der Galerie warfen Hans und Sophie Scholl im Februar 1943 ihre Flugblätter gegen das Hitlerregime herab. Dieses Foto entstand bei der Eröffnung der Weiße-Rose-Konferenz zum Gedenken an die Geschwister. Unter die von Otl Aicher symbolisch aufgehängten Flugblätter mischten sich auch fremde einer „Marxistischen Gruppe".
Foto: Bilderdienst Süddeutscher Verlag, München

Roland Freisler, Präsident des NS-Volksgerichtshofes. Er verhängte das Todesurteil über Hans und Sophie Scholl.
Foto: Bilderdienst Süddeutscher Verlag, München

Hans Scholl, 1942. Das Gefühl, als Jugendlicher in Ulm den Aufstieg der Nationalsozialisten durch sein Engagement unterstützt zu haben, lastete schwer auf ihm.
Foto: Inge Aicher-Scholl/Bildarchiv Preußischer Kulturbesitz, Berlin

Sophie Scholl, 1943. Nach der Urteilsverkündung blieb sie ungerührt und standhaft: Sie würde es genauso wieder machen.
Foto: Inge Aicher-Scholl/Bildarchiv Preußischer Kulturbesitz, Berlin

mit Hans und Werner engeren Kontakt. Hans und er hatten in diesem Jahr Briefe gewechselt, und er hatte Hans getroffen, wenn dieser auf Besuch nach Hause kam. Mit Werner hatte er manchmal lange Spaziergänge unternommen.[186] Als Hans nach Bad Cannstadt zog, ging Ernsts Militärdienst zu Ende, und er kehrte bald darauf zu seinen Eltern nach Köln zurück.

Wenig später begann eine reichsweite Aktion, mit der die letzten Überreste der bündischen Jugend in der Hitlerjugend ausgemerzt werden sollten. Überall wurden vermeintliche oder tatsächliche Führer verhaftet und verhört. Wenn Anklage erhoben wurde, wurde nicht nur auf das Verbot alles Bündischen zurückgegriffen. Die Machthaber zogen vielmehr besonders gern den Paragraphen 175 des Strafgesetzbuches heran, der das Verbot und die Bestrafung homosexueller Handlungen regelte. Solche Anklagen hatten sie schon vermehrt gegenüber katholischen Priestern eingesetzt. Jetzt versuchten sie, die bündischen Führer damit zu verunsichern und bei ihren Freunden zu diffamieren. Dabei rechneten sie damit, daß nicht nur die Strafbarkeit der Homosexualität, sondern in viel größerem Maße ihre soziale Ächtung ihre Wirkung tun würde. Damit nutzten sie geschickt die Prüderie und Doppelmoral aus, von der die Gesellschaft immer noch beherrscht wurde.

Anfang November klingelte es frühmorgens bei den Scholls. Die Gestapo stand vor der Tür: Haussuchung. Gründe wurden nicht genannt. Als erstes ließen die Männer sich die Tagebücher der Geschwister aushändigen. In der Wohnung hatte der Vater am Türbalken der Verbindungstür Sportgeräte angebracht, Ringe und eine Schaukel hingen von dort herab. Jetzt lümmelten die Gestapoleute darauf herum. Einer von ihnen setzte sich auf die Schaukel. Sie studierten die Tagebücher, lasen einander einzelne Passagen laut vor und lachten sich dabei halb tot. Eine unbändige Wut stieg in den Mädchen auf

Es waren ihre geheimsten Gedanken und Gefühle, die dort roh und unverfroren ans Tageslicht gezerrt und dem höhnischen Gelächter der fremden Männer preisgegeben waren.
Aus alledem konnte die Mutter sich rasch zusammenreimen, wonach diese Herren suchten und was sie im Schilde führten. Beherzt griff sie sich einen Korb, erklärte, daß sie jetzt einkaufen müsse, und verließ unbehelligt die Wohnung. Rasch ging sie nach oben in das Jungenzimmer, das Werner inzwischen allein bewohnte. Dort hatte auch Hans noch seine Bücher und Sachen. Schnell packte sie alles zusammen, was ihr verdächtig erschien, und brachte es zu Nachbarn. Liesl handelte ebenso geistesgegenwärtig und schnell entschlossen. Die Gestapoleute hatten sie nicht gesehen. Sie schlich sich leise aus der zweiten Wohnungstür auf den Flur, ohne daß die Männer etwas davon merkten. Wie jeden Morgen fuhr sie zum Fröbelseminar, und wie jeden Morgen kam ihr ein Klassenkamerad von Werner, Otl, auf seinem Rad entgegen, von dem sie wußte, daß er in der katholischen Jugend und gegen Hitler war. Seit Monaten fuhren sie aneinander vorbei, ohne abzusteigen. Diesmal aber hielt Liesl an und erzählte ihm, was bei ihnen zu Hause passiert war.[187]
Als sie später vom Seminar zurückkam, erfuhr sie die Schreckensbotschaft. Die Gestapo hatte Inge, Sophie und Werner verhaftet und in den Neuen Bau, das Polizeigebäude der Stadt, ganz in der Nähe des Münsters gebracht. Sophie war nach wenigen Stunden wieder freigekommen. Anscheinend hatten die Männer sie wegen ihrer kurzen Haare für einen Jungen gehalten. Offenbar war die ganze Gruppe von Hans angezeigt worden, denn die Gestapo war an diesem Vormittag auch in den Schulen erschienen und hatte die Schüler, die zu seiner Jungenschaft gehörten, aus den Klassen geholt. Wie bei den Scholls hatten bei ihnen Hausdurchsuchungen stattgefunden, auch ihre Tagebücher und Bücher waren konfisziert worden.

Im Hof des Neuen Baues wurden die Verhafteten versammelt und am Abend auf einem offenen Lastwagen in Eiseskälte nach Stuttgart gefahren. Weder ihnen noch den Eltern wurden Grund und Ziel der Fahrt genannt. Alle kamen ins Untersuchungsgefängnis und wurden zum Teil zusammen mit Strafgefangenen eingesperrt und stundenlang verhört. Acht Tage blieben sie in Haft. Werner mußte seinen fünfzehnten Geburtstag allein in der Zelle verbringen. Während Inge sich mit gespielter Naivität herausreden konnte und die Beamten ihr glaubten, daß sie keine Ahnung von den bündischen Aktivitäten ihrer Brüder hatte, ähnelten die Verhöre bei den Jungen einer Gehirnwäsche. Manche von ihnen glaubten danach noch wochenlang, daß sie ihre Verhaftung verdient gehabt hätten, weil sie sich gegen den Staat und seine Gesetze vergangen hätten.[188] Auch Werner wurde richtig in die Mangel genommen. Der Gestapo war es besonders um Beweise für homosexuelle Handlungen zu tun, um so die ganze bündische Bewegung diffamieren zu können. Sie brachten ihn soweit, zuzugeben, daß Ernst in diesem Sommer zweimal kurz versucht hatte, sich ihm unsittlich zu nähern.[189] Kurz darauf wurde Ernst verhaftet. Hans war sofort von allem, was vorgefallen war, unterrichtet worden. Die Eltern und er waren die ganze Zeit über furchtbar in Sorge.
Zu Recht. Hans wurde am 15. Dezember aus dem Militärdienst heraus verhaftet und nach Stuttgart überstellt. Aufgrund von Verhören und Gegenüberstellungen waren seine bündischen Aktivitäten seit 1936 detailliert aufgelistet worden. Darüber hinaus hatte die Gestapo durch ihre gezielten Nachfragen und Drohungen auch herausbekommen, daß vor über einem Jahr zwischen ihm und seinem besten Freund aus der Jungschaft eine Zeitlang eine erotisch gefärbte Beziehung bestanden hatte. Rolf war eineinhalb Jahre jünger als Hans, und sie hatten beide hinterher schwere Gewissensbisse gehabt und sich immer furchtbar geschämt, daß sie so unverständli-

chen und unverstandenen Impulsen nach Nähe und Lust nachgegeben hatten.

Zwei Tage nach der Verhaftung fuhr der Vater nach Stuttgart und besuchte seinen Sohn im Gefängnis. Er wollte alles in Bewegung setzen, um ihn aus den Fängen der Geheimen Staatspolizei zu befreien. Denn Hans war der Verzweiflung nahe, so sehr hatten die Verhöre und ständigen Anschuldigungen der Gestapo sein Selbstbewußtsein untergraben. Dazu fühlte er sich entsetzlich schuldig, daß er dieses Unglück über die Familie gebracht hatte. Doch der Vater machte ihm neue Hoffnung, so daß Hans nach seinem Besuch fähig war, seine Vergangenheit mit anderen Augen zu bewerten. Fast beschwörend machte er sich jetzt klar, daß er doch eine sonnige Jugendzeit gehabt hatte und daß er kein Volksschädling war, sondern mit rastlosem Einsatz für die Gemeinschaft gearbeitet hatte. Nur wenige konnten auf eine solch überaus große und stolze Jugend zurückblicken! Erst dabei wurde er sich bewußt, daß er seine ganze Kraft eigentlich nur den Eltern verdankte. Jetzt erst fühlte er ganz den Willen seines Vaters, den dieser selbst hatte und den er ihm, seinem Sohn, übergab: den Willen, etwas Großes zu werden für die Menschheit.[190]

Der Vater wandte sich an Hans' Kompaniechef und schilderte ihm die Lage. Dieser versprach, sich persönlich für den sympathischen jungen Soldaten einzusetzen, der ihm schon aufgefallen war. Die beiden Männer stimmten überein, daß das alles doch nur eine Jugendsünde war, wie sie sie alle kannten. So etwas konnte kein Anlaß für eine strenge Strafe sein. Trotzdem war das sonst so frohe Weihnachtsfest bei den Scholls dunkel überschattet. Plötzlich war die Staatsgewalt in ihr Familienleben eingebrochen, und sie waren ganz und gar von der Gnade des Sondergerichts abhängig, das den Fall beurteilen würde. Hans fehlte ihnen. Trotz aller Bemühungen wurde er erst Silvester entlassen. Er bekam sogar eine Woche Urlaub, die er seit langem zum ersten Mal ganz bei den Seinen in Ulm verbrachte. Besonders die Eltern bauten ihn in diesen Tagen durch lange Gespräche seelisch wieder auf, so daß er sich bei ihnen jetzt voller Dankbarkeit ganz anders »daheim« fühlte als früher.[191]

Die folgenden Monate waren von Ungewissheit und Sorge geprägt, die untergründig ihr ganzes Leben bestimmten. Natürlich wurde Sophie im Jungmädelring auf die Verhaftung angesprochen und gefragt, was die Gestapo bei ihnen gewollt hatte und was sie denn getan hätten. Liesl hatte schon vorher wegen ihrer Ausbildung den Führerinnenposten abgegeben. Inge war gleich nach ihrer Verhaftung vom BDM beurlaubt worden. Da sie schon über das BDM-Alter hinausgewachsen war – man blieb bis zum achtzehnten Lebensjahr und konnte dann in das neugegründete Werk »Glaube und Schönheit« überwechseln – trat sie ganz aus und verlor damit auf einen Schlag fast alle ihre Freundinnen.

Sophie, die schon seit einiger Zeit zur Gruppenführerin aufgestiegen war, blieb zwar noch bei den Jungmädeln, aber auch für sie war auf einmal alles brüchig geworden: So richtig zugehörig wie vorher konnte sie sich nicht mehr fühlen. Die Mädchen begegneten ihr jetzt mit einem gewissen Mißtrauen. Sophie kam sich manchmal so vor wie damals am Anfang, als sie völlig neu in Ulm gewesen war und sich so allein unter ihren Klassenkameradinnen gefühlt hatte. Selbst mit den Freundinnen, die zu ihnen hielten, konnte sie eigentlich nichts Rechtes mehr anfangen. Werner wandte sich innerlich fast ganz von der Hitlerjugend ab, auch wenn er wegen seines Abiturs nicht austreten konnte. Er fand in Otl, seinem katholischen Klassenkameraden, mit dem Liesl am Tag der Verhaftung zum ersten Mal gesprochen hatte, einen neuen Freund, der ab jetzt die Nähe der Scholls stärker suchte.[192]

Hans ging es in diesen Monaten besonders schlimm. Er fühlte sich furchtbar zerrissen. Zwischendurch versuchte er immer wieder, alles zu vergessen, und konnte dann auch froh und

ausgelassen sein. Aber viel zu oft kam der dunkle Schatten wieder und machte alles trübe und leer. Nicht nur der Gedanke an seine Zukunft – nach dem Wehrdienst wollte er mit dem Medizinstudium beginnen – hielt ihn dann aufrecht, auch die Briefe der Mutter halfen ihm über diese schlimme Zeit hinweg. Er empfand ihre unermüdliche Liebe und Fürsorge wie eine »stille Glut und sichere Wärme, die ihn einhüllte«. So schrieb er ihr damals und fuhr fort, daß er durch sie manchmal den »ewigen Hauch eines unendlich großen und stillen Etwas. Gott. Schicksal« spüre, weil aus ihren Briefen so viel von diesem »sicheren Hort« sprach. Nein, ihre Worte flogen nicht an ihm vorbei, wie sie manchmal befürchtete. »Was eine Mutter sagt, bleibt an einem haften, ob man nun will oder nicht.«[193]
Noch etwas anderes hielt ihn aufrecht: Immer öfter besuchte er die Familie von Sophies langjähriger Freundin Lisa im nahen Leonberg. Zum ersten Mal kümmerte er sich um ein Mädchen.[194] Lisa war für ihn noch ein halbes Kind. Sie wurde gerade erst fünfzehn und ging wie seine ein Jahr ältere Schwester Sophie auf die höhere Schule. Hans war immerhin schon neunzehn Jahre alt. Ihm half es, daß Lisa so natürlich und – wie er den Eltern schrieb – »unverbraucht« war. Er war überzeugt davon, in ihr einen Menschen gefunden zu haben, den er ganz lieben konnte.[195]

Anklage wegen bündischer Umtriebe

In diesen Monaten sammelte die Gestapo das Material für eine offizielle Anklageschrift wegen bündischer Umtriebe gegen insgesamt fünfzehn Jungen aus Stuttgart und Ulm. Ernst, Hans und Werner wurden außerdem auch noch aufgrund des Paragraphen 175 beschuldigt. Inzwischen hatte Adolf Hitler am 12. März 1938 seine Truppen nach Österreich einmarschieren lassen und das bisher eigenständige Land an das Deutsche Reich angeschlossen, das jetzt zum Großdeutschen Reich wurde. Hans' Kompanie hatte in diesen Tagen darauf gewartet, die »Vergnügungsfahrt« mitzumachen, wie sie es nannten. In ihrer erregten Phantasie hatten die Soldaten schon allerhand Luftschlösser gebaut und von lauen Abenden an der blauen Donau geträumt. Hans selbst versuchte, sich jeder Stellungnahme zu den politischen Ereignissen zu enthalten. Sie waren nicht abkommandiert worden, und als er die unglaubliche Begeisterung hörte, die im Rundfunk über den Einmarsch verbreitet wurde, verstand er die Menschen um sich herum nicht mehr. Was würde noch kommen, wenn sie nicht mehr nur mit dem Säbel rasselten, fragte er sich besorgt.[196]

Wegen der erfolgreichen Einverleibung Österreichs erließ der Führer Ende April ein Straffreiheitsgesetz für kleinere Delikte. Als am 2. Juni endlich das Sondergericht in Stuttgart tagte, wurde deshalb nur noch über die Anklagen gegen Ernst, Hans und zwei weitere Jugendliche verhandelt.[197] Hans machte auf das Gericht einen guten Eindruck. Von seinem Schwadronschef hatte er ein glänzendes Zeugnis ausgestellt bekommen. Die Richter beurteilten ihn milde, stellten in bezug auf die bündische Betätigung Geringfügigkeit fest und erkannten dazu noch seine jugendliche Unvernunft und einen gewissen Eigensinn als Entschuldigung an. Sie glaubten Hans' Behauptungen, daß er sich überhaupt nicht bewußt gewesen war, etwas Staatsgefährliches zu betreiben. Sie setzten deshalb eine so geringe Strafe an, daß sie unter das neue Straffreiheitsgesetz fiel. Das sittliche Vergehen wurde dagegen etwas strenger beurteilt. Es sei in einem Einzelfall zu einer recht wüsten Handlung gekommen, hieß es, und daß er als Fähnleinführer seinen Kameraden eigentlich ein Vorbild hätte sein sollen. Auf der anderen Seite sei aber wohl auch Hans' Freund derartigen Dingen gegenüber nicht unerfahren und abgeneigt gewesen, und Hans habe sich ja auch wirklich geschämt. So kamen die

Richter zu dem Schluß, daß man sein Verhalten als »jugendliche Verirrung eines sonst anständigen und auch geschlechtlich normal empfindenden Menschen« ansehen konnte, der »solche Torheiten jetzt überwunden hat«. Deshalb hielten sie auch hier nur eine geringe Strafe für notwendig, so daß auch dieses Verfahren eingestellt wurde. Hans konnte das Gericht als freier Mann ohne Vorstrafen verlassen.
Im Gegensatz dazu sahen die Richter in Ernst einen Mann von typisch bündischer Geisteshaltung, wobei aber auch er nicht als staatsfeindlich eingestellt eingestuft wurde. Wie Hans hatte er sich als sehr guter Soldat bewährt. Auch erkannten sie an, daß er sich nach dem Verbot nicht mehr organisatorisch für die bündische Jugend betätigt hatte. Seinen lebhaften Briefwechsel mit anderen bündischen Jugendlichen hatte er damit begründet, daß er sich intellektuell betätigen und »seinen Geist leuchten« lassen wollte. So stellten die Richter auch in diesem Fall das Verfahren ein. Seine Beziehung zu Werner allerdings wurde zu einem ernsteren Delikt, da er acht Jahre älter als der damals erst vierzehnjährige Werner war. So sprach das Gericht eine Gefängnisstrafe von drei Monaten aus. Ernst hatte sie mit seiner langen Untersuchungshaft allerdings schon über Gebühr abgebüßt. Damit wäre eigentlich auch Ernst frei gewesen – wenn auch vorbestraft. Doch die Gestapo verhaftete ihn gleich nach dem Prozeß erneut und brachte ihn in ein Konzentrationslager, wo für ihn eine schwerere Leidenszeit begann als zuvor im Gefängnis.[198]
Die Eltern und Geschwister waren ungeheuer froh, daß Hans so glimpflich davongekommen war. Es hätte auch ganz anders ausgehen können. Dennoch: Der rüde Besuch der Gestapo, die Verhaftungen und Verhöre und die Gerichtsverhandlung hatten die Geschwister mit einem scharfen Schnitt von ihrem bisherigen sorglosen Jungvolk- und Jungmädelleben getrennt. Nichts war mehr so wie vorher. Zum ersten Mal hatte der nationalsozialistische Staat ihnen gezeigt, wie er mit sei-

nen Gegnern umging. Sophie empfand es als himmelschreiende Ungerechtigkeit, daß ihre Brüder vor Gericht gestellt worden waren. Die Anklage wegen bündischer Umtriebe war in ihren Augen ganz und gar empörend. Die Hitlerjugend erschien ihr jetzt in einem völlig neuen Licht. Das war nicht mehr die unpolitische Kameradschaft mit hochgesteckten Zielen, die sie bisher aus vollem Herzen angestrebt hatte.[199] Immer öfter bemerkte sie jetzt die Widersprüche zwischen den hohen Idealen und dem, was wirklich innerhalb des nationalsozialistischen Systems geschah. Vorsichtig begann sie manchmal auf solche Widersprüche hinzuweisen und selbst gegen die Autoritäten aufzumucken, denen sie bisher gedankenlos zu gehorchen gewohnt war. Eine Freundin erzählte Inge kopfschüttelnd, daß ihr einmal fast das Herz stehengeblieben war: Die Gauleiterin aus Stuttgart war in den Ulmer Untergau gekommen, um mit den Führerinnen die Lektüre für ihre Heimabende zu besprechen, und Sophie hatte doch tatsächlich gewagt, die Werke von Heinrich Heine als Lesestoff vorzuschlagen. Die anderen hatten entsetzt reagiert. Heines Schriften standen auf dem Index des jüdischen Schrifttums. Sophie hatte darauf sogar noch leise anzumerken gewagt, daß niemand die deutsche Literatur kenne, der Heinrich Heine nicht gelesen habe.[200] Das war in nationalsozialistischen Augen Rebellion!

Auch der Begriff der Freiheit bekam einen neuen Klang für Sophie. Was hieß Freiheit überhaupt? Sie sangen so oft davon, aber gab es für sie eigentlich irgendeine Freiheit in diesem Staat? Wurden nicht immer mehr Verbote erlassen und alle Dinge unerträglich eng geregelt? Sophie begann, ihre Freiheiten bewußt zu überprüfen. Mit einigen anderen Führerinnen verabredete sie, auf die Wimpel ihrer neuen Schaften nicht die vorgeschriebene Rune aus weißem Stoff zu applizieren, sondern einfach ein anderes Symbol mit Nadelstich einzusticken. Soviel Freiheit sollte in dieser Jugend doch wohl möglich sein,

daß jede Gruppe ihre eigene Fahne besaß. Annlies sagte zwar von Anfang an, daß das Ärger geben würde, und machte nicht mit, aber Suse war dabei; das wollten sie doch einmal sehen. Natürlich führten die »falschen« Wimpel – ebenso wie Hans' »bündische« Fahne zwei Jahre zuvor beim Jungvolk – jetzt auch im Jungmädelring zum Eklat. Diese jungen Dinger wollten anscheinend aus der Reihe tanzen und den Aufstand proben. Das war Verrat an der guten Sache. Die Gauführerin reiste aus Stuttgart an, um die unbotmäßigen Führerinnen in den Räumen des Ulmer Untergaus in einer feierlichen Zeremonie abzusetzen. Die anderen sollten sehen, was mit solchen Mädchen geschah. Sämtliche Jungmädelführerinnen ihres Ringes wurden deshalb zu einer Besprechung einberufen.[201]
Die Mädchen tuschelten noch untereinander, als die Gauleiterin in den Raum trat und sie aufforderte, einen Kreis zu bilden, wie er beim Fahnenappell üblich war. Sophie erinnerte sich an die vielen Wochenenden und Fahrten, wenn sie morgens und abends den Tag mit einem solchen Appell begonnen und abgeschlossen hatten. Stets standen sie im Kreis um den Fahnenmast herum, hörten die nationalsozialistische Tageslosung, die eine von ihnen feierlich vortrug, und sangen miteinander, während die Fahne hochgezogen oder eingeholt wurde. Diese Appelle gehörten als festes Ritual zu dem Jungmädeldienst einfach dazu und hatten sie alle zusammengeschweißt.
Aber diesmal durften Sophie und die anderen Übeltäterinnen nicht in den gemeinsamen Kreis treten. Sie mußten draußen stehen bleiben, und die Gauführerin warf ihnen vor versammelter Mannschaft ihre Treulosigkeit vor, nahm ihnen die Zeichen ihrer Führerschaft und damit den Rang als Gruppenführerinnen ab und schloß sie aus dem Kreis der Führerinnen aus. Nicht nur symbolisch, auch in der Realität standen sie jetzt außerhalb des Kreises ihrer Kameradinnen und mußten anhören, wie die anderen sangen: »Wo wir stehen, steht die

Treue / unser Schritt ist ihr Befehl, / wir marschieren nach der Fahne, / so marschieren wir nicht fehl. – Wenn wir singen, schweigt die Treue, / sie ist größer als das Lied, / sie trägt schweigend unsre Fahne, / daß ihr jeder folgen kann. – Wenn wir stürmen, singt die Treue, / und ihr Singen zündet an. / Und wir glühen wie die Fahne, / daß ihr jeder folgen kann.«

In Sophie stieg ein wildes Chaos widerstreitender Gefühle auf. Sie hatte dieses Lied oft gesungen, und sie hatte es immer voll innerer Zustimmung mitgesungen. Ihr wurde schwer ums Herz, aber zur gleichen Zeit war sie empört darüber, daß sie hier wegen so einer albernen Kleinigkeit vor allen anderen gemaßregelt wurde. Dann überwog wieder die Traurigkeit. Sie spürte, daß hier etwas zugrunde ging. Ein Stück ihres Lebens, das ihr bisher unendlich wichtig gewesen war, wurde von einem Augenblick auf den anderen fragwürdig und wertlos: Sie hatte – wie ihre Geschwister – an die neue Zeit geglaubt; sie hatte an das deutsche Volk und an seine hohe Bestimmung geglaubt; sie hatte daran geglaubt, einer Herrenrasse anzugehören, deren Frauen ihr Blut von fremden Einflüssen rein halten mußten; sie hatte an den Führer geglaubt und an die Volksgemeinschaft, und sie war seiner Fahne treu gefolgt.

Jetzt waren alle diese Begriffe porös geworden, so als ob sie nur groß aufgebläht waren und jetzt in sich zusammenschrumpften wie ein Schwamm, den man fest ausdrückte, so daß nur noch ein paar schmutzige Fetzen übrigblieben. Sophie fühlte sich leer und erschöpft. Am liebsten wäre sie weit weggelaufen und hätte sich in die Einsamkeit der Natur geflüchtet. Aber dann überwog wieder der Ärger: Nein, sie würde sich nicht mehr von diesen schalen Ritualen vereinnahmen lassen. Keinen Heller würde sie noch darauf geben. Ihr Vater hatte ganz recht, wenn er immer wieder davor warnte, daß die Nationalsozialisten Böses im Schilde führten. Unter ihrer Herrschaft gab es keine Freiheit, das sah sie jetzt. Sie würde sich zu gut sein, um diesem ganzen Jungmädelkram eine einzige Träne nachzuweinen.

Zum Abschluß teilte die Gauführerin ihnen noch großmütig mit, daß sie ihr Leben nicht verpfuschen wolle und sie deshalb nicht grundsätzlich aus der Hitlerjugend ausschließe. Auch wenn Sophies Freundin Suse wütend dachte, daß diese dumme Gans gar nicht fähig war, ihnen ihr Leben zu verpfuschen, war es nicht unwichtig, daß sie weiterhin als einfache »Maiden« im BDM bleiben durften. Andernfalls hätten sie die höhere Schule verlassen müssen. Insofern konnte die Gauführerin tatsächlich ihren Lebensweg maßgeblich beeinflussen. Natürlich sorgte ihre Degradierung genauso wie vorher die Verhaftungen ihrer Geschwister in Sophies Schule für einiges Aufsehen. Sogar der Direktor ließ sie kommen und befragte sie über diese Vorfälle.

Für Sophie war es bitter, plötzlich von einem Tag auf den anderen aus allem ausgeschlossen zu sein, was bisher ihr Leben vollständig ausgefüllt hatte. Sie hatte auf einmal ungewohnt viel freie Zeit zur Verfügung. Sie nutzte sie für ihre Lieblingsbeschäftigungen, Lesen und Zeichnen. Noch bitterer war es aber, daß einige Mädchen aus ihrer Führerinnengruppe, die sie bisher für Freundinnen gehalten hatte, sich mehr oder weniger von ihr zurückzogen. Seit der Verhaftung hatten viele Angst bekommen, in irgend etwas Gefährliches hineingezogen zu werden. Diese Angst war inzwischen sowieso ungeheuer verbreitet, denn das Leben war von den Nationalsozialisten mit einer Flut von Verboten überzogen worden, die das Denunziantentum anheizten. Außerdem fanden Sophies Kameradinnen, daß die Scholls irgendwie seltsam geworden waren. Sophie verhielt sich jetzt immer so kritisch und redete manchmal so staatsfeindlich daher von Dingen, über die man besser überhaupt nichts wußte.

Auch wenn es jetzt einsamer um Sophie geworden war, blieben doch einige Freundschaften bestehen. Hans kam nach seinem Prozeß für ein paar Ferientage nach Hause. Wenn die Geschwister dann zum Baden gingen, schlossen sich ihnen oft Annlies und Erika an – eine ältere Freundin aus der Anfangszeit in Ulm – sowie Fritz, der ebenfalls gerade Urlaub hatte. Nur Inge war schon seit über einem Monat fort. Sie hatte Ulm verlassen, um eine Zeitlang bei einer Familie in Lesum bei Bremen zu arbeiten.[202] Sie war froh, aus der Stadt wegzukommen, in der ihre Beziehungen zusammengebrochen war. Denn sie hatte alle Kontakte zu dem Jungmädelring verloren, der bisher ihr Leben und Denken bestimmt hatte.

Neues Leben ohne Jungmädelbetrieb

Sophie fehlte die große Schwester, mit der sie sich so gut verstanden hatte. Inge hatte »der Kleinen« oft bei ihren Pflichten im Haushalt geholfen. Das langweilige Geschirrspülen hatte viel mehr Spaß gemacht, wenn sie dabei zusammen dichteten und aus den Gedichten gleich noch kleine Liedchen komponierten, die sie aus voller Kehle sangen. Statt dessen führte sie jetzt manchmal lange Gespräche mit der Mutter über das Christentum. Die Mutter hatte sich vor einem Jahr, als die Nationalsozialisten ihren Kampf gegen die Kirchen wieder verstärkt hatten, schrecklich darüber aufgeregt, daß Weihnachten zum altgermanischen Julfest, zur Feier der Wiederkehr des Lichtes, umstilisiert werden sollte. Weihnachten war für sie das wichtigste christliche Fest, an dem sie als Christen die Botschaft von der Ankunft des Messias, ihres Erlösers, feierten. Wenn die Nationalsozialisten diese Botschaft verleugneten, waren sie keine Christen mehr. Der Vater hatte ihre Aufregung allerdings naiv gefunden. Das hatte sie den Tränen nahe gebracht.[203] Sophie hatte die Mutter damals nicht verstanden. Aber jetzt dachte sie mehr darüber nach, und sie sprachen miteinander darüber, was die christliche Botschaft der vollkommenen Liebe, der Glauben an die Auferstehung und die Erlösung der Menschheit durch die Ankunft Jesu Christi der Mutter bedeutete und woher sie immer wieder ihre Kraft schöpfte, den grauen Alltag zu bewältigen und durch ihre Wärme und Fürsorge zu erhellen.

Aber Sophie war erst sechzehn und damit noch mitten in der Entwicklung. Im Grunde war sie immer noch ein Backfisch, der das Leben mit neugierigen und wachen Augen musterte, ihre Freundin Annlies im Unterricht gern einmal zwickte oder kniff, wenn sie sich zu sehr langweilte, und ihrem fernen Freund Fritz lange Briefe schrieb, in denen sie ihm ihre Erlebnisse, Kümmernisse und Freuden lebendig schilderte. Bisher hatte die große Schwester, die schon so viel erfahrener und gesetzter war, immer auf sie aufgepaßt, teilte sie ihm mit und fragte sich leicht ironisch, wer sich jetzt um ihre Arten und Unarten kümmern sollte. Worauf entschlossen der nächste Satz folgte: »Ich werde selber groß.« Was sie aber nicht hinderte, gleich darauf in die Stadt zu wollen, um die Männer erröten zu machen, weil Werner behauptet hatte, Mädchen würden rot, wenn ein Mann sie ansah. Das konnte sie einfach nicht auf sich sitzen lassen. Da mußte man doch das Gegenteil beweisen.[204]

Es gab da allerdings in ihrem Leben noch einen weiteren Bereich, in den sie gern und leicht hineintauchte: Sie genoß es, lange zu schlafen[205], und oft hatte sie seltsame Träume. Jetzt – in einer Zeit, in der sich so viel in ihrem Leben änderte – hatte sie das Gefühl, in ihren Träumen in einer Welt zu leben, deren Atmosphäre nie ganz froh war. Meistens befand sie sich dann auf Fahrt. Nach den Ereignissen im Untergau träumte sie einmal, daß sie in einem Lager neben einem großen See war und abends mit einer Frau in deren Boot auf das stille Wasser hinausfuhr. Es wurde Nacht, und der Himmel war ganz bedeckt. Vor einer Wolkenwand stand der Mond, eine große blasse Scheibe, durch den der See matt grau erleuchtet wurde. Das Besondere an diesem Traum war, daß in einiger Entfernung des Mondes durch die Wolken ein kleiner roter Punkt glühte. Ihre Begleiterin erklärte ihr, daß sie hier am einzigen Ort der Erde lebten, wo man Sonne und Mond gleichzeitig sehen konnte.[206.]

Dieser Traum beeindruckte sie so sehr, daß sie ihn sogar Fritz mitteilte. Aber sie konnte seinen Inhalt nicht verstehen. Kenntnis über psychische Vorgänge oder gar psychoanalytische Theorien waren in der Allgemeinheit fast unbekannt. Außerdem war die Seelenkunde bei den Nationalsozialisten genauso verfemt wie geistige und intellektuelle Auseinandersetzungen mit philosophischen und wissenschaftlichen Themen. Träume waren Schäume, hieß es. So vergaß Sophie dieses innere Wissen rasch wieder, das einerseits ihren grauen Seelenzustand widerspiegelte, andererseits aber zugleich die Hoffnung auf das ungewöhnlich gedoppelte Licht von Sonne und Mond enthielt und damit die Gewißheit, an einem Platz zu stehen, der absolut einzigartig auf der ganzen Welt war.

In diesen Monaten stieg die politische Spannung von Monat zu Monat. Schon seit der Einverleibung Österreichs im Frühjahr waren die Sudetendeutschen in der Politik immer mehr in den Mittelpunkt gerückt.[207] Im Vielvölkerstaat Tschechoslowakei bildeten die Deutschen die zweitstärkste Volksgruppe, die sich von der knappen Mehrheit der Tschechen unterdrückt und in ihrem Volkstum beeinträchtigt fühlte, besonders weil diese zeitweise eine betonte Tschechisierung ihres Landes betrieben. Jetzt verstärkten die Nationalsozialisten das schlechte Klima durch überhöhte Forderungen. Schon Ende Mai war es aufgrund von unbestätigten deutschen Truppenbewegungen zu einer teilweisen Mobilmachung der tschechoslowakischen Armee gekommen.

Den ganzen Sommer über heizten die sudetendeutschen Nationalisten die Spannung mit Krawallen und immer lauteren Heim-ins-Reich-Rufen an. Im September verlangte Hitler auf dem Nürnberger Parteitag die Abtretung des Sudetenlandes. Er drohte unverhohlen, daß die Deutschen in der Tschechoslowakei weder wehrlos noch verlassen seien. »Dieser Verbrecherstaat muß zerschlagen werden: Furchtbare Greueltaten der tschechischen Mordbanditen.« »Unmenschlich wüten die hussitischen Mordbuben. Hochschwangere Frau niedergeschlagen und verschleppt. Deutsches Blut klagt an!« schrien die Überschriften der Zeitungen in breiten schwarzen Lettern. Chamberlain, der englische Premierminister, reiste zu Verhandlungen mit Hitler nach Deutschland. Die Tschechoslowakei machte mobil.

Als Hitler ein »letztes« Ultimatum zur Übergabe der sudetendeutschen Gebiete stellte, das Ende September auslaufen sollte, fragten sich die Menschen angstvoll, ob jetzt der Krieg ausbrechen würde. In letzter Minute wurde das Münchner Abkommen unterzeichnet, durch das die sudetendeutschen Gebiete tatsächlich abgetreten wurden. Am 1. Oktober marschierte die deutsche Wehrmacht dort ein. Der Krieg war um Haaresbreite vermieden worden.

Natürlich wurden diese unheilvoll drohenden Ereignisse auch in Sophies Schule und in ihrem Freundeskreis lebhaft diskutiert. Die Geschwister teilten jetzt die Überzeugung des Vaters, daß Hitlers Politik auf einen zweiten großen Krieg zielte. Wie gefährlich es aber inzwischen geworden war, eine eigene – von der offiziellen Politik abweichende Meinung – selbst im Kreis von Freundinnen offen auszusprechen, erlebte Annlies. Anfang Oktober saß sie mit drei Kameradinnen auf einer Schaufensterkante in der Nähe der Schule. Sie unterhielten sich über die neuesten Nachrichten. Annlies war ganz offen gegen den Einmarsch. Man konnte doch nicht einfach so mir nichts, dir nichts ein Land unter Druck setzen und eingliedern. Da mußte doch wenigstens eine Volksabstimmung stattfinden wie damals im Saarland. Das hier war doch reine Gewalt, argumentierte sie. Annlies dachte sich bei diesem Gespräch nichts Böses. Sie hatten auch sonst immer ihre Meinungen ausgetauscht. Aber diesmal hinterbrachte eines der Mädchen ihr Gespräch der Untergauführerin. Postwendend wurde Annlies aus der Hitlerjugend gefeuert. Fast hätte sie damit auch die Schule verlassen müssen. Zum Glück kam es durch ein Mißverständnis doch nicht so weit.[208]

Die »Sache mit den Juden«

So wie Annlies spürten inzwischen viele, daß sie durch ihre Begeisterung für die Nationalsozialisten in eine Politik hineingeraten waren, die nach innen und nach außen immer mehr außer Kontrolle geriet. Dennoch konnten sie von ihren hohen Idealen nicht lassen. Hans schrieb in diesen Tagen an Inge, daß er noch nie in seinem Leben so Patriot im eigentlichen Sinne des Wortes war wie gerade in diesen Oktobertagen. Hans' Wehrdienst ging im November zu Ende. Kurz davor machte er noch die Prüfung zum Reserveoffizier. Für sein Medizinstudium mußte er den Besuch einer Sanitätsschule nachweisen, die er gleich im Anschluß an seinen Wehrdienst in Tübingen besuchte. Zur selben Zeit kam Inge nach Ulm zurück.[209]
Noch bevor sie wieder da war, erschoß ein junger Jude in Paris einen Beamten der deutschen Botschaft. Er hatte seine Eltern rächen wollen. Zusammen mit siebzehntausend polnischen Juden, die bis dahin in Deutschland gelebt hatten, waren sie Ende Oktober über die deutsch-polnische Grenze ins Niemandsland gejagt worden. Davon hatte natürlich in Deutschland kaum jemand etwas gehört. Statt dessen nahmen die Nationalsozialisten den Mord zum Anlaß, um von neuem mit aller Macht gegen die Juden zu hetzen. Am 9. November wur-

den jedes Jahr offiziell die gefallenen Kämpfer der Nationalsozialisten als Helden geehrt. In der Nacht darauf verwüsteten braune Sturmtrupps im ganzen Reich jüdische Synagogen und Geschäfte. Zur Tarnung trugen sie keine Uniform, damit behauptet werden konnte, der Volkszorn habe sich spontan Luft gemacht. In Ulm wurde die jüdische Synagoge am Weinhof angesteckt. Das Feuer wurde nur deshalb rasch wieder gelöscht, weil man Rücksicht auf den benachbarten Gasthof nahm. Die braunen Banden brachen auch gewalttätig in jüdische Wohnhäuser und Geschäfte ein. Unter den Augen von Schaulustigen wurden jüdische Männer, unter ihnen der ehrwürdige Rabbiner, am Christophorus-Brunnen vor der Synagoge zusammengetrieben, in dem leeren Brunnenbecken herumgehetzt, geschlagen und mißhandelt.[210]
Sophies Vater hatte niemals aufgehört, auch jüdische Firmen zu betreuen. Auch das Haus, in dem die Scholls wohnten, hatte einem Juden gehört. Wie alle Juden war er gezwungen worden, sein Eigentum zu einem extrem niedrigen Preis an einen Arier zu verkaufen. Er selbst wohnte inzwischen in einer primitiven Wohnung beim Schlachthof. Als es in den frühen Morgenstunden bei den Scholls läutete und jüdische Verletzte bei ihnen Zuflucht suchten, ließ die Sorge dem Vater keine Ruhe. Er ging zu dem ehemaligen Hausbesitzer, um nachzusehen, ob ihm etwas passiert war. Als er an der Tür läutete, wurde er angstvoll gefragt, wer da sei, und antwortete mit den schlichten Worten: »Ein Mensch!«.[211]
In den nächsten Tagen wurden diese Aktionen, die viele verurteilten, als Vergeltung gegenüber den »frech gewordenen Juden« dargestellt.[212] Die »endgültige Antwort auf das jüdische Attentat in Paris« sollte kurz darauf »dem Judentum« auf dem Wege der Gesetzgebung beziehungsweise der Verordnung erteilt werden, hieß es auf Plakataushängen und in Zeitungsaufrufen. Wenig später wurde ihnen eine Milliarde Mark als kollektive Sühne auferlegt. Außerdem mußten sie

alle Schäden auf eigene Kosten beheben lassen und obendrein die Versicherungsleistungen an das Reich abtreten. Immer neue Schikanen schnürten ihr Leben noch mehr als vorher ein. Sie wurden vollends aus allen »arischen« Bildungs-, Kultur- und Unterhaltungsstätten ausgeschlossen, durften mit »Judenbann« belegte Sperrgebiete nicht betreten, zu bestimmten Zeiten nicht ausgehen, keine öffentlichen Verkehrsmittel benutzen, keine Bücher und Zeitungen kaufen, keine Haustiere halten oder Autos und Motorräder besitzen.[213] Ein Jahr später wurden in Ulm die letzten noch nicht ausgewanderten Juden – 1933 hatten 530 Juden in der Stadt gelebt, im Mai 1939 waren es noch 178 – in fünf Häusern gettoisiert. Von dort aus sollten 1941 die Deportationen beginnen.[214]

Bei Sophie zu Hause entsetzten sie sich alle über die Brutalität der nationalsozialistischen Schlägertrupps, ihre Greueltaten und die Verbote, die jetzt Schlag auf Schlag auf die Juden herunterhagelten. Das Rassensystem war Sophie schon früher fragwürdig erschienen. Schließlich hatte eine ihrer beiden jüdischen Klassenkameradinnen blaue Augen und blondes Haar und entsprach damit dem arischen Wunschbild, während sie selbst als Arierin dunkelhaarig war. Einmal hatte sie dieses Mädchen sogar ein Stück weit heimbegleitet und von ihr erfahren, unter welcher Bedrückung sie litt.[215] Das hatte sie eine Weile lang beschäftigt. Inge und sie waren auch noch ganz am Anfang der Bewegung auf einem Staatsjugendtag einer Gruppe von Jungen ohne Uniform begegnet. An deren abweisendem Verhalten in Verbindung mit der fehlenden Uniform, die jeder rechte Hitlerjunge trug, hatten sie rasch erkannt, daß sie zu den verfemten Juden gehören mußten. Sie hätten die Jungen eigentlich verpfeifen müssen, weil sie gar nicht beim Staatsjugendtag dabei sein durften. Dadurch waren sie in eine Zwickmühle geraten, denn einerseits hatten sie die Jungen nett gefunden und wollten ihnen nichts Böses

antun, andererseits aber gab es natürlich die Befehle des Führers, denen sie zu gehorchen versprochen hatten.
So hatte »das mit den Juden« manchmal wie ein leichter Schatten über ihrer fröhlichen Jungmädelzeit gelegen. Doch war es ihnen immer gelungen, unangenehme Situationen rasch wieder zu verdrängen. Die mörderischen Folgen, die der Rassenwahn haben sollte, konnten sie damals noch nicht voraussehen. Sie waren einfach wie so viele der Meinung gewesen, die Juden sollten doch das Land verlassen, in dem sie so unerwünscht waren. Ihre jüdischen Klassenkameradinnen waren bald darauf ausgewandert, so daß sich das Problem von selbst erledigt hatte. Auch in Ulm waren fast nur die alten Menschen jüdischen Glaubens zurückgeblieben, die an ihrem Vaterland hingen.
Die »Reichskristallnacht«, wie die Nationalsozialisten den Pogrom an den Juden verharmlosten, hatte das Konto der braunen Machthaber in den Augen der Familie schwer belastet. Bald danach kamen die Adventstage, in denen jeder die Bilanz des vergangenen Jahres zog. Diesmal fragte besonders Hans sich, ob er wahrhaft besser geworden war. War sein ganzes Streben nützlich und hatte es zu einem Fortschritt geführt, wie er es sich in den Stunden der Haft fest vorgenommen hatte? Er wußte, daß vieles für ihn anders geworden war. Aber manchmal kamen doch deprimierte Stunden, in denen er an Selbstmord dachte, weil er sich so klein und lächerlich vorkam.[216] Solche Anwandlungen überkamen ihn nicht oft, und meistens überwand er sie rasch wieder. Er konnte über Weihnachten nicht nach Hause kommen, weil er zum Krankenhausdienst eingeteilt war. Aber diesmal empfanden sie sein Fernbleiben ganz anders als im letzten Jahr.
Das neue Jahr zeigte ihnen allen rasch ein finsteres Gesicht. Noch im Januar prophezeite der Führer in seiner Rede vor dem Reichstag den Juden den Untergang, wenn es zum Krieg kommen sollte. Die unverhohlene Kriegsdrohung, die unter-

schwellig mitschwang, konnten sie nicht mehr überhören. Sophie kam nach Ostern in die Oberprima. Damit rückte ihr Abitur näher. Aber die Schule beanspruchte sie nur wenig. Außerdem verabscheute sie die nationalsozialistische Färbung des Unterrichts. Es kam ihr jetzt vor, als müsse sie dort alles durch ein kleines braunes Fenster sehen.[217] Liesl hatte Ostern ihre Prüfung als Kindergärtnerin am Fröbelseminar bestanden und das Elternhaus verlassen, um ihre erste Stelle in Schwäbisch Hall anzutreten. Wie einst die Mutter arbeitete sie bei den Diakonissen, wo sie für wenig Geld vom frühen Morgen bis zum späten Abend auf den Beinen war.
Nach Liesls Abreise kam es Sophie zu Hause viel leerer vor. Dadurch, daß sie beide nur ein Jahr auseinander waren, hatten sie ihre Erlebnisse und den Kreis ihrer Freundinnen immer miteinander geteilt. Jetzt schloß Sophie sich noch enger an Inge an, die sie immer ein wenig bemutterte. Beide freuten sich auf den bevorstehenden Umzug.[218] Denn der Vater hatte eine neue Wohnung in einem repräsentativen Geschäfts- und Wohnhaus mitten im Zentrum der Stadt gemietet. Sie lag im vierten Stock direkt am Münsterplatz und war viel komfortabler als die bisherige. Von dort oben sahen sie direkt in das Herz der mittelalterlichen Stadt. An den Markttagen herrschte hier reges Treiben, und an den vielen Festtagen, die die Nationalsozialisten immer noch feierlich begingen, machte es Spaß, die Paraden und Aufmärsche aus der Ferne zu beobachten. Wenn später Liesl auf Besuch kam, verabredeten Sophie und sie sich manchmal sogar mit Soldaten zu einem Rendezvous auf dem Münsterplatz. Diese jungen Männer waren in der Garnisonsstadt immer froh über Kontakte zu netten Mädchen. Aber die beiden hatten nicht vor, sich wirklich mit ihnen zu treffen. Sie wollten nur von oben beobachten, wie die jungen Männer sich benahmen, wenn sie vergeblich warteten.[219] Sophie hielt mit großer Treue an der Freundschaft mit Fritz fest. Sie schrieb ihm regelmäßig

nach Wien, wohin er abkommandiert war, auch wenn seine Antwortbriefe manchmal auf sich warten ließen. Wenn er einmal wieder Heimatbesuch bekam, unternahmen sie weite Autotouren miteinander. Er ließ seine junge Freundin jetzt sogar selbst ans Steuer, und sie war sehr stolz, als sie es in diesem Frühjahr zum ersten Mal schaffte, das Auto ganz allein vom Bodensee nach Hause zu lenken und sich dabei sogar traute, durch die Städte zu fahren.

»Entartete Kunst«

Werner kam oft mit, wenn sie etwas unternahmen. Er freundete sich immer mehr mit Otl an. Mit Erika ging Sophie zum Zeichenunterricht in die Ulmer Schule. Der Freundeskreis der drei zurückgebliebenen Geschwister wuchs immer mehr zusammen. Sie interessierten sich alle lebhaft für die Gegenwartskunst und besonders für jene Kunstwerke und Künstler, die von den Nationalsozialisten verfemt wurden. Zwei Jahre zuvor war in München das Haus der deutschen Kunst eingeweiht worden. Zur Abschreckung hatten die Nationalsozialisten ganz in der Nähe die Ausstellung »Entartete Kunst« eröffnet, in der sie Bilder mit bissigen Kommentaren in enger Folge aufgehängt hatten, die ihrer Meinung nach nicht dem gesunden Volksempfinden entsprachen. Dazu gehörten sowohl die Werke jüdischer Maler und Bildhauer, die aus rassischen Gründen verfemt wurden, als auch die Kunst der Avantgarde der zwanziger Jahre, also alle jene Werke, in denen die Künstler sich mit der Sichtweise und Kunst fremder Völker auseinandersetzten oder in denen sie künstlerische Experimente wagten und die Formen immer stärker abstrahierten.
Inge und Hans waren in der Ausstellung gewesen und hatten den kleinen Katalog mitgebracht. Zu den Bildern der »Entar-

teten« waren wesentlich mehr Besucher geströmt als in die Weihehallen der offiziellen Kunst. Auch im Ulmer Museum waren im Herbst 1937 mißliebige Kunstwerke beschlagnahmt und abtransportiert worden. Außerdem wurde die Sammlung moderner Gemälde und Grafiken, die der lange zuvor entlassene jüdische Museumsdirektor zusammengetragen hatte, immer wieder als krankhaftes, bolschewistisches Machwerk angeprangert. Unter den »aussortierten« Künstlern befand sich auch der Ulmer Maler Wilhelm Geyer, der als freier Künstler mit seiner Frau und sechs Kindern in der Stadt lebte. Er hatte für seine Arbeit eine Nische in der offiziellen Kunst gefunden, indem er Kirchenfenster gestaltete. Durch die Münchner Schau angeregt, besuchte Hans ihn in seinem Atelier und ließ sich seine Bilder und Grafiken zeigen. Bald lernten auch die anderen Geschwister die Familie Geyer kennen und schlossen Freundschaft. Durch Geyer kamen sie mit weiteren Künstlern aus seinem Bekanntenkreis zusammen.[220]
Sophie nahm auch Erika zu den Atelierbesuchen mit. Dagegen war ihr Verhältnis zu Annlies nicht mehr so eng wie früher. Annlies hatte inzwischen auch einen Freund, der einen großen Teil ihrer Aufmerksamkeit beanspruchte. Leider konzentrierte sich auch Lisa, Sophies engste und älteste Freundin, seit langem mehr auf Hans als auf seine jüngere Schwester. So verabredete Sophie sich manchmal mit Suse zu einer Radtour oder einer Wanderung auf der Alb. Aber Suse mußte oft zu Hause mithelfen und verwandte viel Energie auf ihr Klavierspiel, so daß Sophie sich jetzt immer mehr in ihre Bücher und ihre Malerei vergrub. Außerdem wartete sie sehnsüchtig auf ihre Sommerferien. In diesem Jahr wollte sie zum ersten Mal zusammen mit Fritz verreisen. Werner sollte mitkommen. Allein mit einem jungen Mann konnte eine Achtzehnjährige nicht wegfahren. Sophie und Fritz hatten sich Jugoslawien zum Ziel genommen. Zum ersten Mal in ihrem Leben wollten sie ins Ausland fahren. Sophie sparte eisern ihr Taschengeld

und fing schon an, in dem Reiseführer zu lesen, den sie sich aus der Bibliothek geholt hatte.
Doch dann wurde es immer unwahrscheinlicher, daß sie die notwendige Erlaubnis zur Ausreise bekommen würden. Die politische Lage wurde wieder gespannter. Die Ruhe seit der Besetzung des Sudetenlandes war trügerisch gewesen. Jetzt stellte Hitler neue Gebietsansprüche. Im März hatte sich die Slowakei unter deutschem Druck von der Tschechei losgesagt, in die daraufhin deutsche Truppen einmarschiert waren. Damit hatte Hitler das Münchener Abkommen gebrochen. Tags darauf wurde das besetzte Land als »Protektorat Böhmen und Mähren« dem Reich eingegliedert. Wenig später wurde auch das litauische Memelgebiet besetzt und angeschlossen. Der englische Premierminister drohte damit, die Politik der Nachgiebigkeit gegenüber Hitler zu beenden, und ließ die allgemeine Wehrpflicht in seinem Land einführen. Dann überschlugen sich die Nachrichten. Polen lehnte die Abtretung Danzigs kategorisch ab. In Spanien eroberten die faschistischen Truppen des Generals Franco die Hauptstadt Madrid und beendeten den Bürgerkrieg zu seinen Gunsten. Ein weiterer Diktator war damit in Europa an die Macht gekommen.
Sophies Vater hörte die Neuigkeiten mit großer Sorge. Mittags, wenn er zum Essen aus seinem Büro in die Wohnung herüberkam, stellte er immer als erstes die Nachrichten von Radio Beromünster aus der Schweiz ein, die ohne das hohe nationalsozialistische Pathos die bloßen Fakten des Weltgeschehens berichteten. Donnerstags abends saßen sie regelmäßig alle gemeinsam vor dem Lautsprecher und hörten die politische Wochenübersicht auf diesem Sender.[221] Während man im deutschen Rundfunk nur sorgfältig gefilterte Nachrichten und eine unendliche Menge von Lobhudeleien und Hetztiraden hörte, wurde hier die weltpolitische Lage von unabhängiger Seite und unter Berücksichtigung aller zur Verfügung stehenden Informationen aus dem In- und Ausland in einer klaren

Sprache sorgfältig dargestellt und kommentiert. Alles deutete auf einen bald bevorstehenden Krieg hin.

Kurz vor Ferienbeginn schrieb Fritz, daß er keine Erlaubnis zu einer Reise ins Ausland bekommen würde. Obwohl damit alle ihre Pläne über den Haufen geworfen wurden, antwortete Sophie ihm mit der für sie typischen Untertreibung, daß sie nicht »zu sehr« verwundert sei. Auch die Reichjugendführung, deren Erlaubnis sie für die Reise gebraucht hätte, hatte in dieser kritischen Zeit ein allgemeines Ausreisevebot verhängt. Trotzdem bekam Fritz Urlaub, und sie verlegten ihr Reiseziel kurz entschlossen in den Norden. Zusammen mit Werner und Lisa fuhren sie an die Ostsee nach Heiligenhafen. Die beiden brachen oft zu eigenen Unternehmungen auf, so daß Fritz und Sophie herrliche Sommertage allein am Meer verbrachten. Sie badeten ausgiebig, was Sophie sehr liebte, gingen am Strand spazieren und sahen an den warmen langen Sommerabenden die Sonne im Meer versinken. An einem besonders windigen Tag mieteten sie sich sogar einen der teuren Strandkörbe. Fritz kämpfte eine ganze Weile mit dessen unbekannten Tücken, bis sie glücklich darin Platz nahmen, sich anlehnten und gemeinsam nach hinten fielen, weil der Korb nicht fest eingerastet war. Sie lachten sich halb tot, bevor sie sich wieder aufrafften und einen neuen Versuch starteten.[222]

Von Heiligenhafen fuhren sie weiter nach Kiel. An der Seite von Fritz entwickelte Sophie ein ungeheures Vertrauen in die Welt. Mitten im Omnibus schlief sie an seiner Schulter so fest ein, daß sie erst am Ziel wieder aufwachte. Noch nie hatte sie sich so vor allen Leuten gehenlassen. Wie in bürgerlichen Familien üblich, hatte die Mutter immer darauf geachtet, daß sich ihre Kinder ordentlich benahmen. Was sollte man von ihnen denken? Dagegen hatte Sophie in ihrer wilden Jungmädelzeit zwar rebelliert, aber inzwischen achtete sie ganz unbewußt darauf, nicht aufzufallen. Der Vater hatte seinen Töchtern sogar einen »Knigge« gekauft, das Handbuch für Anstand

und gutes Benehmen, nach dem man sich in bürgerlichen Kreisen richtete. Alle drei hatten die Anweisungen gründlich studiert.[223] Sie wollten nicht mehr wie kleine, dumme BDM-Mädchen herumlaufen, die nicht wußten, was sich gehörte!
Über Hamburg, wo sie in der Kunsthalle Bilder sahen, die man sonst nicht mehr so leicht zu Gesicht bekam, und wo Sophie lange vor den Gemälden von Lovis Corinth stehenblieb, ging die Reise weiter an die Nordsee, wo sie ein paar Badetage einlegten.[224] Zum Schluß landeten sie in dem Künstlerdorf Worpswede, das Sophie schon früher besucht hatte. Dieses Mal entdeckte sie bei ihren Atelierbesuchen die Werke von Paula Modersohn-Becker für sich, die sie vorher gar nicht beachtet hatte. Sophie war reifer geworden und konnte jetzt plötzlich erkennen und bewundern, wie gerade diese Künstlerin ganz und gar ihren eigenen Weg gegangen war, sich in ihren Bildern nach niemandem gerichtet und ungeheuer selbständig zu ihrem eigenen Stil gefunden hatte.
In Worpswede erreichte Fritz Anfang August der Befehl, umgehend zu seiner Einheit zurückzukehren.[225] Am nächsten Tag mußte er abfahren. Sie machten einen letzten Spaziergang in das Moor und wanderten immer tiefer hinein in die stille norddeutsche Landschaft mit ihren dunklen Kanälen, den braunen Wiesenflecken und den vereinzelten Büschen. Sie waren ganz allein, als sie sich auf einem weichen Moospolster niederließen. Sophie lehnte sich dicht an Fritz. Während der vergangenen Tage waren sie sich so nahegekommen. Sie hatten so viel miteinander erlebt und sich so gut verstanden. Morgen würden sie Abschied nehmen müssen. Ob es ein Abschied für immer war? Würde es Krieg geben? Sie schwiegen und sannen ihren Gedanken nach, bis Fritz sie plötzlich dichter zu sich heranzog. Die traurigen Gedanken waren wie weggewischt. Zärtlich küßten sie sich, und die Welt versank, als sie immer tiefer in ihre Zweisamkeit eintauchten und alles andere um sich herum vergaßen.[226]

Am nächsten Morgen blieb sie allein mit Werner und Lisa zurück. Um auf andere Gedanken zu kommen, machten sie einen Ausflug. Ihre Sachen ließen sie in der Jugendherberge. Sie wollten danach noch eine Weile in der Künstlerkolonie bleiben, um zu zeichnen. Sophie hatte einem Stuttgarter Freund von Hans versprochen, seine Übersetzung des Peter Pan zu illustrieren. Als sie zurückkamen, empfing die Herbergsmutter sie mit einem aufgeregten Wortschwall. Während ihrer Abwesenheit hatte ein anderer Gast in Sophies Bett übernachtet und dabei auch ihre Bücher durchgesehen, die sie achtlos liegengelassen hatte. Ihm war natürlich aufgefallen, daß es sich um Werke verbotener Schriftsteller handelte. Das mußte man anzeigen! Die Wirtin hatte ihn gerade noch davon abhalten können. Aber natürlich war ihr Mißtrauen gegen die jungen Gäste geweckt. Sie interessierte sich plötzlich für ihre Weltanschauung, so daß sie beschlossen, so schnell wie möglich abzureisen. Schließlich waren sie schon einmal von der Gestapo vernommen worden.[227]

Blitzkrieg

Die Zeitungen und der Rundfunk waren in diesen Tagen voll von Greuelgeschichten über die Polen, die wie die Tschechen deutsche Frauen vergewaltigten, deutsche Männer mordeten und deutsches Gut raubten. Dann kam wie ein Donnerschlag die Nachricht von dem zehnjährigen Nichtangriffs- und Freundschaftspakt, den Hitler und Stalin am 23. August schlossen. Hatte Hitler nicht immer behauptet, der Bolschewismus sei der Weltfeind, der bekämpft werden müsse? Hatte er nicht immer vor dieser »destruktiven und alle bisherigen Werte umstürzenden asiatischen Weltauffassung« und dem »Chaos einer siegriechen bolschewistischen Revolution in Europa« gewarnt?[228] Jetzt sollten plötzlich die beiden auf den Tod verfeindeten Systeme zu Freunden geworden sein? Wie konnte das angehn? Die einzige Erklärung war, daß er sich in einem Krieg gegen Polen den Rücken freihalten wollte. England und Frankreich hatten sich im Frühjahr verpflichtet, Polen im Falle eines Angriffs beizustehen. Diese Verpflichtung bekräftigte England jetzt noch einmal. Als am 27. August Bezugsscheine für Lebensmittel, Textilien und Kohle eingeführt wurden, wußten vorausschauende Leute, was die Stunde geschlagen hatte. Am 1. September 1939 griffen deutsche Truppen Polen an. Polens Alliierte stellten noch ein letztes Ultimatum und erklärten dann, zwei Tage später, Deutschland den Krieg.

Doch vorerst nahmen die meisten Deutschen die drohende Gefahr nicht wahr. Für sie ging das Leben auch nach der Kriegserklärung seinen alltäglichen Gang. Zwischen Sonntagsbraten und Kaffeetrinken wurde zwischendurch auch einmal über den Krieg gesprochen. Bei den Scholls allerdings wurde der Kriegsbeginn fast euphorisch begrüßt: Das mußte die Erlösung von dem schweren Joch bringen, das die Nationalsozialisten ihrem Volk auferlegt hatten.[229] Sie diskutierten die Folgen des Angriffs auf Polen ausführlich. Wie lange würde der Krieg dauern? Würden die Engländer und Franzosen sofort angreifen? Sie hatten genug Zeit zum Rüsten gehabt und besaßen viel mehr Flugzeuge und Panzer als die Deutschen.

Werner traf sich mit Otl und einem anderen Freund. Er war der Meinung, daß der Krieg rasch beendet sein würde. Vielleicht konnte man auch selbst ein wenig nachhelfen? Würden sie bei einer Widerstandsgruppe mitmachen und durch Sabotageakte gegen den Krieg arbeiten? Otl glaubte, daß der Krieg lange dauern würde. Er wollte sich auf so etwas nicht einlassen. Eine Sabotagegruppe konnte in diesem Polizeistaat nicht lange durchhalten. Hier war doch jeder zum Spitzel des anderen geworden. Aber er bewunderte Werner wegen seiner kalten Verwegenheit. Am Heldengedenktag im März hatte Werner doch tatsächlich eine Knallkapsel auf dem Rednerpult vor dem Münster versteckt, bevor der feierliche nächtliche Zapfenstreich der Garnison abgehalten wurde. Ihr ohrenbetäubendes Krachen war mitten in die weihevolle Stimmung hineingeplatzt und hatte alle aufgeschreckt! Und letztens hatte die Justitia, die vor dem Gerichtsgebäude ihre Waage in der Hand hielt, morgens verbundene Augen gehabt. Jemand hatte ihr eine Hakenkreuzbinde übergestreift. Das war auch Werner gewesen. Auch Sophie hatte sich über diese gelungene Provokation herzlich gefreut. Sie fand es merkwürdig, daß jetzt im Krieg alles so weiterging wie vorher. Außer daß der Schulbeginn auf sich warten ließ, passierte in ihrem Leben nicht viel Aufregendes.[230]

Immerhin war Hans zur Zeit in Ulm. Er hatte in München mit seinem Medizinstudium begonnen und im Juli einen Ernteeinsatz in Masuren ableisten müssen. Kurz nach Kriegsbeginn war er mit dem letzten Schiff über die Ostsee zurückgekommen. Jetzt wartete er zu Hause darauf, ob er weiterstudieren konnte oder einberufen würde.[231] Aber auch wenn das Leben eigentlich ganz normal weiterging, machte Sophie sich doch ihre eigenen Gedanken über diesen Krieg, der gerade angefangen hatte. Im Grunde fand sie es einfach nur schrecklich, daß Menschen einander andauernd in Lebensgefahr brachten. Sie konnte es nicht begreifen. Wenn sie solche Gedanken in der Schule aussprach, bekam sie natürlich entsetzt zur Antwort, daß die Soldaten doch das Vaterland verteidigen mußten, das angegriffen worden war. Aber ihr leuchtete diese Antwort nicht mehr ein. Es stimmte nicht, daß dieser Krieg für das Vaterland geführt wurde. Dieser Krieg war ein reiner Eroberungskrieg, hinter dem nur der Großmachtwille des Führers stand. Darin teilte sie ganz des Vaters Ansichten.[232] Sie interessierte sich inzwischen für die Politik. Nach der Wochenschau in Radio Beromünster fragte sie stets den Vater, was er von der politischen Lage hielt. Dabei kümmerte sie überhaupt nicht, daß sogar das Abhören ausländischer Sender bei Kriegsbeginn unter Strafe gestellt worden war.

Fritz war vor kurzem in das Oberrheingebiet versetzt worden. Der Aufbau der Front im Westen war noch geheim, so daß Sophie nicht wußte, wo er sich befand. Für ihn schrieb sie diese Gedanken auf, damit er nicht auch noch behauptete, es sei für das Vaterland, was er jetzt tat. Die Hoffnung, daß der Krieg bald beendet sein könnte, hatten sie zu Hause rasch wieder aufgegeben. Als sie an Fritz schrieb, waren gerade sowjetische Truppen in die Ukraine und Weißrußland einmarschiert. Wenig später erreichten die deutschen Truppen die Grenzlinie zur neuen russischen Einflußsphäre. Eine Woche darauf verkündete die nationalsozialistische Propaganda stolz den Sieg.

Nach dem Ende dieses »Blitzkrieges«, wie er von der Propaganda verherrlicht wurde, nahm Sophies Schule endlich wieder den Betrieb auf. Aber sie ging nur zwei Wochen lang zum Unterricht, dann gab es schon wieder Herbstferien. Sophie begann jetzt, sich Gedanken über die nahe Zukunft zu machen. Sie würde im Frühjahr das Abitur machen. Danach mußte sie ihren Reichsarbeitsdienst ableisten, um zum Studium zugelassen zu werden. Seit Kriegsbeginn wurden alle achtzehnjährigen Mädchen dazu eingezogen. Propagiert wurde der Arbeitsdienst als Erziehungsinstrument: Durch die gemeinsame Arbeit in Land- und Hauswirtschaft sollten auch die Mädchen die sozialen Schranken der unterschiedlichen Herkunft und Bildung überwinden und die jungen Frauen auf ihre Rolle in der Volksgemeinschaft vorbereitet werden.[233] Im Klartext hieß das, daß Sophie ein halbes Jahr in einem Lager leben und für das Vaterland schuften mußte.

Sie fürchtete sich davor, mit den vielen anderen Mädchen auf engem Raum zusammengepfercht zu sein, und merkte erst jetzt, wie wichtig ihr ihre Umgebung und genug Raum um sich herum geworden waren. Sie brauchte ihr Zimmer, das sie allein bewohnte! So hörte sie sich um, ob es irgendwelche Möglichkeiten gab, dem Reichsarbeitsdienst zu entkommen. Als sie herausfand, daß bisher eine soziale Ausbildung als Ersatz anerkannt worden war, sah sie darin die beste Fluchtmöglichkeit und überzeugte auch Suse davon. Sie konnten wie Liesl das Fröbelseminar besuchen. Als Abiturientinnen würden sie dort sogar nach nur einem Jahr ihre Ausbildung abschließen können.[234]

Hans war inzwischen schon lange wieder in München bei seinem Studium. Er erwartete seinen Gestellungsbefehl in allernächster Zukunft, da laufend neue Divisionen aufgestellt wurden.[235] Sophie hatte um ihren Bruder viel größere Angst als um Fritz. Auf ihren letzten Brief hatte sie von ihrem Freund eine distanzierte Antwort erhalten. Es war nicht einfach für ihn, daß sie sich immer mehr vom Nationalsozialismus entfernte, während er auf den Führer und das Vaterland einen heiligen Eid geschworen hatte. Jetzt versuchte sie ganz verstandesmäßig an ihre Beziehung heranzugehen. Fritz hatte ihr nichts versprochen. Sie wollte ohne jede Verpflichtung an ihn denken können. Es war schön, wenn zwei miteinander gingen, ohne sich zu versprechen, daß sie sich an einer bestimmten Stelle wieder treffen oder immer beieinander bleiben wollten. Sie gingen so einfach ein Stück zusammen, und wenn sich ergab, daß sich ihre Wege trennten, so ging eben jeder in seiner Richtung ruhig weiter. Punktum und Schluß. Natürlich wußte sie in einer Ecke ihres Herzens ganz genau, daß es in Wirklichkeit niemals so einfach und klar zuging. Sie war sich gar nicht so sicher, daß sie ruhig würde ihrer Wege gehen können. Sie fürchtete sich davor, daß sich ihre Wege viel unschöner, »mit viel Müdigkeit und sich gehenlassen« trennen würden.[236]

Kurz darauf hatte Fritz ein paar freie Tage und kam nach Ulm. Abends wanderten sie an der Donau entlang. Es war ein windiger Tag gewesen. Am Himmel verschwand der zunehmende

Mond immer wieder hinter dunklen Wolken. Dort oben ging es zu wie in ihrem heftigen Gespräch, in dem ihre gegenseitige Zuneigung ebenso wie das Licht dort oben mit den Wolken des Unmuts und der Dunkelheit dieser Zeit kämpfte. Lange wogte das Gefecht hin und her, und sie wußten nicht, was die Oberhand behalten würde, bis die Wolken schließlich verschwanden und der Mond sein mildes Licht durch die dunkle Nacht scheinen ließ. Frohen Herzens packte Sophie Ende November ein Päckchen mit Kerzen und einem Kranz aus Tannenzweigen für Fritz und ließ ihn wenigstens brieflich an der heimeligen Adventsstimmung teilhaben, die sich trotz des Krieges wieder bei ihnen zu Hause ausbreitete.[237]
Mit dem neuen Jahr brachen für Sophie die beiden letzten Monate in der Schule an. Anfang März sollte ihre Reifeprüfung stattfinden. Sie machte sich keine großen Sorgen. Mit ihren guten Noten würde sie schon durchkommen. Aber sie wünschte, daß es endlich vorbei wäre. Es war so ein Gefühl, wie wenn man weiß, daß man noch das Geschirr abspülen muß, fand sie. Man mußte noch eine unangenehme Aufgabe erledigen, die man lieber schon hinter sich hatte.[238] Als Fritz kurz vor ihrem Abitur ein paar Tage Urlaub bekam, schwänzte Sophie ohne das geringste schlechte Gewissen die Schule und fuhr mit ihm auf ein verlängertes Wochenende zum Skifahren. Es war schließlich Krieg, und wer wußte, wann sie sich wiedersehen würden.
Als Sophie wenig später ihr Abitur bestand, ging sie mit Fritz gleich noch einmal für vier Tage in die Berge.[239] Am letzten Tag fiel er so unglücklich, daß er sich das Bein verrenkte und zum Arzt mußte. Aber eigentlich fanden sie das gar nicht schlimm. Im Grunde war es sogar ein Glücksfall, denn so konnten sie wenigstens noch einen Tag länger zusammenbleiben. Danach hatte Sophie über einen Monat Zeit, bis das Fröbelseminar begann. Sie war sich immer noch nicht sicher, was sie später studieren wollte. Aber sie wollte auf jeden Fall an die Universi-

tät gehen. Sie wollte mehr wissen und hinter die Dinge schauen, die ihr oft so verschleiert und unklar erschienen. Erst einmal machte sie sich jedoch keine großen Sorgen und genoß ihre neugewonnene Freiheit aus vollem Herzen.[240]
Bald darauf aber schlug Sophies Stimmung um. Sie mußte beim Vater im Büro mitarbeiten. Er brauchte jede Hand für die Reinschrift der Jahresabschlüsse seiner Klienten, die um diese Zeit beim Finanzamt eingereicht werden mußten. April und Mai waren immer die Monate, in denen zu Hause alle besonders angespannt waren und manchmal bis in die Nacht hinein arbeiteten. Auch jetzt war der Vater wieder ziemlich gereizt.[241]
In diese Stimmung platzte am 9. April die Nachricht von dem deutschen Einmarsch in Dänemark und Norwegen. Sie waren alle erschrocken. Die leise Hoffnung, daß der Krieg vielleicht doch einfach versanden würde, hatte sich damit endgültig zerschlagen.
Sophie graute vor diesem Krieg. Am liebsten hätte sie nicht weiter darüber nachgedacht. Aber das konnte sie nicht. Zu Hause wurde über nichts anderes mehr gesprochen als über die schreckliche deutsche Politik, die so verworren und böse war. Da wollte sie nicht feige sein und sich einfach abwenden. Sie fühlte sich so egoistisch, sie hatte so ein schlechtes Gewissen, wenn sie nur ihren eigenen Neigungen nachging. Immer stand sie unter diesem Druck, daß alles andere erst in zweiter Linie kommen mußte. Wie gern hätte sie sich jetzt bei Fritz ausgeruht.[242]

Fröbelseminar statt Reichsarbeitsdienst

Anfang Mai begannen Sophie und Suse mit ihrer Ausbildung im Fröbelseminar. Es gab nur zwei Kurse mit jeweils acht bis zehn Mädchen. Sie waren die beiden einzigen Abiturientinnen und mußten an den theoretischen Unter-

richtsstunden des Unter- und Oberkurses gleichzeitig teilnehmen. Die meisten Mädchen in ihrer Klasse fand Sophie ziemlich blöd. Sie kamen vom Lande und benahmen sich auch so. Sophie wußte, daß schon ihre Klassenkameradinnen sie für arrogant gehalten hatten. Ihre Seminarkolleginnen beurteilten sie jetzt ähnlich, obwohl sie eigentlich nur zurückhaltend war. Seitdem sie nicht mehr dem Kreis der Jungmädelführerinnen angehörte, fühlte sie sich unter den meisten Mädchen ihres Alters unverstanden und fremd. Sie waren alle so schrecklich harmlos, lasen kaum irgendein vernünftiges Buch und plapperten immer nur die gängigen Phrasen nach, die ihnen von allen Seiten vorgebetet wurden. Sophie konnte manchmal nicht anders, als ironisch darauf zu reagieren.[243]
Am 10. Mai überschlugen sich die Nachrichten. »Alliierter Einfall ins Ruhrgebiet von der Wehrmacht aufgefangen. Deutsche Truppen marschieren im Endkampf für das Reich. Einmarsch der deutschen Wehrmacht in Holland und Belgien«, verkündete die *Ulmer Zeitung.* Am 13. Mai hieß es dann: »Luxemburg in Deutscher Hand«; am 14. Mai: »Deutsche Flagge über Lüttich. Deutsche Luftlandetruppen bei Rotterdam. Holland kapituliert. Sedan eingenommen«; am 18. Mai: »Deutsche Truppen marschieren in Brüssel ein«; am 20. Mai: »Laon ist gefallen«. Einen Tag später erreichten die deutschen Truppen den Ärmelkanal, wo britische Soldaten schon gelandet waren, unter Zurücklassung ihres Kriegsmaterials aber die Flucht ergriffen. Sieben Tage danach kapitulierte Belgien.[244]
Der Vater hatte in diesen Tagen ein neues teures Radio angeschafft,[245] über dessen Kurzwellenempfang er auch weit entfernte Sender einstellen konnte. Sooft wie möglich hörte er die Nachrichten aus dem Ausland ab, während die deutschen Sender nicht aufhörten, über den Fortgang der Kriegsereignisse zu jubeln. Auch in Ulm merkten sie jetzt etwas vom Krieg, weil die Stadt andauernd von französischen Flugzeugen überflogen wurde. Das ständige Brummen der Motoren

ging Sophie nicht aus den Ohren. Außerdem wußten sie nicht, wo Hans und Fritz sich befanden, die beide an der Westfront eingesetzt waren, und Sophie litt unter dieser Ungewißheit.
Auch wenn sie ganz gern in ihr Fröbelseminar ging, konnte Sophie die ganze Ausbildung doch nicht so richtig ernst nehmen. Wie an allen Schulen waren fast alle Fächer von der nationalsozialistischen Weltanschauung durchtränkt. Natürlich gab es die morgendliche gemeinsame Flaggenhissung mit dem üblichen Spruch, selbstverständlich mußten die Schülerinnen zusammen zuhören, wenn Hitler im Rundfunk redete. Suse und Sophie benahmen sich allerdings gerade dann besonders gern daneben und flüsterten und kicherten in einem fort miteinander. Einmal wollten sie die Seminarleiterin prüfen, die sich in bezug auf den Nationalsozialismus ziemlich undurchsichtig verhielt, und verabredeten, während der nächsten Führerrede ganz offen ein Buch aufzuschlagen und darin zu lesen. Das war eine Provokation, die mit einem Hinauswurf hätte enden können. Ihre Seminarleiterin allerdings reagierte souverän mit der freundlichen Bitte, die Bücher wieder zu schließen.[246]
Inzwischen hatten sie zu Hause Briefe von Hans erhalten, dessen Bataillon bei der Besetzung Belgiens eingesetzt worden war. Er hatte den Vormarsch als Meldefahrer mitgemacht. In den ersten Tagen schmerzten ihn Hände und Gelenke von dem ungewohnten Motorradfahren über kilometerlange Straßen, und es ging nicht ohne Stürze ab. Anfang Juni hatte er seinen dritten Unfall, bei dem er sich eine Rippe brach und die Niere quetschte. Aber sonst war er vollkommen gesund, versuchte er brieflich seine Familie zu beruhigen.
Fritz' Einheit war in Holland einmarschiert.[247] Über die Feldpost wechselten Sophie und er regelmäßig Briefe. Nach außen hin konnte Sophie zwar ausgesprochen unbeteiligt wirken, aber ihm gegenüber nahm sie engagiert Stellung. Sie teilte die

Meinung ihres Vaters, der den Nationalsozialismus aus tiefstem Herzen haßte. Hitler hatte den Krieg ausgeweitet und ausgerechnet jene Nachbarn überfallen, deren Neutralität er zusammen mit einer Nichtangriffserklärung noch vor einem Jahr ausdrücklich anerkannt hatte. Aber Fritz, der Mann, den sie liebte, setzte als Soldat sein Leben ausgerechnet für diesen völlig ungerechtfertigten Krieg ein. Sophie konnte nicht anders, als die politischen Zeitfragen wenigstens brieflich mit ihm zu diskutieren. Fritz widersprach natürlich ihren Ansichten und unterstellte ihr sogar, daß sie aus reiner Opposition anderer Meinung war als er. Dabei nahm sie doch schon Rücksicht darauf, daß er aufgrund seines Berufes viele Dinge vorsichtiger abwägen und auch Zugeständnisse machen mußte. Aber sie selbst konnte nicht mehr so zwiespältig sein. Entweder man war gegen den Nationalsozialismus oder man war dafür, eine andere Möglichkeit gab es für sie nicht.[248]
Im allgemeinen war es nicht üblich, daß Mädchen sich besonders für Politik interessierten. So etwas galt als unweiblich, und Sophie war sich dessen bewußt, daß die meisten Männer ein solches Interesse belächelten. Auch sie hatte sozusagen mit der Muttermilch die Vorstellung eingesogen, daß Mädchen nicht einmal den Ehrgeiz haben sollten, sich für diese männlich beherrschten Bereiche des Lebens zu engagieren. Das entsprach außerdem ganz dem weiblichen Rollenbild, das in den vergangenen sieben Jahren immer wieder propagiert worden war. Der Sinn des Frauenlebens war die Ehe und die Mutterschaft. Dafür sollten Mädchen ihre Kräfte ausbilden. Frauen sollten ihre weiblichen Gefühle – vor allem ihr Mitleid – über ihr Denken bestimmen lassen. War sie nicht damals stolz wie eine Königin gewesen, als sie endlich auch körperlich zur Frau geworden war und damit fähig, Kinder zu gebären?[249]
Diese beiden Begriffe, Fühlen und Denken, die von der nationalsozialistischen Propaganda zu einem unüberbrückbaren

Gegensatz hochstilisiert worden waren, beschäftigten Sophie jetzt immer mehr. Gegenüber dem sogenannten kalten Intelligenzlertum war das subjektive Fühlen als eine typisch deutsche Eigenschaft immer wieder besonders positiv herausgestellt worden. Aber Sophie hatte darüber nachgedacht und war zu dem Schluß gekommen, daß Gefühle oft irreleiteten. Sie fand, daß das Denken zuerst kommen mußte.
Außerdem wußte sie doch, was Recht und was Unrecht war. Sie konnte darüber heulen, wie gemein die Menschen gerade auch in der großen Politik waren. Wenn sie sehr abgespannt war, standen die schlechten Menschen manchmal riesig groß vor ihr, so daß sie sich fast vor der ganzen Menschheit zu ekeln begann. Alle waren immer nur auf ihren eigenen Vorteil bedacht. Jedes Mittel war ihnen recht, um ihre Ziele zu erreichen. In solchen deprimierten Stimmungen hatte sie das Gefühl, diese Masse überwältigte einen so, daß man schon schlecht sein mußte, um überhaupt am Leben zu bleiben. Wahrscheinlich hatte es bisher nur ein Mensch, nämlich Jesus Christus, fertiggebracht, ganz gerade den Weg zu Gott zu gehen. Aber wer suchte den heute noch? Kam es im Grunde im Leben nicht darauf an, ob man selbst bestehen konnte?[250]
Sie fand es manchmal entsetzlich schwer, in einer Welt zu leben, in der sich kaum einer fand, der sich ungeteilt einer gerechten Sache opferte. Bei diesem Gedanken hatte sie die Geschichte aus dem Alten Testament vor Augen, in der Moses Tag und Nacht, zu jeder Stunde, seine Arme zum Gebet erhob, um von Gott den Sieg zu erbitten. Sobald er einmal seine Arme senkte, wandte sich die Gunst von seinem kämpfenden Volk ab. Ob es wohl noch Menschen gab, die nicht müde wurden, ihr ganzes Denken und Wollen ungeteilt auf eines zu richten?
Und sie selbst? Hielt sie im übertragenen Sinne die Arme ununterbrochen hoch, kämpfte sie ohne Unterlaß gegen das,

was sie als unrecht und böse erkannt hatte? Sie machte sich schwere Vorwürfe. Sie kannte kaum eine Stunde, in der sie nicht abschweifte. Und nur in einem winzigen Bruchteil ihrer Handlungen tat sie, was sie eigentlich für richtig hielt. Oft graute ihr vor den eigenen Taten. Dann hatte sie das Gefühl, als ob dunkle Berge über ihr zusammenwüchsen. Der Wunsch, ihr Leben auszulöschen, der Wunsch, nicht mehr sein zu müssen oder nur ein winziger Teil der Natur zu sein, eine Ackerkrume oder ein Stückchen Baumrinde, konnte sie in solchen Augenblicken fast überwältigen. Doch schon dieser Wunsch war wieder schlecht, weil er nur der Müdigkeit entsprang.[251]
In ihren Gedanken verstrickte sie sich so immer tiefer in ihre hohen Ansprüche an sich selbst und das gleichzeitige Wissen, daß sie ihnen kaum genügen konnte. Manchmal flüchtete sie sich aus diesen in sich kreisenden Gedanken und aus dieser Welt, die ihr immer schrecklicher wurde, in eine bleierne Müdigkeit. Dann hatte sie das Gefühl, daß diese Müdigkeit das Größte war, was sie besaß.[252] Manchmal aber fühlte sie sich kräftig und stark. Dann erschien ihr dieser Krieg wie eine glänzende Gelegenheit, sich zu bewähren.
Mitte Juni begann Sophie ihr erstes vierwöchiges Praktikum in einem Ulmer Kindergarten.[253] Sie hatte dort immer sehr viel zu tun und kam jeden Tag müde und ausgepumpt nach Hause. Obwohl ihr die Arbeit mit den Kindern große Freude machte, sah sie in manchen Augenblicken in ihren Gesichtchen doch nur das ausgedrückt, was sie zu werden versprachen. Und das waren ebensolche Menschen, wie es sie schon zur Genüge gab und die ihr teilweise zuwider waren.[254] Sie war den alltäglichen Umgang mit Kindern nicht gewohnt, so daß es für sie sehr anstrengend war, sich immer wieder zur gleichen Zeit in die kindliche Welt zu versetzen und trotzdem darüberzustehen. Wie immer beobachtete und beurteilte sie sich dabei selbst ganz genau und ertappte sich oft genug dabei, daß sie kurz angebunden oder schrecklich erwachsen mit den

Kindern umging, während sie doch eigentlich gern einfühlsam und geduldig sein wollte. Das war kein Beruf, den sie auf Dauer später einmal ausüben wollte, stellte sie bei diesem Praktikum fest.[255]

Der Krieg nahm weiter seinen Fortgang. Am 14. Juni meldeten Zeitungen und Rundfunk, daß der Frontalangriff auf die französische Maginotlinie begonnen hatte. Tags darauf fiel Verdun mit allen seinen Forts. Dann erklärte Paris sich zur offenen Stadt und ergab sich. Deutsche Soldaten flanierten ungehindert als Herren über die Boulevards der französischen Hauptstadt. Am Nachmittag des 17. Juni kam die Nachricht, daß Frankreich die Waffen niederlegte. Die Kommentatoren jubelten wieder einmal, daß nun das Herrliche, das Unfaßbare geschehen sei: Es werde Friedensverhandlungen geben. Man konnte dieses Glück kaum fassen, daß Frankreich nach fünf Wochen kampfunfähig war.[256]

Sophie war elend zumute, als sie das hörte. Manchmal hätte sie am liebsten auch die Waffen gestreckt. Aber immer wieder ermahnte sie sich selbst, ihre Müdigkeit, Faulheit und Leere zu überwinden. »Allen Gewalten zum Trotz«, wie ihr Vater so häufig sagte. Er hatte diesen Spruch schon seit den schlimmen Forchtenberger Tagen zu seinem Motto gemacht und bestärkte sich in dieser Kriegszeit wieder öfter mit der Erinnerung an Goethes Gedicht, in dem es hieß, daß die Götter nur halfen, wenn man sich allen Gewalten zum Trotz erhielt und sich kräftig zeigte, anstatt zu schwanken und zu zagen.[257]

Eine Woche später herrschte im Westen Waffenruhe. Aber das Kriegsende war noch weit entfernt. In Ulm waren jetzt die ersten Folgen der Luftkämpfe wahrzunehmen, die mit dem Angriff im Westen begonnen hatten. In der Nacht vom 29. auf den 30. Juni fielen zum ersten Mal Brandbomben vom Himmel. Allerdings wurde niemand verletzt und keine Häuser beschädigt,[258] so daß sich kaum jemand darüber aufregte. Dagegen erregte etwas anderes die Gemüter, und auch die

Scholls hörten davon: Zur Mutter kam eine alte Kollegin und Freundin, die in der Anstalt für Geisteskranke und Geistesschwache in Grafeneck bei Münsingen arbeitete. Sie war völlig aufgelöst, weinte und erzählte, daß Insassen ihrer Anstalt vorsätzlich getötet würden. Euthanasie – den guten Tod – nannten die Nationalsozialisten diese Aktionen zur Vernichtung des sogenannten unwerten oder minderwertigen Lebens. Diese Tötungen erregten die schwäbische Bevölkerung. Führende Männer der Kirche protestierten dagegen, so daß die Nationalsozialisten schließlich die Tötungen in Grafeneck wieder einstellten.[259] Allerdings hörten sie nicht endgültig mit der Euthanasie auf, sondern verlegten ihre Aktionen nur in andere Gegenden des deutschen Reiches.
Es war kein Wunder, daß Sophies Stimmung in diesen Zeiten häufig niedergedrückt war. Die Taten der Nationalsozialisten wurden ihr unerträglich, besonders als ein gleichaltriges Mädchen auf dem nahen Marktplatz vor einer riesigen gaffenden und johlenden Menge kahlgeschoren wurde, weil sie sich mit einem französischen Kriegsgefangenen eingelassen hatte.[260] Doch kamen zwischendurch immer wieder Tage, in denen sie sich trotz alledem aus vollem Herzen dem Erlebnis der Natur hingeben und daraus tiefe Kraft schöpfen konnte. Nach ihrem Praktikum fuhr sie ein paar Tage zusammen mit Lisa nach Tirol; dorthin, wo sie im Frühjahr mit Fritz gewesen war. Einmal kletterten sie so weit auf einen Gipfel hinauf, daß sie nur noch von Felsen umgeben waren. Mitten zwischen den rauhen Steinen fand Sophie ein winziges Blümchen. Sie versank tief in die Bewunderung dieser kleinen Pflanze, die trotz ihrer unwirtlichen Umgebung eine Blüte getrieben hatte. Dieses Wunder erfüllte sie so, daß kein Raum mehr für einen anderen Gedanken blieb. Es war fast, als ob sie selbst zu Erde wurde, weil sie diese Blume in diesem kostbaren Augenblick so ungeheuer gern hatte und sich ganz mit ihr eins fühlte.[261] Sie konnte dabei nicht erkennen, daß sie in dieser Blume ein

Symbol für ihr eigenes Lebensgefühl gefunden hatte und sich deshalb so intensiv mit ihr identifizieren konnte. Auch sie fühlte sich wie von einer menschlichen Einöde umgeben, auch sie kam sich winzig und verloren in einer unwirtlichen Welt vor. Aber die kleine Blume lehrte sie, daß man trotzdem erblühen und Gutes in die Welt bringen konnte.
Doch solche frohen Tage gingen schnell vorüber. Wegen der verkürzten Seminarzeit mußte sie noch im selben Jahr ein weiteres Praktikum ableisten. Schon am 10. August begann ihre Arbeit in einem Kindersanatorium in Bad Dürrheim.[262] Fünfundvierzig Kinder waren zu versorgen. Es waren Kinder besserer Leute, und das sagte eigentlich schon alles. Außerdem kamen sie auch noch zum größten Teil aus Norddeutschland. Da in der ersten Woche auch die anderen Kindertanten, wie die Helferinnen hießen, aus dem Norden stammten, hatte Sophie anfangs Verständigungsschwierigkeiten. Sie war mit dem Schwäbisch ihrer Eltern aufgewachsen und hatte sich die hochdeutsche Schriftsprache erst auf der Schule aneignen müssen. Dadurch hatte sie leichte Hemmungen und traute sich nicht, unter lauter Hochdeutschen so zu sprechen, wie ihr der Schnabel gewachsen war.
Ihre Arbeit bestand darin, die Kinder zu wecken und ins Bett zu bringen, sie zu waschen, Essen auszuteilen und mit ihnen spazierenzugehen. Zweimal täglich mußte frisches Waschwasser nachgefüllt werden, weil es kein fließendes Wasser gab. Dazu veranstalteten die lieben Kleinen ein fürchterliches Geschrei, das überhaupt nicht aufhörte. Der Arbeitstag ging von morgens um sieben bis abends halb zehn, mit nur einer halben bis ganzen Stunde Mittagspause. Darüber hinaus hatte Sophie nur noch zwei freie Nachmittage in der Woche. Außerdem wohnte sie auch noch mit einer Zimmergenossin zusammen, die im Bett immer sofort zu schnarchen anfing. Dieses Mädchen hatte ein Gehirn wie eine Henne und hundertdreißig Pfund unsympathisches Fleisch, fand Sophie. Sie hatte mit

ihrer Mitbewohnerin vorsorglich sofort einen Streit angefangen, weil sie ihr vom ersten Augenblick an zuwider gewesen war. Jetzt sahen sie sich nur noch mit dem Rücken an. So hatte Sophie wenigstens Ruhe vor ihr; außer in der Nacht, da wurde ihr die Bettnachbarin fast unheimlich, weil sie manchmal ohne erkennbaren Anlaß in hysterisches Gelächter ausbrach.[263]

Nach einem Monat konnte Sophie Bad Dürrheim wieder verlassen. Sie hatte während dieser Zeit zum ersten Mal bewußt wahrgenommen, was für einen guten Hintergrund sie an ihrem Elternhaus in Ulm hatte. In jeder unangenehmen Situation konnte sie denken: »Ihr lieben Leute, wenn ihr wüßtet, was ich im Hinterhalt habe.« Auch wenn sie zu Hause manchmal gereizt waren und sich streiten mochten: Man konnte doch alles – oder zumindestens fast alles – offen aussprechen. Das war ein ganz anders Klima als im Sanatorium, wo sie in einer ungewohnten Arbeitssituation war und nicht immer sagen konnte, was sie dachte, ohne damit anzuecken. Allerdings hatte sie sich zum Schluß langsam, aber sicher die Zuneigung des Ehepaares erworben, die das Institut leiteten. Sie drückten ihr zum Abschied sogar fünfzig Mark in die Hand: Ihr erstes selbstverdientes Geld![264]

Sophie hatte nach der Zeit in Bad Dürrheim noch ein paar Tage Ferien, dann gingen ihre Kurse wieder weiter. Ende September erhielt Hans Urlaub und kam für vierzehn Tage nach Hause. Mitte Oktober wurde er erneut einer Studentenkompanie zugeteilt und bis zum Physikum freigestellt, um in München zu studieren.[265] Auch Fritz kam für ein paar Tage auf Heimaturlaub. Sie sprachen lange und intensiv miteinander. Sophie hatte danach das Gefühl, daß ihre Freundschaft sich verändert hatte und Fritz ihre Haltung besser verstand. Sie glaubte, daß die Fäden ihrer Beziehung jetzt nicht mehr zwischen ihnen beiden direkt hin- und herliefen, sondern etwas Höheres einschlossen, ein Ziel, für das sie beide kämpfen wollten.

Aber als Fritz sich nach dem Besuch eine ganze Zeitlang nicht meldete, wurde sie wieder unsicher. Immerhin befand er sich allein in einer Atmosphäre, die mit der, für die sie ihn gewinnen wollte, nichts zu tun hatte. Sie schrieb ihm, daß sie ihn doch eigentlich in einem Kampf bestärken wolle, den sie selbst führe; einem Kampf gegen Wohlbehagen und Herdenwärme. Beides setzte sie mit dem Spießbürgertum gleich, in das weder sie noch er zurücksinken sollten. Sie wußte, daß das schwer war. In Bad Dürrheim hatte sie an sich selbst erfahren, wie mühsam es war, sich auch nur dazu aufzuraffen, ein gutes Buch zu lesen. Als sie darauf immer noch keine Antwort erhielt, wurde sie dringlicher: Wenn Fritz eine Wut auf sie hatte, dann sollte er sie endlich herausschreien und sie nicht so in sich hineindrücken, forderte sie ihn ihrem nächsten Brief auf.[266]

Die Unbedingtheit, mit der Sophie sich auf die Seite der Gegner Hitlers geschlagen hatte, machte Fritz zu schaffen. Alles in dieser Zeit war immer entweder nur Schwarz oder nur Weiß. Dieses Denken, das alles in Gut oder Böse, Feind oder Freund einteilte und das keine differenzierte Wahrnehmung, kein Dazwischen und kein Schwanken anerkennen wollte, erschreckte ihn. Sophie war so absolut. Andererseits liebte er Sophie und wollte sie nicht verlieren. Außerdem stand sie auf der Seite der »guten Menschen«, die gegen Hitler waren. Fritz war nie ein begeisterter Nationalsozialist gewesen, und er konnte sehen, daß Hitlers Politik aus Lügen, Vertragsbruch und Betrug bestand. Aber er brauchte einfach Zeit, um sich mit Sophies strikten Schlußfolgerungen auseinanderzusetzen. Schließlich ging es dabei um seine Zukunft, die er auf seiner Offizierslaufbahn aufbauen wollte.

In Ulm war inzwischen schon im Juli der weibliche Jahrgang 1922 für den Reichsarbeitsdienst in der Ulmer Polizeidirektion erfaßt worden.[267] Offenbar war dabei aufgefallen, daß Sophie im letzten Jahr aufgrund ihrer Ausbildung zurückgestellt worden war. Da die Familie sowieso polizeibekannt war, wurde Sophie jetzt nachträglich gemustert. So kam die zweite Kriegsweihnacht heran, die sie endlich wieder alle zusammen feiern konnten. Gleich danach fuhr Sophie mit Inge, Werner, Lisa, Otl und einem weiteren Freund, den sie bald mit Spitznamen Grogo nannten, in eine Hütte oberhalb des Lechtals zum Skifahren. Sie waren froh, daß sie dort ganz allein sein konnten. So konnten sie tun und lassen, was sie wollten. Sie gingen spät zu Bett und standen spät auf, übten nachmittags Skifahren, ernährten sich fast nur von Tee und Brot, saßen abends bei Kerzenlicht zusammen, lasen einander vor und unterhielten sich. Sie waren oft lustig und konnten sich über eine Kukkucksuhr, die immer zur richtigen Zeit ihr »Grogo« herausschrie, halb totlachen. Doch ihre Stimmung schlug schnell wieder in tiefen Ernst um, wenn sie auf die Fragen nach dem Sinn ihres Lebens und ihren Aufgaben in dieser Kriegszeit zu sprechen kamen. Auch die drei Jungen waren nun so alt, daß sie bald eingezogen werden würden.

Als Lektüre hatten sie das »Tagebuch eines Landpfarrers« des Franzosen Bernanos mitgenommen, das Hans aus Frankreich geschickt hatte.[268] Es war erst vor vier Jahren erschienen und hatte sofort einen Preis der Académie Française erhalten. Bernanos hatte darin das Leben eines jungen Landpfarrers beschrieben, eines Sohnes armer Leute, der von Jugend auf magen- und nervenkrank, äußerst gewissenhaft, aber auch lebensunerfahren und stets vom Bewußtsein seiner menschlichen und priesterlichen Unzulänglichkeit gequält wurde. Seine ländliche Pfarrei erscheint als vielgestaltiger Kampfplatz zwischen Gott und dem Teufel, sozusagen als ein Experimentierfeld des Bösen und eine ständige Bewährungsprobe für den Seelsorger, der bis zum Schluß um sein eigenes seelisches Gleichgewicht und das Vertrauen in Gottes Gnade und Güte kämpfen muß.[269] In diesem Buch fanden sie ihre eigenen Gefühle der Unzulänglichkeit und Unsicherheit angesichts des

Zustandes der Welt wieder. Zugleich spiegelte es aber auch ihre eigene Welt in einer anderen, einer christlich geprägten Sprache, die ihnen den Blick öffnete. In ihrer eigenen Sprache waren viele Begriffe so sehr vom Nationalsozialismus durchtränkt, daß sie ihnen suspekt geworden waren. Mit den Worten und Begriffen des französischen Dichters aber ließen sich die gegenwärtigen Geschehnisse klar und unmißverständlich erfassen.

Als Sophie zwei Tage vor den anderen zurückfuhr, weil ihr Seminar wieder anfing, fiel ihr im Zug der Unterschied zwischen den Gesichtern ihrer Geschwister und Kameraden und den Allerweltsgesichtern der vielen Jungen auf, die aus dem Weihnachtsurlaub zurück in ihre Kasernen strömten. Diese Jungen waren nicht mehr jung, sie benützten ihre Jugend nur zum Genuß, dachte sie abfällig bei ihrem Anblick und verglich sie unwillkürlich mit ihren Geschwistern und Freunden. Diese waren oft unbeholfener und in vielen Dingen unwissender, aber sie waren doch voll guten Willens oder, wie sie plötzlich dachte: Sie waren voll Willens zum Guten.[270] Und das erschien ihr viel wichtiger als alle Weltkenntnis und Gewandtheit.

Das Fröbelseminar ging im März mit einer Abschlußprüfung zu Ende, die Sophie mühelos bestand. Gleich danach nahm sie eine Stelle im Säuglingsheim an, weil sie hoffte, dadurch vielleicht doch noch dem gefürchteten Arbeitsdienst zu entgehen. Aber sie erfuhr bald, daß sie nicht freigestellt wurde. Es war bitter, daß sie ihre kostbare Zeit ein ganzes Jahr lang fast umsonst im Fröbelseminar abgesessen hatte. Trotzdem versuchte sie ihre Enttäuschung rasch herunterzuschlucken und sich so schnell wie möglich an diese neue unerfreuliche Entwicklung zu gewöhnen. Diese rasche Anpassungsbereitschaft hatte sie als Mittel entdeckt, innerlich unabhängig zu bleiben. Sie hatte gelernt, jeden Ärger rasch zu verdrängen. Schon ihrer Seminarleiterin war ihre erstaunliche äußere Unberührtheit aufgefallen, und auf der Abschlußfeier hatten die

anderen sogar über Sophie gedichtet: »...stets ist sie lustig aufgelegt, nichts hatte sie jemals erregt.«[271]
Ein bißchen wunderte Sophie sich darüber, daß sie nach außen tatsächlich das Bild abgab, das sie anstrebte. Sie selbst hatte das Gefühl, daß innere und äußere Einflüsse und Stimmungen ihr immer noch viel zu schaffen machten und daß sie sich nur mit äußerster Selbstzucht besiegen konnte.[272]

Wie eine Gefangene – der Arbeitsdienst

Am 6. April mußte Sophie zusammen mit achtzig weiteren »Arbeitsmaiden« in das Krauchenwieser Landschlößchen einrücken. Es war der Tag, an dem der Einmarsch deutscher Truppen in Jugoslawien und Griechenland bekanntgegeben wurde.[273] Sie wohnten in einem Nebengebäude mitten im Park. Die Fenster des Salons öffneten sich zwar direkt ins Grüne, aber die Unterbringung sonst war spartanisch. Die Zimmer waren fast alle unbeheizbar. Jetzt im April waren sie noch empfindlich kalt, und die Betten waren klamm. Obwohl Sophie abgehärtet war und abends immer kalt duschte, fror sie und schlief schlecht, besonders weil nachts auch noch die Mäuse zu rascheln anfingen, die ihre Räume mitbewohnten. Anfangs war auch das Essen nicht gerade reichlich bemessen, so daß sie oft hungrig war.
Ihre Zimmer gingen von einem langen Gang ab, in dem die Spinde für ihre geringe private Habe standen. Vier bis sechs Mädchen teilten sich ein Zimmer, das außer den Doppelbetten kaum Mobiliar enthielt. Leider bekam Sophie ihren Platz ausgerechnet in einem der wenigen Zehnbettzimmer angewiesen. An den ersten Abenden schwatzten die Mädchen aufgeregt miteinander. Sophie hielt sie sich soweit irgend möglich im Hintergrund. Jede Bemerkung, die sie zu den Gesprächen machte, die sich hauptsächlich um Männer, aber natürlich

auch um den Krieg drehten, tat ihr hinterher leid, weil sie ihr wie ein Zugeständnis erschien.[274]
Sie bemühte sich, sich gegen sämtliche Einflüsse des Lagers abzukapseln. Gegen die weltanschaulichen Schulungen und die Appelle war sie inzwischen immun. Aber der allgemeinen Siegesstimmung konnte sie sich kaum entziehen. Die ständigen Selbstbeweihräucherungen des Deutschtums, die Freude der anderen »Maiden«, die sich so ganz und gar mit dem deutschen Herrenmenschentum identifizierten, dieses: »Wo deutsche Soldaten kämpfen, wird auch was erreicht!« »Herrlich, wie schnell und sicher alles ging!«, womit sie die nicht abreißen wollenden Siege kommentierten, und die ständigen verbalen Fanfarenstöße: »Der Sieg ist uns gewiß! Niemand kann ihn uns entreißen! Wir müssen nun auch das behalten, was der deutsche Soldat mit seinem Blut erkämpft hat!«[275] waren für sie, die inzwischen ganz anders dachte, schwer zu ertragen.

»Il faut avoir un esprit dur et le cœur tendre.« Das war ein Satz des französischen Dichters Maritain, den Otl in ihre kleine Runde gebracht hatte und der ihr in der letzten Zeit nicht mehr aus dem Kopf ging: Man muß einen harten Geist und ein weiches Herz haben. Sie dachte oft darüber nach, was das bedeutete. Eigentlich hatte sie schon lange begriffen, daß es ihr Weg war, die Dinge mit ihrem eigenen Verstand zu betrachten und nach logischen Kriterien gründlich zu durchdenken, anstatt alles nur nach Gefühl und Wellenschlag zu beurteilen und dabei im Grunde nur mit der Meinung der Masse mitzuschwimmen. Aber Maritain hatte recht: Zu diesem harten Verstand gehörte ein empfindsames Herz, das sich von Mitgefühl bewegen ließ, damit ein ganzer Mensch daraus wurde, und sie wollte ein Mensch werden, das war ihr höchstes Ziel.

So versuchte sie, sich ihre Ohren zu verstopfen und zu lesen. Anfangs hatte sie eine Auswahl aus den Schriften des Augustinus dabei und den Zauberberg von Thomas Mann, der verboten war.[276] Das Lager wurde von einer Führerin und zwei Unterführerinnen verwaltet. Die Führerin stammte auch aus Ulm[277] und kannte Sophie und ihre beiden Schwestern. So wurde Sophie bevorzugt behandelt. Während die anderen gemäß der Lagerordnung ihre Bücher, sogar ihre Bibeln, heimschicken mußten, durfte Sophie die ihren einfach in den Spind tun.[278] Die Führerin wußte auch, daß Sophie gut zeichnen konnte, und gab ihr als erstes den Auftrag, Grußkarten für das gerade bevorstehende Osterfest anzufertigen.

Vier Tage nach der Ankunft in Krauchenwies hörten sie im Rundfunk, daß Griechenland vor dem Ansturm der deutschen Truppen kapituliert hatte. Jeden Abend kamen sie um zwanzig Uhr zum gemeinsamen Rundfunkempfang im Salon zusammen. Danach wurden die Nachrichten besprochen. Sophie war niedergeschlagen wegen der euphorischen Reaktion der anderen.[279] Sie war so weit ab von den gewohnten Diskussionen in der Familie und den Informationen durch den Vater, dessen Stimmungsbarometer sensibel anzeigte, wie es um die Zukunft wirklich stand. Im Grunde glich ihr Leben in den ersten beiden Monaten einem Gefängnisaufenthalt. Private Kleidung war nicht erlaubt. Zigaretten und Alkohol waren strikt verboten. Verstöße gegen die Lagerordnung und besonders Männerkontakte wurden streng bestraft. Wie in dem Männerlager, das Hans schon von innen kennengelernt hatte, wurde ein strikter militärischer Tagesablauf eingehalten: sechs Uhr Wecken, Frühsport, Fahnenappell mit Gesang und Spruch, Frühstück. Danach Arbeitseinsatz bis achtzehn Uhr. Selbst am Abend gab es keine freie Zeit. Abendbrot, gemeinsamer Nachrichtenempfang und weltanschaulicher Unterricht, Fortbildung in Hauswirtschaft und Erster Hilfe, aber auch Basteln und Spiele standen auf dem Programm. Nur nach der feierlichen Fahneneinholung hatten sie bis zur Bettruhe noch ein wenig Freizeit, in der

auch einmal ein Spaziergang in dem weitläufigen Park des Schlößchens möglich war.[280]
Die Verbindung zur eigenen Familie war auf wenige sogenannte Reisesonntage beschränkt. Auch Besuche wurden nicht gern gesehen, obwohl es Besuchssonntage gab. Bis Ende April durfte Sophie das Lager offiziell nicht einmal verlassen. Dabei gab es unendlich viel Leerlauf, so daß Sophie das Gefühl hatte, ihre Zeit hauptsächlich mit Herumstehen und Warten zu vertrödeln.[281] Der Tag, nachdem sie von der Kapitulation Griechenlands gehört hatten, war Karfreitag – ein Feiertag, der im Lager selbstverständlich nicht begangen wurde. Ihre Mutter hatte sie an diesem Tag immer ermahnt, zum Abendmahl zu gehen, Christi Opfertod zu gedenken und ihn als Anlaß zur Besinnung und Selbstreflektion zu nehmen.[282] In Krauchenwies saß Sophie an diesem Abend mitten in dem lustigen Trubel der achtzig jungen Arbeitsmaiden. Als sie zwischendurch einmal aufschaute, nahm sie durch das Fenster den Abendhimmel wahr, dessen Horizont von der untergegangenen Sonne gelb erleuchtet war. Davor standen die winterkahlen Bäume des Parks. Der Himmel erschien ihr seltsam fern und gleichmütig. Das heißt, eigentlich waren ihr die vielen lachenden Menschen fern, die so beziehungslos zu dem Himmel waren. Nein, im Grunde fühlte sie sich von beiden ausgeschlossen, vom Himmel und von der lustigen Gesellschaft um sich herum, stellte sie traurig fest.
Sonst dachte sie kaum daran, aber an diesem Abend wäre sie gern in eine Kirche gegangen; nicht in die evangelische, wo sie den Worten des Pfarrers kritisch zuhören würde, sondern in die andere, die katholische, wo es so war, als ob sie alles, die ganze Passion Christi, selbst erlitt und nur offen sein und hinnehmen mußte. In ihr war plötzlich eine tiefe Sehnsucht nach etwas, dem sie vorbehaltlos zustimmen konnte, wie damals den Feiern und Festen und dem ungebrochenen Glauben an die allmächtige Führergestalt ihrer Jungmädelzeit. Aber ob

dies das rechte wäre, fragte sie sich gleich wieder zweifelnd.[283]
So schloß Sophie sich absichtlich aus den abendlichen Unterhaltungen und Vergnügungen der anderen aus. Sie wollte sich nicht eingewöhnen. Sie stand auf der anderen Seite. Außerdem fand sie es, auch wenn sie sich um Objektivität bemühte, in Krauchenwies einfach schrecklich. Die Mädchen hatten alle keine Kultur und redeten am liebsten nur über Männer. Manchmal kotzte sie alles richtig an. Natürlich fiel das den anderen Mädchen auf. Sophie wirkte immer so ernst und distanziert. Manche hielten sie mit ihren hochgestochenen Büchern für ausgesprochen arrogant. Sie hatten hier so viel Spaß miteinander. Die wenigsten empfanden diese Zeit in der Gemeinschaft als Last. Trotz des Krieges erlebten sie ihre Kameradschaft in Krauchenwies als unbeschwert und fröhlich.[284]
Aber Sophie lachte selten mit, und die anderen merkten, daß dieses Mädchen anders war und sich für vieles interessierte, über das sie selbst überhaupt noch nicht nachgedacht hatten. Nach den abendlichen Nachrichten wurde anhand einer großen Europakarte immer über den Frontverlauf gesprochen. Außerdem hatte Sophie eine Griechenlandkarte malen müssen, an der das Vorrücken der Deutschen und Italiener im Balkankrieg erläutert wurde. Sophie fragte oft kritisch nach, wenn wieder vollmundig ein Sieg verkündet wurde. An der Karte ließ sich leicht feststellen, daß die Truppen manchmal gar nicht vorwärts gekommen sein konnten, so daß die Führerin diesen Widerspruch nicht erklären konnte und verlegen ein anderes Thema anschnitt.[285]
Am 27. April hörten sie abends, daß die deutschen Panzertruppen Athen eingenommen und die Engländer aus Griechenland vertrieben hatten. Deutsche Truppen wurden in diesen Tagen auch in Afrika zusammen mit den Italienern eingesetzt. Wieder verkündete der Heeresbericht herrliche

Leistungen, auch wenn erhebliche Schwierigkeiten mit den großen Entfernungen und dem Wüstenklima zugegeben wurden. Im Frühjahr hatte auch »mit erneuter Wucht« der Luftkampf gegen die britische Insel eingesetzt, der schon im Vorjahr als »Luftschlacht gegen England« begonnen hatte. Anfangs gab es noch keine starken Gegenstöße der Engländer. Aber in den ersten Maitagen flogen sie schwere Bombenangriffe gegen die norddeutschen Großstädte. Am 10. Mai wurde sogar das weiter südlich liegende Mannheim getroffen. Hitler hatte in seiner Neujahrsrede verkündet, dieses Jahr werde die Vollendung des größten Sieges der deutschen Geschichte bringen. Alle wollten das so gern glauben. Doch unterschwellig begannen bei manchem Mädchen die ersten Zweifel daran aufzukeimen, daß das Kriegsende wirklich schon greifbar nahe war, besonders als jetzt auch noch gemeldet wurde, daß Rußland seine Truppen an den Westgrenzen zusammenzog.[286]

In diesen ersten Wochen gaben Sophie kleine private Rituale Halt, mit denen sie sich einen winzigen körperlichen und geistigen Freiraum schuf. Sie duschte bald nicht mehr nur abends, sondern auch morgens kalt und bemühte sich, regelmäßig einen Abschnitt von Augustinus zu lesen, wie sie der großen Schwester Inge schrieb.[287] Sie brauchte dringend geistige Nahrung, um nicht von der Alltagsroutine des Lagers aufgefressen zu werden, die keinerlei Ansprüche an den Intellekt stellte. Ihr fehlte der gemeinsame Ulmer Kreis, in dem sie sich regelmäßig über Literatur und Kunst auseinandergesetzt und ihren Verstand im gemeinsamen Diskurs geschärft hatten.

So suchte sie in den Schriften des frühen Kirchenlehrers die Orientierung, die für sie zum Überleben notwendig war.[288] Vieles verstand sie zwar nicht, und sie las darüber hinweg, aber einige Grundzüge seiner Lehre von der Sünde und der Gnade Gottes wurden ihr doch deutlich und regten sie zum Nachdenken an. Nach Augustinus hatte Gott in seinem unerforschlichen Ratschluß einige wenige einzelne zum Heil vorbestimmt und bewirkte in ihnen, daß sie glaubten. So war es Gott, der den Menschen dazu brachte, ihn zu loben. Die Abwege, die ein Erwählter ging, schilderte Augustinus so sündig wie möglich, denn allemal kam die Kraft Gottes in der menschlichen Schwachheit zur Vollendung. Je schwärzer die Finsternisse der von ihm breit dargestellten eigenen jugendlichen Untaten und sinnlichen Freuden waren, um so strahlender war das Licht Gottes und seiner Gnade. Gerade solche Schilderungen regten Sophie zur Identifikation an, denn sie war immer angehalten worden, über sich selbst nachzudenken, und inzwischen erschien ihr der eigene Einsatz für den Nationalsozialismus als eine schwere jugendliche Verfehlung.

Sophie las diese Texte nur heimlich unter der Bettdecke. Sie hatte Hemmungen, sich den spöttischen Bemerkungen der anderen auszusetzen, die ihre innere Auseinandersetzung mit grundlegenden Fragen des Christentums nicht verstanden hätten. Während der kargen gemeinsamen Freizeit nahm sie sich weniger auffällige Bücher vor, zum Beispiel »Der Weltenraum und seine Rätsel«. Manchmal fiel es ihr sowieso schwer, sich immer wieder von neuem gegen ihre Umwelt abzugrenzen und sich aus dem Gemeinschaftsleben herauszuhalten.[289]

Fast zwei Monate lang blieben sie im Lager eingesperrt, bis endlich der Außendienst begann. Sophie wurde dem Ortsbauernführer eines benachbarten Dorfes zugeteilt.[290] Die Maiden fuhren mit dem Fahrrad los und arbeiteten acht Stunden lang. Sophie jätete tagelang Mohn und hackte Rüben. Sie fühlte sich auch im Stall und in dem ganzen Dreck des Hofes heimisch. Nach dem Hungerleben im Lager löffelte sie mittags ohne Hemmungen mit allen anderen aus einer Schüssel. Es wäre schließlich dumm und hätte ihr nur den Appetit verdorben, wenn sie da Skrupel gehabt hätte, fand sie. Abends trafen sich die Mädchen unter dem Lindenbaum vor dem Gasthaus

wieder zur Rückfahrt. Nach den langen Arbeitstagen erfüllte Sophie immer ein wohliges Müdesein. Trotzdem zwang sie sich dazu, sich abends wenigstens eine halbe Stunde auf ihren schwierigen Augustinustext zu konzentrieren.
Am ersten Junisonntag durften sie zum ersten Mal heimfahren. Sophie hatte sich darauf so gefreut wie noch nie zuvor.[291] Sie fühlte sich von diesem einen freien Tag in Ulm in ihrem inneren Widerstand gegen das Lager wunderbar bestärkt. Zurück in Krauchenwies ging der tägliche Trott weiter, den sie manchmal in ihren Briefen ironisch kommentierte. An Hans schrieb sie am 23. Juni, einen Tag nachdem Hitler den Krieg gegen Rußland verkündet hatte, daß im Lager noch für ihr geistiges Wohl gesorgt würde, obwohl sie den ganzen Tag Heu geladen hatte und rechtschaffen müde war. Auf die Kriegserklärung ging sie dabei nur mit den Worten ein, daß sie heute das Gefühl habe, es sei Zeit, mit dem Reichsarbeitsdienst Schluß zu machen, und danach fragte, was ihm wohl in der nächsten Zeit blühe. Ironisch fügte sie hinzu, daß sie doch in einer interessanten Zeit lebten und auch sie ab und zu erfahre, was geschehen war.[292]
Tatsächlich war der Tag, an dem Hitler seinen Pakt mit Stalin brach und die Ausweitung des Krieges auf die gesamte Ostfront erklärte, einer der wenigen Krauchenwieser Besuchssonntage gewesen. Inge und Otl waren am Abend vorher gekommen, von Sophie sehnsuchtsvoll erwartet.[293] Sophie besuchte sie am Morgen in ihrer Pension. Während des Frühstücks hörten sie Hitlers Aufruf an das deutsche Volk im Radio. In diesem Augenblick vollziehe sich vom Eismeer bis zu den Gestaden des Schwarzen Meeres ein Aufmarsch gegen Sowjetrußland, der in Ausdehnung und Umfang der größte sei, den die Welt bisher gesehen habe, hatte seine Stimme aus dem Lautsprecher getönt.[294]
Zum Juli wechselten die Mädchen turnusgemäß ihre Dienststellen, und Sophie kam in eine Bauernwirtschaft in einem

anderen Dorf. Sie fand es dort besser als in der vorigen Stelle. Es gab einen französischen Kriegsgefangenen, mit dem sie sich ausführlich beim Holzsägen unterhalten konnte. Ihrer beider Ansichten über die Zeitläufte lagen nicht weit auseinander. Am 6. Juli feierten sie im Lager ihr Bergfest. Jetzt war die Hälfte der Dienstzeit überstanden. Die Spitze des Berges war erklommen. Auch wenn sie vorher das Gefühl gehabt hatte, alles aufstecken zu müssen, jetzt würde es nur noch bergab gehen und leichter werden.[295]
Doch dann kam kurz vor dem nächsten Besuchssonntag, an dem die Eltern sie abholen wollten, die niederschmetternde Botschaft, daß alle angehenden Studentinnen vor ihrer Zulassung noch ein weiteres halbes Jahr eine Kriegsdienstpflicht ableisten mußten. Das Entsetzliche war, daß sie auch diesen Dienst wieder in Lagern verbringen sollten.[296] Als sie kurz danach nach Hause fahren durfte, war sie noch ganz von dieser Hiobsbotschaft erfüllt und voll Spannung und Ungewißheit. Diese seltenen Tage daheim kamen ihr sowieso immer viel zu kurz vor. Diesmal war auch Hans aus München herübergekommen. Lange debattierten sie darüber, wie man Sophie vor dem weiteren Lagerleben bewahren könnte. Sie hatte sich so auf die gemeinsame Studienzeit mit ihrem Bruder gefreut. Sie war wütend. Auch ihre starke Selbstdisziplin half ihr diesmal nicht weiter. Sie haßte es, weiter im Arbeitsdienst ihre Zeit vergeuden zu müssen. Sie würde alt werden, bevor sie überhaupt einen ersten Schritt in die Universität machte. Dieses ewige Warten machte sie ganz mürbe. Es war so ungerecht, daß ausgerechnet sie in einer solchen Zeit lebten, die vom Weltgeschehen ganz ausgefüllt war.[297]
Gleichzeitig nahm ihre Angst um Fritz zu. Er hatte ihr Anfang Juli aus der Gegend nördlich von Minsk geschrieben. Er war inzwischen Hauptmann der Luftwaffe und arbeitete zusammen mit einer Panzergruppe. Dadurch war er immer ziemlich weit vorne an der Front. Schon am 9. Juli war gemeldet wor-

den, daß die Doppelschlacht bei Bialystock-Minsk siegreich geschlagen war. Jetzt war schon lange kein Brief von ihm mehr eingetroffen. Die Truppen marschierten weiter voran, und die Verluste bei den Kämpfen waren hoch. Immer mehr Mädchen im Lager hatten unter ihren Verwandten Tote zu beklagen. Der Krieg begann sich jetzt »in jeder Beziehung mächtig auszuwirken«.[298]
Anfang August wechselten sie wieder ihre Dienststellen in Krauchenwies. Sophie kam diesmal zu einer Kleinbauernfamilie mit zwei Kindern. Der Mann arbeitete in einer Munitionsfabrik, die Frau ging meist schon morgens fort, um ihre Landwirtschaft zu besorgen, und die zehnjährige Tochter war in der Schule, so daß Sophie vormittags nur den Kleinen, der erst ein halbes Jahr alt war, zu versorgen und die üblichen Hausarbeiten zu verrichten hatte. Da sie sich mit der Frau gut verstand, fühlte sie sich zum ersten Mal in Krauchenwies richtig wohl.[299]
Sie hatte sich inzwischen auch mit Gisela, einer Thüringer Abiturientin, näher angefreundet, die auf die Idee gekommen war, vom Pfarrer den Schlüssel der katholischen Kirche zu erbitten. In ihrer Freizeit gingen die beiden Mädchen manchmal dorthin, um vierhändig Orgel zu spielen. Sophie empfand diese Stunden in der Kirche wie ein Fest. Es war so ein wunderbarer Gegensatz zu dem ganzen anderen Treiben. Sie waren dort völlig allein und spielten Werke von Bach und Händel und sangen miteinander. Einen Sonntagmorgen standen sie sogar extra um halb sieben auf, verließen heimlich das Lager und besuchten die Frühmesse. Kirchgang war verboten, deshalb konnten sie nicht zur Sonntagsmesse am Vormittag gehen. Aber in der Morgenfrühe merkte niemand, daß sie ausgekniffen waren, weil sie sich hinterher wieder ins Bett legten.[300]
Anfang September kam die Nachricht, daß Fritz in Weimar war, von wo er bald weiter nach Libyen gehen sollte. Sophie

war ungeheuer erleichtert. Zugleich erfuhr sie, daß die Eingaben ihres Vaters nichts genützt hatten, sie würde ihre Dienstpflicht nicht in Ulm ableisten können. Aber sie wollte sich nicht unterkriegen lassen. Obwohl sie das Lagerleben verabscheute, hatte sie in diesen Monaten eine seltsame innere Freiheit erworben. An manchen Tagen war sie von einem herrlichen Stärkegefühl erfüllt, so als ob überhaupt nichts ihre innere Kraft bezwingen könnte. Sie fühlte sich dann wie vor einer sportlichen Leistung, wo sie auch immer alle ihre Muskeln mit einem siegesfreudigen Gefühl von sich selbst beherrscht wußte. Sie spürte neue Kräfte in sich. Es ging ihr zwar nicht immer so, aber sie wußte jetzt, daß es nur auf den eigenen Willen ankam.[301]

Mitte September konnte sie wieder für einen Sonntag nach Hause. Fritz sollte auch dort sein, und sie freute sich unbändig. Fast fürchtete sie, daß alles zuviel auf einmal werden würde. Denn sie wollte auch Otl gern noch einmal sprechen, der im Oktober eingezogen werden sollte. Dann wurde überraschend aus ihrem Reisesonntag ein vierzehntägiger Sonderurlaub. In diesen wenigen Tagen mußten alle bitteren Gedanken und Sorgen um die Zukunft außen vor bleiben, und Sophie genoß das Leben endlich einmal wieder in vollen Zügen. Als sie wieder nach Krauchenwies zurückkam, erfuhr sie, daß sie ab Oktober in Blumberg, einem kleinen Ort südwestlich von Donaueschingen, wenige Kilometer von der Schweizer Grenze entfernt, in einem Kindergarten arbeiten sollte.[302]

Kriegshilfsdienst in Blumberg

Blumberg war ein kleines Dorf, in dessen Nähe Erzvorkommen lagen, die vor zweihundert Jahren einmal abgebaut worden waren. Da die Nationalsozialisten versuchten, die deutsche Wirtschaft von ausländischen Importen un-

abhängig zu machen, hatten sie die Erzgewinnung wiederaufgenommen. Dadurch hatte sich die Einwohnerschaft in wenigen Jahren fast verzehnfacht. Natürlich war der kleine Ort diesem Ansturm nicht gewachsen. Obwohl ein ganz neuer Ortsteil auf dem Reißbrett geplant und Siedlungshäuser am Fließband gebaut wurden, mußten sich die Bewohner mit katastrophalen Zuständen abfinden. Die neuen Wohnungen waren naß und kalt. Eine städtische Infrastruktur fehlte, und selbst die Wasserversorgung hatte erhebliche Mängel.[303]
Als der Winter kam, klagte auch Sophie über die schlechten Verhältnisse und besonders über bittere Kälte, die ständig in ihrer Unterkunft und im Kinderhort am Buchberg herrschte.[304] Jeden Morgen wanderte sie von ihrer Gemeinschaftsunterkunft hinüber, räumte auf und putzte, bis mittags die kleinen Mädchen aus der Schule kamen, die sie bei den Hausaufgaben zu beaufsichtigen hatte. Hinterher spielte sie mit ihnen. Ihr Mittagessen bekam sie in einem Gasthaus, wo sie zusammen mit dem Wachmann der jugoslawischen Kriegsgefangenen aß. Es waren anfangs gemütliche und sonnige Tage.[305] Sie konnte noch in der letzten warmen Spätherbstsonne mit den kleinen Mädchen am Sandkasten sitzen oder schöne Spaziergänge zu der Schafherde und in den farbigen Herbstwald unternehmen. Sie hatte mehr Freizeit und war nicht mehr ganz so abgeschieden und gefängnisartig verwahrt wie in Krauchenwies. Zwar sollten sich die Dienstverpflichteten am Wochenende zur weltanschaulichen Schulung treffen, aber die Betreuung durch die Partei klappte nicht richtig, so daß erst mal überhaupt keine Schulung stattfand.[306]
Wenn sie am Wochenende nicht nach Hause oder in das benachbarte Freiburg fuhr, besuchte Sophie gern Hilde Schüle, die in Krauchenwies im Nachbarzimmer gewohnt hatte und in Blumberg zu Hause war. Hilde wohnte bei den Eltern im Ortsteil Zollhaus. Nebenan lag eine kleine Kirche, in der Sophie Harmonium spielen konnte. Hildegards Eltern waren

katholisch, und Sophie saß oft ein Stündchen mit der gelähmten Großmutter zusammen. Sie unterhielt sich gern mit der tiefgläubigen Frau, die den Tod schon vor Augen hatte.[307] Sophies Interesse am katholischen Glauben, dessen Repräsentanten viel mutiger als die meisten evangelischen Pastoren gegen den Nationalsozialismus stritten, war inzwischen immer mehr gewachsen.

Als sie das letzte Mal zu Hause gewesen war, hatte die Predigt des Grafen von Galen sie tief beeindruckt. Seit Juli kämpfte der Bischof von Münster vehement gegen den nationalsozialistischen Ungeist. Anfang August hatte er sich im Gottesdienst vor allen Anwesenden gegen den Abtransport und die Tötung von Geisteskranken gewehrt, die gerade in seinem Sprengel begonnen hatte. Für ihn verstieß dieses Vorgehen sowohl gegen die heilige Gewissensverpflichtung, daß der Mensch »nie, unter keinen Umständen... – außerhalb des Krieges und der gerechten Notwehr – einen Unschuldigen« töten durfte, wie gegen die geltenden Paragraphen des Strafgesetzbuches. Er hatte deshalb Anzeige wegen Mordes erstattet und warnte eindringlich vor den Folgen dieser Morde. Wenn die Tötung »unproduktiver« Menschen legalisiert werde, sei der Willkür Tür und Tor geöffnet. Dann konnten später auch altersschwache Arbeiter und verkrüppelte Soldaten mit der gleichen Begründung umgebracht werden.[308] Natürlich war seine Predigt nicht in der Zeitung veröffentlicht worden. Ein Unbekannter hatte die fünf Seiten fein säuberlich auf der Schreibmaschine abgeschrieben und abgezogen. Solche Flugblätter mit staatsfeindlichem Inhalt wurden heimlich in die Briefkästen von Leuten gesteckt, in denen man Sympathisanten vermutete. So waren die dicht beschriebenen Seiten auch im Briefkasten der Familie Scholl gelandet.[309]

Außerdem hatte Otl vor einiger Zeit ein Buch von Theodor Haecker mit dem Titel »Was ist der Mensch?« in die Hände bekommen, das sie alle mit großem Interesse gelesen und besprochen hatten.³¹⁰ Dieses Buch war eine zornige, sprachgewaltige Abrechnung mit den Nationalsozialisten, die an den Kampf aller gegen alle, die Überlegenheit des Stärkeren und die fast göttliche Allmacht ihres Führers glaubten. Trotzdem war dieses aufrührerische Buch nicht verboten worden, möglicherweise weil es theologisch daherkam und durch seine vorsätzlich verschlungenen Satzkonstruktionen nur sehr aufmerksamen und geduldigen Lesern zugänglich war.

Haecker beantwortete darin die Frage, was der Mensch sei, im Sinne der biblischen Schöpfungsgeschichte, nach der der Mensch nach dem Bilde Gottes geschaffen ist. Für ihn hieß dieses »Geschaffensein« des Menschen, daß er ebensowenig aus sich selbst entstanden wie daß er eine Emanation, ein Ausfluß, Gottes, und noch weniger, daß er Gott selber sei: »Was sie besonders heute mit aller Macht, mit der Gewalt und der Schwere des sich wälzenden Stoffes und mit der Kraft und wölfischen Leidenschaft des Triebes und kollektiven Dranges bekämpfen, verkleinern, schmähen, nicht wahr haben wollen: nach dem Bilde Gottes sein, heißt, ursprünglich mitten im materiellen Sein und Dasein als Geist angelegt sein, Geist haben; denn Gott ist Geist, und wer nach Seinem Bilde geschaffen ist, ist erschaffener Geist.« Haecker unterschied dabei die Naturen des Menschen in eine vorgeistige, niedere Natur – für ihn »die Trägheit der Materie, das Schlafleben der Pflanze, den Lusttrieb und das Sein des Tieres« – und in eine übergeordnete Natur des Geistes. Letztere hatte ein »sach- und wahrheitsbedingtes Wissen, statt des triebge- und befangenen, sie hat ein werte- und tugendgebundes Wollen, mit einer Sehnsucht nach wahrer Seligkeit, statt der nie sättigenden Befriedigung unersättlicher Wünsche und Triebe«. Beide Naturen kämpften im Menschen miteinander. Den Sieg gab aber zuletzt nur die Gnade, die für Haecker die »Kraft der Übernatur..., die Kraft Gottes Selber« war.³¹¹

Otl war von diesem Buch fasziniert gewesen und hatte Haekker in München persönlich aufgesucht. Sie hatten sich lange unterhalten. Haecker war mit Professor Carl Muth befreundet, in dessen Verlag sein Buch erschienen war.[312] Muth hatte bis zum Juni 1941 die katholische literarisch-philosophische Zeitschrift *Hochland* herausgegeben. Anfangs hatte er sich darin nur um einen modernen Zugang zum Katholizismus und die Öffnung des Glaubens in die moderne Welt bemüht. Nach 1933 aber wurde der Kampf gegen die nationalsozialistische Ideologie, die »Verteidigung des abendländischen Erbes« zum eigentlichen Programm seiner Zeitschrift, die dadurch in bestimmten Kreisen an Bedeutung gewann und im Laufe der Zeit ihre Auflage verdoppeln konnte. Die Kritik am Nationalsozialismus wurde dabei stets indirekt betrieben: Historische Beiträge wurden so formuliert, daß sie zum Vergleich mit der Gegenwart einluden, die antiken Demokratien und ihre politischen Prinzipien wurden in den Vordergrund gerückt, beziehungsreiche Zitate ebenso wie biblische Warnungen eingerückt und regimekritische Bücher besprochen.

Der Herausgeber war schon über siebzig Jahre alt, als seine Zeitschrift schließlich doch noch den Nationalsozialisten auffiel und verboten wurde. Damit wurde ihm zwar die Möglichkeit genommen, öffentlich zu wirken, aber er resignierte nicht. Innerlich war er jung geblieben. Er liebte es, sich mit jungen Leuten zu unterhalten, ihre Denkweise kennenzulernen und sie in ihren Bestrebungen zu ermutigen. So hatte Otl ihn auch kennengelernt und Hans, der ja in München lebte, an Muth und Haecker weiterempfohlen.[313] Dem alten Herrn gefiel der junge Student Scholl, so daß er ihm den Auftrag gab, seine große Bibliothek zu ordnen. Hans fuhr bald häufig nach Solln hinaus und wurde von dem Professor immer öfter in lange Gespräche hineingezogen.

Letztens hatte Hans den alten Herrn gemeinsam mit Inge besucht, die Sophie gebeten hatte, den Professor mit frischem Obst zu versorgen, das auf dem Lande leichter zu bekommen war als in der Stadt. Sophie hatte ihm ein Päckchen mit Äpfeln geschickt, und er hatte ihr mit einem Büchlein und einem Brief gedankt. Jetzt hatte Sophie Schwierigkeiten mit ihrer Antwort. Sie kam sich gegenüber einer solchen Kapazität so klein vor. Er mußte ein gütiges Herz haben, weil sogar sie dort einen Platz fand. Durch seine kleine Aufmerksamkeit fühlte sie sich ihm über die Maßen verpflichtet. Für sie war das ein ungeheurer Ansporn, »gut zu werden«, wie sie sich in ihrem Tagebuch versicherte.

Sie hatte jetzt manchmal das Gefühl, niemandem unter die Augen treten zu können, der nicht alles Schlechte an ihr kannte. Sie wollte sich so gern bewähren und suchte den Weg zu Gott. Doch zugleich fühlte sie sich mit Blindheit geschlagen. Ihren alten Kinderglauben hatte sie in ihrer wilden Entwicklungszeit unbesehen beiseite geworfen. Aber der Glauben an den Führer, den sie dafür eingetauscht hatte, hatte sich als schreckliche Täuschung erwiesen. Jetzt sehnte sie sich nach einem neuen, einem erwachsenen Zugang zu jener höheren Macht, deren Wirken sie immer wieder in der Natur zu ahnen glaubte. Aber sie hatte das Gefühl, überhaupt keine Ahnung von Gott und kein Verhältnis zu ihm zu haben. Das einzige war, daß sie sich dessen auch bewußt war. »Und da hilft wohl nichts anders als Beten. Beten.«[314]

Doch schon das heimliche Gebet in der katholischen Kirche, das sie in ungewohnter Weise kniend ausprobierte, machte ihr zu schaffen. Was war, wenn Hilde plötzlich hereinkam, die doch wußte, daß sie gar nicht katholisch war? So wollte sie ihr Verschwiegenstes nicht preisgeben. Hinterher hatte sie das Gefühl, nur aus falscher Scham hastig und bloß, um etwas zu erzwingen, gebetet zu haben. Sie fühlte sich so einsam in dieser unwirtlichen Stadt. Ständig plagte sie das Heimweh.[315]

Aber es gab auch einige Lichtblicke in Blumberg. In den ersten Wintertagen traf sie sich mit Fritz in Freiburg, dessen Abreise nach Afrika sich verzögerte. Sie holte ihn sonnabends vom

Bahnhof ab. Die Nacht und den folgenden Sonntag verbrachten sie gemeinsam in einem kleinen Gasthof.[316] Sie waren sich in diesem langen Jahr fremder geworden. Die monatelange innere Emigration in Krauchenwies hatte Sophie auch ihm gegenüber verschlossener und zurückhaltender gemacht. Ihr geistiger Weg zu Gott war noch neu und ungefestigt. Sie schnitt zwar religiöse Themen an, aber ihre Ängste und das Gefühl von Kleinheit und Schwäche behielt sie zum größten Teil für sich. Auch er hatte sich verändert. Er hatte den Krieg an vorderster Front miterlebt. Während einer Zugfahrt war er in Rußland Zeuge einer Unterhaltung von Offizieren geworden, die über Massenerschießungen sprachen. Ihnen schien es das Selbstverständlichste auf der Welt zu sein, Juden zu erschießen! Er war zutiefst erschrocken gewesen. Arbeitete er wirklich unter einem Verbrecherregime? Mußte er die Seite wechseln und gegen dieses Regime kämpfen? Solche Gedanken stürzten den jungen Offizier in schwere Zweifel.[317]
So stimmten sie jetzt zwar politisch weit mehr überein als früher. Aber Fritz war doch weit entfernt von den philosophischen und religiösen Fragen, um die Sophies Gedanken kreisten. Trotzdem war es beiden ein großer Trost, zusammenzusein. Sie kannten sich schon so lange und waren einander tief vertraut. Sie wußten, wie wenig Zeit sie hatten, und daß sie sich vielleicht nie mehr wiedersehen würden. So schoben sie bald alle Probleme beiseite. Sie hatten sich in viel zu vielen langen und einsamen Nächten nach ihrer Nähe und Wärme gesehnt. Nun hielten sie sich endlich wie Schiffbrüchige in den Armen und vergaßen alles um sich herum. Das kleine Hotelzimmer, der Krieg, die schrecklichen Untaten der Nationalsozialisten, alles verschwand, als sie sich ganz ihrer Liebe überließen. Erst spät am nächsten Morgen kamen sie in die Gegenwart zurück. Sophie beklagte sich, daß sie in Blumberg schrecklich fror. So bot Fritz ihr seine warme Unterwäsche an, die sie dankbar einpackte. Dann fanden sie gerade noch Zeit,

durch die Stadt zu bummeln und das Münster zu besichtigen, bevor sie sich wieder trennen mußten. Die Mutter in Ulm wunderte sich später übrigens sehr, als Sophie ihr Herrenunterwäsche zum Waschen nach Hause schickte.[318]
Bald nach diesem gemeinsamen Wochenende traf Sophie sich auch mit Otl in Freiburg. Er hatte unerwarteterweise Urlaub bekommen, nachdem seine Rekrutenausbildung in nahen französichen Epinal beendet war.[319] Er kam zur gleichen Zeit wie Fritz. Sie hatten aber nur bis zum nächsten Vormittag Zeit, denn Otl war mit dem Rad gefahren und brauchte mehr als einen halben Tag für die Rückfahrt. Sie hatten sich viel von den Geschwistern und Freunden zu erzählen. Sie redeten auch über ihre Eltern und über die Bürgerlichkeit überhaupt. Sophie gefiel Otl sehr. Er mochte ihre Art, ihr Gesicht und ihre knabenhafte Figur. Sie war stiller als ihre ältere Schwester Inge. Vielleicht war sie ebenso schüchtern wie er selbst, dachte er. Als sie noch im Jungmädelbund gewesen waren, hatte er Sophie weniger verachtet als Inge, die immer die Rolle der Führerin gehabt hatte. Sophie war anders gewesen; selbstbewußt, aber nicht so vorneweg wie Inge, obwohl Sophie damals einen fast extremen Rigorismus verbreitete, wie Otl fand. Inzwischen schätzte er ihren geradlinigen Verstand, mit dem sie Unlogisches rasch durchschauen und formulieren konnte. Sie redeten so lange, bis die Wirtsleute schließen wollten und ihnen ein Doppelzimmer anboten. Auch auf dem Bett ließen sie ihr Gespräch nicht abreißen. Sie lasen sich die Gedichte vor, die Otl von einem ihrer Freunde dabei hatte. Ob er auch Selbstmordgedanken habe, fragte Sophie ihn. Ja, er kannte das. Auch ihn ergriff manchmal diese Mutlosigkeit, einem Lebensprinzip folgen zu müssen, das man sich nicht selbst gegeben hatte und das einen überfiel.
Sie kamen auch auf die Liebe zu sprechen. In gewisser Weise fühlten sie sich beide verlassen. Weder Romane noch Filme, noch Literatur oder gar das Elternhaus, nicht einmal das eige-

ne Gefühl waren ihnen behilflich. Lieben hieß Konflikte aushalten, in denen man sich selbst begegnete, wenn man einander weh tat. Wenn das so war, wen gab es dann überhaupt, der einem helfen und Halt geben konnte? Wieder näherte sich das Gespräch Gott, diesmal der Frage des persönlichen Zugangs zu ihm. Otl erzählte Sophie von seiner Art, mit Gott zu sprechen, den er sozusagen schreibend ins Gebet nahm. Aber ihr war Gott so fern. Gott war ungerecht. Sie warf sich auch vor ihm nieder, aber sie ertrug seine Ungerechtigkeit nicht. Wenn er den Menschen liebte, dann konnte er ihn nicht in die ewige Verdammnis werfen. Wenn er Gott war, dann konnte er nicht zulassen, daß die Menschen sich an der Natur ein Beispiel nahmen, wo das eine das andere auffraß, mordete und ausrottete. Über dem Gespräch war es Morgen geworden. Sie waren sich so nahe gekommen wie nie zuvor und hatten sich doch die ganze Nacht voneinander fern gehalten. Jetzt brachen sie auf. Otl schob sein Fahrrad zum Bahnhof. Sophies Zug ließ auf sich warten. Sie verabschiedeten sich rasch, um ja keine Pause mehr zwischen sich entstehen zu lassen.

In dieser Zeit, Anfang Dezember 1941, waren die Nachrichten von der russischen Front immer bedrückender geworden. Die Nationalsozialisten hatten versucht, die negativen Gefühle der Deutschen wieder auf den russischen Untermenschen zu lenken und so das alte Feindbild zu reaktivieren. In Vorträgen, auf Plakaten, in Zeitungsberichten und im Film wurde überall auf die Gefahr der mongolischen Flut und auf die russischen Bestien hingewiesen. In bekannter Manier wurde »der Russe«, ähnlich wie »die Juden« zuvor, als grobschlächtige Gestalt mit einem wulstigen Kopf und häßlichem, rohen, dummen Gesicht dargestellt.[320] Aber das konnte nicht darüber hinwegtäuschen, daß der deutsche Vormarsch an der Ostfront nach anfänglichen großen Erfolgen mit dem frühen Wintereinbruch ins Stocken geraten war.

Die Zeitungen druckten tagelang Fotos und Berichte von dem

harten Soldatenleben in der eisigen und schneereichen Weite Rußlands. Während die deutschen Truppen überall an der dreihundert Kilometer langen, halbkreisförmigen Front um Moskau feststeckten, traten die Russen mit unvermutet großem Aufgebot an Truppen und Waffen gegen sie an. An der sogenannten Heimatfront wurden jetzt immer mehr Gebrauchsgüter, Lebens- und Genußmittel rationiert. Am ersten Dezember war sogar eine Raucherkarte eingeführt worden, die nur Männer erhielten, so daß Sophie sich keine einzige Zigarette mehr selbst kaufen konnte.[321] Inzwischen war auch die Gefahr einer Ausweitung des Krieges zum Weltkrieg immer größer geworden. Der amerikanische Präsident Roosevelt und der britische Premierminister Churchill hatten am 14. August die Atlantik-Charta unterzeichnet, der sich bald weitere Staaten anschlossen. Mit den »Vier Freiheiten« dieser Charta bekundeten die Unterzeichner, daß sie erstens keine Vergrößerung ihrer Gebiete suchten; zweitens nicht wollten, daß anderswo solche Veränderungen zustandekamen, außer wenn die betroffenen Völker es wünschten; drittens das Recht aller Völker achteten, sich diejenige Regierungsform selbst zu wählen, unter der sie leben wollten; und viertens wünschten, daß Souveränitätsrechte und Selbstregierung denen zurückgegeben würden, denen sie gewaltsam entrissen worden waren. Das war eine klare Absage an alle herrschenden Diktatoren und ihre Eroberungsgelüste.

Schon vorher waren die deutschen Konsulate in den USA geschlossen worden, und US-Truppen hatten Island besetzt, um die Nordatlantikroute nach Europa für amerikanische Handelsschiffe zu sichern. Die deutsche Flotte hatte daraufhin eine Reihe von US-Schiffen versenkt, so daß Roosevelt Anfang September befohlen hatte, das Feuer auf deutsche See- und Luftstreitkräfte zu eröffnen. Wenig später wurden auch die Handelsschiffe bewaffnet. Überraschend griff dann am 7. Dezember, dem Sonntag, an dem Sophie und Otl sich trafen, Japan den Marinestützpunkt der USA auf den Hawaii-Inseln, Pearl Harbor, an und schaltete dabei den Großteil der amerikanischen Pazifikflotte aus. Japan hatte schon 1940 einen Dreimächtepakt mit Italien und Deutschland unterzeichnet, der die Neuordnung Europas und Ostasiens zum Ziel hatte. Vier Tage nach diesem Angriff erklärte Adolf Hitler den Krieg gegen die USA. Jetzt stand die ganze Welt in Flammen!

»Gib Licht meinen Augen, oder ich entschlafe des Todes, und mein Feind könnte sagen, über den ward ich Herr«, schrieb Sophie in ihr Tagebuch, als sie diese neue Schreckensnachricht hörte. Dieser Vers aus den Psalmen hatte sie in den letzten beiden Jahren ständig begleitet, und in diesem Augenblick schien ihr der Gedanke an eine allerhöchste Macht das einzige, an das sie sich noch klammern konnte. Sie sah, daß alles untergehen würde. Sie hatte in diesem Augenblick furchtbare Zukunftsangst. Wenn alles versank, so war nur er; wie schrecklich, wenn er einem fern war. Aber nicht nur die Ausweitung des Krieges verstörte sie. Auch ihr Verhältnis zu Fritz und Otl machte sie unruhig. »Gebe Gott, daß ich Fritz auch in Seinem Namen lieben lerne«, schrieb sie wie einen Stoßseufzer an das Ende ihrer Gedanken.[322]

Zwar wurden rasch fabelhafte Erfolge der Japaner in Südostasien gemeldet, aber in Afrika kämpften englische Truppen mit riesiger Übermacht gegen Deutsche und Italiener, und an der Ostfront litten die völlig unzureichend ausgerüsteten Soldaten schrecklich unter der Kälte. Vier Tage vor Heiligabend rief Goebbels zur Sammlung von Wintersachen für die Soldaten in Rußland auf. Auch in Ulm räumte die Partei dieser Sammlung Vorrang vor allen anderen Aktivitäten ein. Zwischen Weihnachten und Neujahr suchten die Sammler systematisch alle Haushaltungen auf und forderten die Spenden ein: Pelzwerk, Katzenfelle, Kopf- und Ohrenschützer, Kniewärmer und Leibbinden, Pulswärmer und Wollschals, warme

Unterwäsche, Wolldecken und Skiausrüstungen sollten abgegeben werden, damit jeder Soldat so schnell wie möglich in den Besitz warmer Wintersachen kam, wie es in dem Aufruf hieß.[323]

Sophie hatte vierzehn Tage Weihnachtsurlaub erhalten. In ihrer Familie waren alle strikt dagegen, irgend etwas für diese Sammlung zu geben. Fritz war entsetzt, als er davon hörte. Man mußte doch den eigenen Volksgenossen helfen. Aber Sophie blieb fest. Sie fand es gleich, ob deutsche oder russische Soldaten erfroren, beides war gleichermaßen schlimm. Wichtig war nur, daß Deutschland den Krieg verlor. Wer warme Sachen spendete, trug dazu bei, ihn zu verlängern. Deshalb durfte man nichts spenden! Fritz fand diesen Standpunkt schockierend: Das war Verrat an den eigenen Volksgenossen, die das Vaterland mit ihrem Leben verteidigten. Sophie mußte lange mit ihm diskutieren, bis er einsah, daß die strenge Logik und strikte Konsequenz der Familie eigentlich folgerichtig war.[324]

IV. TEIL

»*Die Weisse Rose lässt Euch keine Ruhe*«
1942–1943

Endlich frei – Studieren in München

Drei Monate später ging Sophies Zeit in Blumberg endlich zu Ende. Ende März saß sie im Zug nach Ulm und atmete auf. Sie war wieder frei. Sogar mit ihrem Studium hatte es geklappt, obwohl sie sich kaum noch Hoffnung gemacht hatte, daß sie vor Kriegsende überhaupt noch damit anfangen konnte.[325] Zum Sommersemester durfte sie sich an der Münchener Universität einschreiben. Sie hatte sich entschlossen, Philosophie und Naturwissenschaften mit dem Schwerpunkt Biologie zu studieren.

Inge hatte zwar erwartet, daß sie sich ganz der Kunst widmen würde. Die jüngere Schwester hatte in den Ulmer Tagen große Fortschritte im Malen und Zeichnen gemacht und gezeigt, daß in ihr das Talent zu einfühlsamen Illustrationen steckte. Noch in ihrer Schulzeit hatte Sophie für Inges Märchendichtungen Zeichnungen mit grazilen Figuren geschaffen. Auch die Zeichnungen zu Peter Pan fand Inge sehr gelungen und bedauerte es, daß die Schwester ihre Begabung nicht der Kunst widmen wollte.[326] Aber Sophie hatte sich anders entschieden. Sie war nicht sicher, wirklich zum Künstlertum berufen zu sein. Als Künstler mußte man Großes leisten, sonst wurde man bestenfalls Zeichenlehrerin, wenn die Kunst nicht ganz und gar brotlos blieb. Das wollte sie nicht. Dagegen war ihr Wissensdurst in der geistigen Ödnis des letzten Jahres geradezu ins Unermeßliche gewachsen. Sie hungerte nach solchen Gesprächen wie vor Weihnachten mit Otl, in denen die philosophischen Kernfragen des Lebens und der Welt ausgemessen wurden. Außerdem hatte sich in ihr der Wunsch gefestigt, die Dinge mit den scharfen und klaren Augen der Naturwissenschaft zu betrachten und zu verstehen.

Ostern fiel dieses Jahr auf den ersten Aprilsonntag. Hans mußte noch in Schrobenhausen famulieren, wohin schubweise Verwundetentransporte aus Rußland gebracht wurden, deren schwere Erfrierungen versorgt wurden.[327] An seiner Stelle war seine neue Freundin Traute Lafrenz nach Ulm gekommen. Sophie war so viele einsame Monate lang auf sich gestellt gewesen, daß es für sie jetzt eine gewaltige Umstellung bedeutete, jeden Tag wieder mit gleichgesinnten Familienmitgliedern und Freunden zusammenzusein.[328] So schön es war, wieder zu Hause zu sein, so anstrengend fand sie den Trubel inzwischen, stellte sie erstaunt fest.

In der Osternacht besuchte sie mit Inge zum ersten Mal in ihrem Leben eine katholische Osterfeier. Früh morgens um halb vier Uhr standen sie auf, um in die Söflinger Kirche hinüberzufahren. Sie kamen etwas zu spät, so daß sie den Höhepunkt der Liturgie verpaßten, bei dem aus einem Stein Feuer geschlagen wurde, um daran die Osterkerze zu entzünden. Sophie wollte sich unbedingt dieser liturgischen Feier als einem tiefen inneren Erleben völlig hingeben. Doch es gelang ihr nicht, ihren Verstand ganz auszuschalten. Sie hatte immer noch Hemmungen, vor anderen niederzuknien, und fühlte sich zugleich von dem Schauspiel des Gottesdienstes abgelenkt.[329]

Danach waren die Tage bis zum Studienbeginn reichlich mit Arbeit ausgefüllt. Wie in jedem Jahr standen die Jahresabschlüsse an, bei denen sie wieder im Büro des Vaters gebraucht wurde. Auch Traute blieb, um mitzuhelfen.[330] Inzwischen war nämlich etwas passiert, das sie alle nicht für möglich gehalten hatten. Die junge Bürokraft des Vaters hatte Robert Scholl bei der Kreisleitung angezeigt! Das war im Februar gewesen, als das Oberkommando der Wehrmacht mitgeteilt hatte, daß die Deutschen während des Winters in Rußland ihre Angriffsoperationen völlig eingestellt hatten. Man hatte nicht erwartet, daß russische Truppen – wie es im Wehrmachtsbericht hieß – »ohne Rücksichten auf Menschen und Materialverluste« versuchten, die Front im Osten »durch fortgesetzte Massenangriffe zum Einsturz zu bringen«. Das Oberkommando gab sogar – allerdings ohne Zahlenangaben – ungeheure Blutopfer zu, die im Wehrmachtsbericht natürlich sofort durch die Aufzählung der russischen Gefangenen und erbeuteten Panzer und Geschütze relativiert wurden.[331]

Die Angestellte, die immer noch Jungmädelführerin war, hatte sich oft aufgeregt, wenn ihr Arbeitgeber privat oder vor Klienten über Hitler und die Nationalsozialisten herzog. Wenn einmal eine von den Freundinnen aus der Jungmädelzeit die Scholls besuchte, dann beklagte sie sich stets über das, was Herr Scholl wieder gesagt hatte. Ihr Arbeitgeber wiederholte gern bestimmte Aussprüche, mit denen er Hitler herabsetzte.[332] Als nun über den Krieg in Rußland gesprochen wurde, brach es wieder aus ihm heraus. Hitler sei die größte Gottesgeißel, polterte er, in wenigen Jahren werde Berlin von den Russen besetzt sein und in ganz Deutschland ein Chaos herrschen, wenn dieser Mann nicht endlich mit dem Krieg Schluß mache.[333] Das war zuviel. Zum ersten Mal meldete sich die

Angestellte vierzehn Tage lang krank. Sie kämpfte mit sich, aber sie konnte einfach nicht länger schweigend zuhören, wenn ihr Arbeitgeber auf den Führer schimpfte und Greuelpropaganda verbreitete. Sie mußte seine Aussprüche einfach melden, sonst wurde sie doch zur Mitwisserin und gefährdete sich am Ende selbst! Am Tag bevor sie wieder zu arbeiten anfangen sollte, ging sie zur Kreisleitung.

Am nächsten Morgen, als die Familie gerade frühstückte, läuteten die Männer von der Gestapo an der Wohnungstür. Der Vater öffnete und kam zurück, um seinen Mantel zu holen. Sie wollten ihn mitnehmen. Lore aus Forchtenberg war auf Besuch da. Sie hörte die Mutter angstvoll fragen, was mit ihrem Mann geschehen würde, ob er um seinen Kopf komme. Die beiden Männer beruhigten sie: Wo sie hindenke! Aber solche Leute, die man nicht zu Nationalsozialisten machen könne, sollten wenigstens das Maul halten. Natürlich machten sich die Zurückbleibenden große Sorgen um den Vater. Lore riet, die immer noch bestehende Verbindung zu dem Forchtenberger Arzt Dr. Dietrich auszunutzen, der seit langem Kreisleiter war. Doch das lehnte die Mutter strikt ab.[334]

Zum Glück wurde der Vater nach dem Verhör wieder entlassen. Aber in den nächsten Monaten schwebte die bevorstehende Anklage wie ein Damoklesschwert über der ganzen Familie. Sophie wandte sich sogar an eine ihrer alten Bekannten, die inzwischen hauptamtliche Jungmädelführerin geworden war, um sie zu bitten, auf ihre Kollegin einzuwirken, daß sie die Anzeige zurücknehme. Aber sie erhielt nur die bissige Antwort, daß »solche Elemente« wie ihr Vater »ausgetilgt« gehörten![335]

Anfang Mai kam der langersehnte große Tag, an dem das Abenteuer Studium für Sophie begann. Sie hatte noch kein Zimmer in München und wohnte die erste Zeit bei Professor Muth in Solln, der die kleine Schwester seines jungen Freundes herzlich aufnahm. Hans fuhr in dieser Zeit fast täglich zu

Muth hinaus, und ihre Gespräche über die Lage der Welt und des deutschen Vaterlandes waren immer intensiver geworden.[336] Im letzten Herbst hatte die neue Verschärfung der Lebensbedingungen für die Juden den alten Herrn maßlos erregt.[337] Ende September war die Verordnung herausgekommen, daß Juden in der Öffentlichkeit einen gelben Stern zu tragen hatten. Außerdem hatten die ersten sogenannten Umsiedlungsaktionen begonnen. Auch aus Ulm waren Anfang Dezember die ersten zwanzig Juden gen Osten abtransportiert worden.[338] Inzwischen munkelte man sogar, daß in Polen nicht nur alle Angehörigen der einheimischen Oberschicht, sondern auch die jüdische Bevölkerung von den Nationalsozialisten brutal ermordet worden war. Natürlich konnte man darüber nur unter Freunden und Gleichgesinnten offen sprechen. Selbst von ihnen mißtrauten viele solchen Angaben, weil niemand mehr unterscheiden konnte, was Feindpropaganda war und was der Wahrheit entsprach.[339]
Doch für Hans gab es schon lange keinen Zweifel mehr daran, daß Unmenschen sein Vaterland regierten, und der alte Professor und der junge Student bekräftigten sich gegenseitig in ihrem wütenden Protest gegen diese Herrschaft. Wenn ihn etwas aufregte, konnte Carl Muth »zornig zum Fürchten« werden und dabei einen »geradezu dämonischen Eindruck machen«, erinnerten sich später einige. Muth hatte außerdem »eine echte pädagogische Begabung«, so daß in ihm der »Drang« wirkte, »die Menschen seines Umgangs überhaupt nach dem eigenen Bilde zu formen«. So charakterisierte ihn jedenfalls sein Nachbar und Freund, der Schriftsteller Werner Bergengruen.[340] Und Hans entsprach ganz dem Bild eines jungen Menschen, auf den der alte Professor seine Hoffnung für die Zukunft setzte. Hans' Freunde fanden, daß er etwas von einem »reinen Jüngling« hatte, wie er am besten von Hölderlin beschrieben worden war, und daß er gut in eine Ordensgemeinschaft gepaßt hätte. Später in der Rückschau charakteri-

sierten manche Hans' energisches Auftreten und seinen Haß auf die Nationalsozialisten als geradezu verbissen und ein wenig unheimlich. Öfter tauchte dabei das Wort »fanatisch« für ihn auf, das auch in der Erinnerung an seine Zeit als Jungvolkführer von Ulmer Bekannten verwendet wurde.[341]
Sophie wohnte einen ganzen Monat bei dem alten Professor, bis sie in München in der Mandelstraße ein winziges Zimmer zur Untermiete fand. Diese Straße liegt in Schwabing, dem alten Künstler- und Universitätsviertel der Stadt, direkt am Englischen Garten, so daß Sophie nur einen kurzen Fußweg zur Universität hatte. Die große Parkanlage lag direkt vor ihrer Tür. Hans wohnte auf der anderen Seite der Altstadt in der Sendlinger Lindwurmstraße.[342] Gleich nachdem sie angekommen war, stellte Hans seiner Schwester die Freunde vor, die er in den letzten Semestern kennengelernt hatte. Zum größten Teil waren sie ebenso wie er in die medizinische Studentenkompanie eingezogen worden. Gleichgesinnte, die dem Regime feindlich gegenüberstanden, erkannten sich an vielen Kleinigkeiten. Da konnte es entscheidend sein, ob man sein Haar nicht auf vorgeschriebene Art und Weise kurzgeschoren trug, ob man bei den täglichen Appellen nur lasch mitmachte oder wie man grüßte. Trotzdem ging man natürlich anfangs vorsichtig miteinander um.[343] Hans aber hatte inzwischen gerade unter den Medizinern eine ganze Reihe jener »guten Menschen« gefunden, die wie er und seine ganze Familie ebenfalls gegen den Nationalsozialismus waren.
Sein ältester Freund in München war Schurik, mit bürgerlichem Namen Alexander Schmorell, den Hans schon während des Frankreichfeldzuges in der Studentenkompanie kennengelernt hatte.[344] Schuriks studierte zwar auch Medizin, aber er hatte dieses Studium nur ergriffen, weil sein Vater, der Arzt war, es wünschte. Schuriks eigentliche Welt war die Kunst. Er wollte gern Bildhauer werden und nahm auch Unterricht im Malen und Zeichnen. Seine Eltern hatten in Rußland gelebt

und waren von den Wirren der Oktoberrevolution vertrieben worden. Die Mutter war kurz nach Schuriks Geburt gestorben, aber seine Kinderfrau, die er wie eine Mutter liebte, war aus Rußland mitgekommen, so daß er mit der russischen Sprache aufgewachsen war. Schurik hatte schon als Kind einen ungeheuren Drang nach Freiheit und Unabhängigkeit entwickelt. Er war vielseitig begabt, sportlich und musikalisch und hatte ein charmantes und großzügiges Wesen, wobei er aber manchmal, ohne es zu wollen oder zu merken, auch rücksichtslos und unbedacht sein konnte.[345]

Sophie und Schurik trafen sich in ihren künstlerischen Neigungen. Bald fuhr Sophie mindestens ein- oder zweimal in der Woche zu ihm hinaus. Sie zeichneten und modellierten zusammen, wofür der Platz in ihrem winzigen Zimmerchen nicht ausreichte. Schurik wohnte bei seinen Eltern in einer großen Villa in Harlaching. Sophie empfand ihn als einen reinen »Gefühlsmenschen«, ähnlich spontan, künstlerisch begabt und ebenso tief empfindend wie sie. Es war kein Wunder, daß sie sich in diesem Sommer ein wenig in ihn verliebte.[346] Allerdings fand sie rasch heraus, wie flatterhaft er war, und riß die Seite ihres Tagebuches, auf der sie sich ihre Zuneigung eingestanden hatte, bald wieder heraus. Sie hatte ihm zuviel Raum in ihrem Herzen gegeben. Aber sie wollte Gott bitten, daß er ihm den richtigen Platz darin anweise, und so sollte Schurik dann auch wie Fritz und alle anderen in ihr abendliches Gebet eingeschlossen werden,[347] in dem sie sich seit einiger Zeit tägliche Rechenschaft ablegte.

Mit Christoph Probst, Schuriks altem Schulfreund, machte Hans seine kleine Schwester bei einem gemeinsamen Konzertbesuch bekannt. Christl, wie sie ihn nannten, war ganz anders als der übersprudelnde Schurik. Er kam Sophie viel gefestigter und begabter vor als die meisten jungen Leute, die sie kannte. Auch wirkte er viel verantwortungsbewußter. Er hatte den größten Teil seiner Schulzeit in reformpädagogischen Internaten verbracht, die ihre Schüler bewußt zu Eigenverantwortlichkeit erzogen. Sein Vater hatte sich scheiden lassen und erneut geheiratet. Christophs Stiefmutter war jüdischer Abstammung, so daß er schon früh innerhalb der eigenen Familie die Ausgrenzung durch den Nationalsozialismus erfahren hatte. Sein Vater hatte später Selbstmord begangen. Durch dieses Erlebnis hatte sich Christl verstärkt religiösen und philosophischen Fragen zugewandt.[348] Seit dem letzten Sommer war er verheiratet und hatte schon zwei kleine Kinder. Sophie fuhr gern am Wochenende zu seiner Frau Herta hinaus, die bei Garmisch wohnte, und freundete sich mit ihr eng an. Herta lebte ganz für ihre Familie und ging vollkommen in der Sorge um ihre Kleinen auf.[349] So konnte Sophie den 9. Mai 1942, ihren 21. Geburtstag, an dem sie volljährig wurde, schon gemeinsam mit neuen Münchener Freunden in vertrauter Runde feiern.

Sophies Zeit war jetzt zum Bersten ausgefüllt. Sie hatte das Gefühl, daß sie andauernd etwas Neues verdauen mußte. Manche Tage waren besonders voll, wie Ende Mai, als sie nachmittags bei Professor Muth eingeladen waren. Der Schriftsteller und Kritiker Sigismund von Radecki war zum Tee gekommen. Radecki war so alt wie Sophies Vater und hatte ein bewegtes Leben geführt. Nach dem Schulbesuch in St. Petersburg und der Ausbildung zum Ingenieur hatte er in Turkestan gearbeitet und sich dann entschlossen, Schauspieler zu werden. Von da ab hatte er sich mit Theaterspielen, mit Schriftstellerei und sogar als Zeichner durchs Leben geschlagen.[350] An diesem Nachmittag ging das Gespräch lange Zeit um eine Lesung, die Hans mit Radecki veranstalten wollte. Sophie hörte den drei Männern mit großem Interesse zu, warf aber nur selten einmal ein Wort ein.

Am selben Abend besuchte sie mit ihrem Bruder den »Philosophen«, wie sie Josef Furtmeier nannten, der sich als Justizbeamter hatte pensionieren lassen, weil er nicht zum Mittäter

im nationalsozialistischen Unrechtsregime hatte werden wollen. Mit ihm saßen sie drei Stunden lang zusammen und redeten pausenlos. Hans besuchte ihn jede Woche einmal wie zu einem Kolleg. Furtmeier war geschichtlich und archäologisch hoch gebildet und hielt ihm Referate, für die er sich vorher Notizen machte.[351]
Sophie fand diesen Tag richtig anstrengend. Sie hatte in der langen Zeit in der Fremde das Bedürfnis entwickelt, für sich zu sein. Aber andererseits war sie froh, endlich aufnehmen zu können, auch wenn sie sich zwischen all den ihr relativ unbekannten Menschen noch so fühlte, als ob sie auf schwankendem Boden stand. So blieb sie in den meisten Gesprächen stille Zuhörerin und traute sich kaum, den Mund aufzumachen. Als Erstsemester kam sie sich zu klein und unbedeutend im Kreis der älteren Kommilitonen, Professoren und Schriftsteller vor.[352] Trotzdem nahm sie lebhaften Anteil an allem, was sie hörte.
Hans' Freundes- und Bekanntenkreis hatte sich durch den engen Kontakt mit Professor Muth in diesem Frühjahr außerordentlich erweitert. Muth hatte versprochen, daß er »katholische Menschen großen Formats« kennenlernen sollte. Durch seine Vermittlung hatte Hans Josef Furtmeier im Hause eines befreundeten Professors getroffen. Dort lernten die beiden Geschwister am Anfang des Semesters auch den Freund Furtmeiers, den Architekten und Kunstmaler Manfred Eickemeyer, kennen, der in der Leopoldstraße in Schwabing ein Atelier besaß.[353] Eickemeyer war beruflich in Krakau beschäftigt und reiste viel im sogenannten Generalgouvernement herum, wie jener Teil von Polen hieß, den die Nationalsozialisten nicht sofort eingedeutscht hatten. Sein Atelier war groß genug, um bis zu zwanzig Personen Platz zu bieten, und er erlaubte Hans bald, seine Freunde dorthin einzuladen. Schon seit Anfang 1942 hatten sich unter Hans' Regie eine Gruppe Medizinstudenten und ein paar Studentinnen in unregelmä-

ßigen Abständen zu gemeinsamen Lese- und Diskussionsabenden zusammengefunden, an denen gelegentlich auch einige der älteren Freunde von Hans teilnahmen.[354]
Eine Woche nachdem sie mit Muth und Radecki in Solln zusammengesessen hatten, trafen Hans und Sophie Radecki in einer anderen Gesellschaft bei einer Lesung wieder. Zu Gast war auch Professor Huber, bei dem Sophie Vorlesungen belegt hatte. In diesem Semester bot er in Philosophie die Themen »Leibniz und seine Zeit« und »Heidegger: Vom Wesen des Grundes« an, außerdem sprach er in seinem Spezialgebiet der Volksliedforschung über »Ton- und Musikpsychologie« und »Das deutsche Volkslied«. Hubers Philosophievorlesungen waren unter kritischen Studenten bekannt und beliebt, weil er seine Zuhörer zu einem tieferen Denken anleitete. Auch biederte er sich nicht dadurch bei dem Nationalsozialismus an, daß er wie die meisten anderen seiner Professorenkollegen automatisch jüdische und andere unerwünschte große Denker der Menschheitsgeschichte aus seinen Darlegungen ausschloß. Ganz im Gegenteil würzte er seine witzige und spannende Vortragsweise mit sarkastischen Anspielungen und Pointen, mit denen er besonders gern den Antisemitismus aufs Korn nahm.[355]
Der neunundvierzigjährige Professor hatte schon seit 1926 eine außerplanmäßige Stelle an der Universität inne. Anfangs war seine Fächerkombination aus Philosophie, Volksliedforschung und Psychologie noch so ungewöhnlich, daß er keine ordentliche Professur erhielt. Unter den Nationalsozialisten erschwerte dann seine Behinderung – er zog aufgrund einer Kinderlähmung einen Fuß nach und brauchte immer eine Weile, bis seine stockende Sprechweise flüssiger wurde – sein akademisches Fortkommen, so daß er seine Frau und zwei Kinder lange von einem schlecht bezahlten Lehrauftrag und Vertretungen bei Lehramtsprüfungen ernähren mußte. Seine Forschungen über das Volkslied brachten ihn zwar in enge

Verbindung mit dem Nationalsozialismus, für den er sich zuerst durchaus erwärmte. Doch die Ernüchterung folgte bald, als er begriff, daß die neue Kulturpolitik nicht an der Volksliedpflege interessiert war, sondern dieses Brauchtum nur für eigene Zwecke benutzen wollte. Privat äußerte er heftige Kritik an den neuen Machthabern, doch wurde er immerhin noch im Mai 1940 verbeamtet, nachdem seine Frau für ihn vorher, ohne daß er es wußte, die Aufnahme in die Partei beantragt hatte.[356]

An diesem Abend entstand nach der Lesung zum Entsetzen der Gastgeberin eine heftige und offen politische Diskussion. Hans hatte wenige Tage vorher mit Eickemeyer zusammengesessen, der ihm und Schurik zum ersten Mal reinen Wein eingeschenkt und mit aller Deutlichkeit die schrecklichen Zustände in Polen geschildert hatte, die die Deutschen in dem von ihnen besetzten Land anrichteten. Sie behandelten die polnische Bevölkerung mit bestialischer Grausamkeit; dreihunderttausend Juden waren erschossen worden; überall wurden Konzentrationslager eingerichtet, deren Insassen zum Arbeitseinsatz bis zum Erschöpfungstod getrieben oder in Gaswagen liquidiert wurden. In den jüdischen Ghettos, die in den großen Städten eingerichtet worden waren, herrschten unbeschreibliche Verhältnisse.[357] Hans und Schurik waren entsetzt. Zum ersten Mal hörten sie einem Zeugen zu, der die schrecklichen Untaten mit eigenen Augen gesehen hatte, die sie bisher nur vom Hörensagen kannten. Und sein Bericht war noch weitaus furchtbarer als alles, was sie sich bisher zusammengereimt hatten.

Der Krieg ging weiter. Im Westen hatten die Alliierten begonnen zurückzuschlagen. Köln war zwei Tage zuvor von britischen Bombern fast dem Erdboden gleichgemacht worden. Das hatte zum ersten Mal gezeigt, daß die vielgerühmte deutsche Luftüberlegenheit gar nicht existierte.[358] Viele Deutsche gaben den Krieg jetzt verloren. Hans und Sophie und ihre

Münchner Freunde waren sowieso schon fest davon überzeugt, daß Deutschland den Krieg auf keinen Fall mehr würde gewinnen können. Sie waren sicher, daß es über kurz oder lang zum Zusammenbruch kommen würde. Dann mußte sich die heutige Regierungsform automatisch ändern.[359] Aber Hans und Schurik war das jetzt nicht mehr genug. Nach dem Gespräch mit Eickemeyer kämpften sie andauernd mit sich und ihrem Zweifel, ob sie untätig auf das nahe Kriegsende warten oder sofort selbst aktiv werden sollten, um diese Schreckensherrschaft so rasch wie möglich zu beenden.

Als sich das Gespräch jetzt dem Krieg und den furchtbaren Schäden zuwandte, die die feindlichen Bomben angerichtet hatten, waren sich alle sofort in der Klage einig, daß der Krieg nicht nur unwiederbringliche Kunstschätze und Kulturgüter, sondern auch die inneren Werte zerstöre. Besonders Professor Huber regte sich furchtbar darüber auf, daß die unersetzlichen mittelalterlichen Kirchenbauten dem Untergang geweiht waren. Man wünschte allgemein ein Ende dieser Zerstörungen herbei. Dabei kam die Frage auf, was man nach dem Krieg machen solle. Hans rettete sich in den Sarkasmus, der auch zu Hause in Ulm so oft den Ton bestimmte, und warf leichthin ein, man könne sich doch eine Insel in der Ägäis mieten und dort weltanschauliche Kurse veranstalten. Jemand anders fragte dagegen, was man denn jetzt schon tun könne. Damit war das Thema Widerstand offen auf dem Tisch, das die Gemüter sofort heftig erregte. Äußerer Widerstand sei erfolglos in dieser Zeit, hieß es. Aber die Vertreter des geistigen Lebens, besonders die Studenten, müßten für die innere »Anreicherung« sorgen. Mit ungewöhnlich gespannter Stimme widersprach darauf Professor Huber und forderte heftig, daß man etwas tun müsse, und zwar heute noch. Ein anderer riet zur Mäßigung, man könne sich gegen so eine Übermacht nicht wehren. Aber Hans, der sich sonst in solchen Diskussionen eher zurückhielt, stimmte Huber plötzlich energisch zu

und sagte, seiner Meinung nach sei eine Tat nötig, man könne sie jetzt nicht mehr zurückhalten.[360]
Ihm war in diesem Gespräch plötzlich klar geworden, daß er nicht mehr zögern konnte und wollte. Er mußte sein Wissen von den Greueltaten der Nationalsozialisten weitergeben, das ihn seit Tagen um den Schlaf brachte; egal, was daraus wurde. Wenn er seine selbstgesteckten Ziele wirklich ernst nahm, wenn er sich selbst treu bleiben wollte, wenn er der inneren Anforderung, besser zu sein als die anderen und ein guter Mensch zu werden, die sein ganzes Leben bisher bestimmt hatte, weiterhin folgen wollte, dann durfte er nicht mehr abwarten, dann war es jetzt und in diesem Augenblick seine höchste Aufgabe, dafür zu sorgen, daß so viele Gleichgesinnte wie möglich die Wahrheit erfuhren und sich endlich zum Handeln entschlossen. Wenigstens die Studenten und Professoren mußten endlich aufgerüttelt werden. Es gab so viele, die gegen den Nationalsozialismus waren. In seinem ganzen Bekanntenkreis befand sich kein einziger überzeugter Parteigänger mehr, er kannte nur noch mehr oder weniger erbitterte Gegner. Wenn sich alle zusammentaten, mußte es möglich sein, dieses Verbrecherregime zu stürzen. Es kostete Hans eiserne Selbstbeherrschung, nicht sofort und vor allen Leuten damit herauszubrechen, daß man Hitler umbringen müsse, weil er und seine ganze Bande Verbrecher waren, und die Beweise gleich mitzuliefern. Wenn sich ein einziger Denunziant unter den Anwesenden befand, dann würden solche klaren Worte für alle Anwesenden den Untergang bedeuten. Die Diskussion war sowieso schon ungewöhnlich freimütig gewesen, und er spürte die Unruhe der Gastgeberin, die das Thema so schnell wie möglich beendet sehen wollte.
Aber es gab eine andere Möglichkeit, subversives Wissen und Regimekritik weiter zu verbreiten: Auf Flugblättern, wie sie immer einmal wieder in den Städten kursierten, konnte man relativ gefahrlos zum Umsturz aufrufen. So war plötzlich die

Entscheidung, zu handeln, gefallen. Er hatte schon viel zu lange gezögert. Die ganze Zeit hatte er sich schuldig gefühlt; das Wissen, daß er damals in Ulm den Aufstieg der Nationalsozialisten mit allen Mitteln unterstützt hatte, daß er mitgeholfen hatte, eine Verbrecherclique an die Macht zu bringen, hatte unbewußt ständig auf ihm gelastet. Er atmete tief durch: Jetzt würde er endlich etwas tun. Er würde diese Schuld abtragen. Seinen besten Freund Schurik weihte er als ersten in diesen Entschluß ein. Sie wurden sich rasch einig. Schurik wollte mitmachen. Er konnte einen Vervielfältigungsapparat und Papier besorgen, da er dank seines großzügigen Vaters über genug Geld verfügte.[361]

Die Flugblätter

Sie setzten sich so bald wie möglich daran, einen flammenden Aufruf zu formulieren. Natürlich schüttelten sie einen solchen Text nicht einfach aus dem Handgelenk. Sie waren Medizinstudenten und nicht gewohnt, seitenlange Texte zu verfassen, auch wenn Hans sich im letzten Jahr schon einmal mit einem Beitrag zum »Windlicht« abgemüht hatte. Das war eine Zusammenstellung von Aufsätzen, Gedichten und Zeichnungen gewesen, die Inge und Otl gesammelt und in loser Folge an Geschwister und Freunde verschickt hatten, seitdem diese in alle Winde zerstreut waren.[362] So stückelten die beiden Studenten einen ersten Entwurf zusammen, den sie vertrauenswürdigen Freunden zum Lesen gaben. Deren Anregungen und Änderungsvorschläge wurden eingearbeitet und manche Passagen mehrfach umgeschrieben, so daß es eine ganze Weile dauerte, bis sie damit zufrieden waren.[363]
Als der Text, an dem sie so mühsam herumgefeilt hatten, seine endgültige Form angenommen hatte, galt es, ihn mit Schreibmaschine auf Wachsmatrizen abzutippen und zu vervielfälti-

gen. Sie hatten so viel auf dem Herzen, daß sie vier eng beschriebene Blätter dafür brauchten. Als Überschrift einigten sie sich auf den Titel »Flugblätter der Weissen Rose«. Dieser romantische Name stand noch ganz in der bündischen Tradition, in der Hans so lange in Ulm gelebt hatte. Für die Vervielfältigung mußte man die Wachsmatrizen in eine Mechanik einspannen, Spiritus und Farbe in den Apparat einfüllen und die Matrize über jedes einzelne Blatt des gestapelten Abzugspapieres kurbeln. Auf diese mühsame Art stellten Hans und Schurik ungefähr hundert Abzüge von jedem Flugblatt her. Sie hatten sich Briefumschläge besorgt und schrieben die Adressen von Freunden und Bekannten mit Schreibmaschine darauf, damit ihre Handschriften die Strafverfolger nicht zu ihnen als Urhebern führte. Sie waren sich natürlich klar darüber, daß ihre Flugblätter schnell bei der Polizei landen würden und dann sofort nach ihnen gefahndet würde. Ende Juni brachten sie die ersten fertigen Briefe zur Post. Bis zum zweiten Juliwochenende waren alle abgeschickt.[364]

Das erste Flugblatt hatten sie mit dem Satz begonnen: »Nichts ist eines Kulturvolkes unwürdiger, als sich ohne Widerstand von einer verantwortungslosen und dunklen Trieben ergebenen Herrscherclique ›regieren‹ zu lassen.« Sie riefen ihre Leser dazu auf, sich ihrer »Verantwortung als Mitglied der christlichen und abendländischen Kultur bewusst« zu sein. Jeder sollte in dieser »letzten Stunde sich wehren so viel er kann, arbeiten wider die Geißel der Menschheit, wider den Faschismus«. Mit zwei Zitaten von Schiller und Goethe untermauerten sie ihre Aussagen. Das Goethezitat und damit zugleich ihr Aufruf endete mit dem dreimaligen Ruf nach Freiheit.[365]

Im folgenden Text klärten sie ihre Leser darüber auf, daß der Nationalsozialismus nicht eine geistig-weltanschauliche Bewegung war, wie es seine Parteigänger immer wieder verbreiteten, sondern eine »stete Lüge« und ein ständiger Betrug der regierenden Verbrecherclique. Wieder riefen sie auf, sich gegenseitig »wiederzufinden, aufzuklären von Mensch zu Mensch, immer daran zu denken und sich keine Ruhe zu geben, bis auch der letzte von der äussersten Notwendigkeit seines Kämpfens wider dieses System überzeugt ist«. Sie hofften auf eine »Welle des Aufruhrs«, durch die »in einer letzten gewaltigen Anstrengung« dieses System abgeschüttelt werden konnte.

Sie wollten ihre Leser aufrütteln, wie sie selbst von Eickemeyers Bericht aufgerüttelt worden waren, deshalb veröffentlichten sie seine Aussage, daß »seit der Eroberung Polens *dreihunderttausend* Juden in diesem Land auf bestialischste Art ermordet worden sind«. Man mochte sich zur Judenfrage stellen, wie man wollte, aber das war »das fürchterlichste Verbrechen an der Würde des Menschen, ein Verbrechen, dem sich kein ähnliches in der ganzen Menschengeschichte an die Seite stellen kann. Auch die Juden sind doch Menschen...«. Ihre ganze Erregung, Wut und Enttäuschung über die Ängstlichkeit und Hilflosigkeit, mit der ihre Landsleute wie Kaninchen auf die Schlange starrten und nichts taten, um Hitler hinwegzufegen, aber kam in der Frage zum Ausdruck: »Warum verhält sich das deutsche Volk angesichts all dieser scheusslichsten, menschenunwürdigsten Verbrechen so apathisch? Kaum irgendjemand macht sich Gedanken darüber.« Waren die Deutschen »in ihren primitivsten menschlichen Gefühlen verroht«? Sie mußten doch Mitleid mit diesen Hunderttausenden von Opfern empfinden, und nicht nur Mitleid, »nein, noch viel mehr: Mitschuld«. Sie waren doch schuld daran, daß diese »Regierung« überhaupt entstehen konnte. »Ein jeder ist schuldig, schuldig, schuldig!« Es war die »einzige und höchste, ja heiligste Pflicht eines jeden Deutschen..., diese Bestien zu vertilgen!«

Das dritte Flugblatt begann lateinisch mit dem Satz, daß das »Wohl aller das höchste Gesetz« sei. Es ging ihnen um die Frage der besten Staatsform, aber sie legten sich nicht fest, welche der verschiedenen politischen Möglichkeiten – Demokratie, konstitutionelle Monarchie oder Königtum – zu bevorzugen sei. Sie stellten ihren Lesern als Ideal die »civitas Dei«, den Gottesstaat vor, dem sich der Staat nähern sollte. Das hieß für sie im Grundsatz, daß »jeder einzelne Mensch... einen Anspruch auf einen brauchbaren und gerechten Staat [hat], der die Freiheit des Einzelnen als auch das Wohl der Gesamtheit sichert. Denn der Mensch soll nach Gottes Willen frei und unabhängig im Zusammenleben und Zusammenwirken der staatlichen Gemeinschaft sein natürliches Ziel, sein irdisches Glück in Selbständigkeit und Selbsttätigkeit zu erreichen suchen.«

An diesem Anspruch gemessen war der augenblickliche deutsche Staat eine »Diktatur des Bösen«. Und so griffen sie ihre Leser direkt an mit der provozierenden Frage, warum diese sich nicht aufregten, warum sie duldeten, daß die Gewalthaber »ihnen Schritt für Schritt offen und im Verborgenen« ein Recht nach dem anderen raubten, bis eines Tages nichts mehr übrigblieb, außer ein »mechanisiertes Staatsgetriebe, kommandiert von Verbrechern und Säufern«. Wie konnten die Menschen vergessen, daß sie nicht nur das Recht dazu hatten, sondern geradezu die »sittliche Pflicht«, dieses System zu beseitigen? Mit flammenden Worten bezichtigten sie alle, die jetzt noch zögerten, der Feigheit und drohten mit einem Anwachsen ihrer Schuld ins Unermeßliche. Sie beschrieben auch ihre Vorstellungen von Widerstand genauer, indem sie einen passiven Widerstand in allen Bereichen des Lebens skizzierten. Sabotage war das Stichwort, unter das sie diesen Widerstand subsumierten. Für den Schluß wählten sie ein Zitat von Aristoteles, in dem die Kennzeichen der Tyrannenherrschaft genannt werden: Späher belauschen alles, alle Welt wird miteinander verhetzt, die Untertanen werden arm gemacht und beständig Kriege erregt.

Auch ihr vierter Text hielt an dem hochgebildeten Ton fest, der sich an einen anspruchsvollen Leserkreis wandte. Inzwischen hatten sich die deutschen Truppen bis nach Ägypten vorgekämpft. Auch an der Ostfront waren erneut Erfolge erzielt worden. Aber sie wiesen auf die »grauenhaftesten Opfer« hin, unter denen die scheinbaren Erfolge erkauft worden waren. Sie warnten »vor jedem Optimismus«. Ihnen war Hitler zu einem Dämon geworden, einem Boten des Antichristen. Sie fühlten sich fast selbst als die Propheten und Heiligen, von denen sie sprachen, die »überall und zu allen Zeiten der höchsten Not ... aufgestanden« waren, »die ihre Freiheit gewahrt hatten, die auf den Einzigen Gott hinwiesen und mit seiner Hilfe das Volk zur Umkehr mahnten«. Und sie riefen den Leser persönlich als Christen auf, das »Böse dort an[zu]greifen, wo es am mächtigsten ist, und es ist am mächtigsten in der Macht Hitlers«. Diese fast alttestamentarischen Worte unterstützten sie mit einem Bibelzitat. Sie wollten »Erneuerung des schwerverwundeten deutschen Geistes von Innen her zu erreichen« versuchen. Sie wollten nicht schweigen, wie so viele andere, » ... wir sind Euer böses Gewissen, die Weisse Rose lässt Euch keine Ruhe!« schrieben sie trotzig an den Schluß ihrer Zeilen.

In einer Vorlesungspause in der Universität hielt Traute Sophie ein Flugblatt der Weißen Rose zum Lesen hin, das sie an diesem Morgen mit der Post erhalten hatte. Hans und Hubert, ebenfalls Medizinstudent und Freund aus der Studentenkompanie, standen neben ihnen und lasen über Sophies Schulter mit. Das waren aufwühlende Sätze, die sie zu lesen bekamen. Was die Weiße Rose schrieb, war geradezu unerhört. Der Aufruf zum Widerstand und die heftige Verunglimpfung Hitlers waren nach den Vorstellungen der Nationalsozialisten nicht nur ein Skandal: Das war Hochverrat! Das konnte die Schreiber den Kopf kosten! Darüber konnte man mitten unter den anderen Studenten natürlich nicht weiter sprechen. Deshalb fragte Sophie nur, ob denn die anderen wüßten, was

der Name Weiße Rose zu bedeuten habe. Hans gab mit keiner Miene zu erkennen, daß er selbst damit etwas zu tun habe. Er antwortete beiläufig, daß seiner Erinnerung nach die verbannten Adeligen während der französischen Revolution eine weiße Rose als Symbol auf ihren Fahnen geführt hätten.[366]
Traute erkannte ebenso wie Sophie die vertraute Sprache des Flugblattes auf den ersten Blick. »Geißel der Menschheit«, das waren die Worte, die Sophies Vater immer für Hitler benutzte. Das mußte Hans geschrieben haben. Außerdem stand in den Flugblättern die Quintessenz dessen, worüber sie ständig miteinander diskutierten. Sophie fühlte und dachte genau so, wie sie es dort las. Als sie an diesem Abend mit Hans allein war, sagte sie ihm auf den Kopf zu, daß er die Flugblätter verfaßt habe. Hans antwortete ihr ausweichend, daß es nicht gut sei, nach dem Verfasser zu fragen, man gefährde ihn nur dadurch.[367] Aber anders als Traute, die wenig später die gleiche Antwort erhielt und sich daraufhin erst einmal zurückhielt, ließ Sophie nicht locker: Wenn sie weitermachten, dann wollte sie dabei sein. Das stand für sie sofort fest. Auch sie fühlte sich schon so lange mitschuldig am Nationalsozialismus. Außerdem zählten ihrer Meinung nach nicht Worte, sondern nur die Tat, und hier bot sich ihr endlich die Gelegenheit dazu. Sie wollte genauso wie ihr Bruder aktiv in das Weltgeschehen eingreifen und für ein besseres und freies Vaterland kämpfen.
Ihr spontaner Entschluß entsprang nicht einer plötzlichen Laune oder Eingebung. Die vielen Diskussionen über das aktuelle Zeitgeschehen zu Hause und im Kreis der Geschwister und Freunde hatten ihre Aufmerksamkeit für Recht und Unrecht von dem Augenblick an geschärft, als sie den Mythos vom Erlöser und Heilsbringer Adolf Hitler durchschaut hatte, an den so viele Deutsche immer noch glaubten. Das Bemühen der Eltern, ihre Kinder zu Mitmenschlichkeit oder vielmehr zu »guten Menschen« zu machen, war für sie zu einem ständigen

Ansporn geworden. Dieses von den Eltern überkommene Selbstbild hatte sich außerdem mit dem elitären Heldenideal verbunden, das Tusk seine bündischen Jungen gelehrt hatte. Alles besser zu können und zu machen als die normalen und alltäglichen Menschen, diese Norm hatte der Kreis der Geschwister sich selbst gesetzt. Dabei hatte dieses Idealbild sich gar nicht so schlecht mit dem Heldenbild vertragen, das in der Hitlerjugend zum Vorbild erhoben wurde und den starken, unbeugsamen Menschen forderte, der keine Schwäche und keinen Makel kennt. Dadurch, daß sie zuerst gegen die Eltern rebelliert hatten, dann aber einsehen mußten, daß besonders der Vater mit seinen Voraussagen recht behalten hatte, hatten die Geschwister keine Möglichkeit mehr gehabt, sich kritisch mit diesen von außen übernommenen Normen auseinanderzusetzen. So hatten sie einen außerordentlich hohen Anspruch an sich selbst entwickelt. Wie Hans maß auch Sophie sich selbst und besonders ihre Taten immer wieder daran, obwohl sie manchmal spürte, daß sie dem heldischen Ideal des »guten Menschen« kaum genügen konnte.
Die jungen Männer hatten während ihrer Arbeit an den Flugblättern nicht mit ihrem normalen Studentenleben aufgehört. Sie hatten weiter ihre Vorlesungen gehört. Hans hatte sogar Professor Huber in der Universität aufgesucht und um Erlaubnis gebeten, sein Kolleg hören zu dürfen, ohne es offiziell zu belegen. Huber hatte das gern erlaubt. Er blieb sogar häufig noch danach mit Hans in ein Gespräch vertieft am Pult stehen.[368] Auch die anderen Freunde kamen seitdem in seine Vorlesung. Aber sie trafen sich auch im Bachchor zum Singen, lasen und diskutierten gemeinsam Bücher, besuchten Konzerte und waren zum Fechten gegangen. Soweit es unumgänglich war, hatten sie auch an den ständigen Appellen in der Kaserne teilgenommen. Allerdings vertraten sie sich dort oft gegenseitig, so daß nur einer von ihnen anwesend war und jedesmal »hier« rief, wenn einer ihrer Namen aufgerufen

wurde. Auch zu den gewohnten Lese- und Gesprächsabenden hatten Hans und Schurik weiterhin eingeladen. Je nachdem, wie viele sie waren, trafen man sich in der Villa von Schuriks Eltern oder im Atelier in der Leopoldstraße.[369] Hans lud sogar Theodor Haecker ein, der kurz vor Semesterende, am 10. Juli, zum ersten Mal in ihrem Kreis aus seiner Schrift »Der Christ und die Geschichte« vorlas. Da Haecker totales Rede- und Schreibverbot erhalten hatte, war sein Auftritt vor so vielen Menschen illegal.[370] Aber sie vertrauten darauf, daß sie keinen Denunzianten unter sich hatten.
Neben dem Kern der Freunde und Freundinnen um Hans, Schurik und Sophie tauchten immer wieder einmal neue Gesichter auf. So war in diesem Sommer Willi Graf zu ihrem Kreis dazugestoßen, der gerade erst nach München gekommen war, wo er endlich sein in Bonn begonnenes Medizinstudium fortsetzen durfte. Der gebürtige Saarländer hatte im vorletzten Frühjahr am Jugoslawien-Feldzug teilnehmen müssen und war danach fast ein Jahr lang in Rußland eingesetzt worden. Willi war ein halbes Jahr älter als Hans. Sophie kam er viel ernsthafter und bedächtiger vor als ihr Bruder. Er ging selten aus sich heraus. Aber mit der Zeit erfuhr sie doch von ihm, daß er aus einer katholischen Familie kam und schon 1929, mit elf Jahren, einem katholischen Schülerbund beigetreten war. Als vier Jahre später eine Reihe von Freunden in die Hitlerjugend ging, strich er ihre Namen konsequent aus seinem Adressenverzeichnis. 1934 hatte er sich dem »Grauen Orden« angeschlossen, der in Südwestdeutschland verbreitet war und sich stärker als die übrige katholische Jugend den bündischen Traditionen verpflichtet fühlte. Deswegen wurde auch er 1938 inhaftiert.[371]
Zwei Wochen nach der Lesung von Haecker sollte das Sommersemester zu Ende gehen. Die meisten Studenten verließen in den Ferien die Stadt und fuhren nach Hause. Hans und seine Freunde aber erfuhren kurz vorher, daß sie endgültig zur

»Frontfamulatur« in den Osten abkommandiert waren. Am 23. Juli sollten sie abreisen. An ihrem letzten Abend trafen sie sich noch einmal im Atelier, um Abschied zu feiern. Sie hatten dazu sogar Professor Huber eingeladen.[372] Es gab Tee und später ein Glas Wein. Der engste Freundeskreis saß beisammen: Hans, Schurik und Christl, dazu Willi und einige andere Freunde sowie die Mädchen, die zu ihnen gehörten, Sophie, Traute und deren Freundin Katharina. Auch Eickemeyer, der Besitzer des Ateliers, war gerade wieder von einer seiner Reisen zurückgekommen. Sophies alter Ulmer Freund Otl hatte sich inzwischen mit einer Gelbsucht von der russischen Front absetzen können. Auch er schaute für kurze Zeit vorbei. Später kam noch Hans Hirzel aus Ulm dazu, der jüngere Bruder von Suse, Sophies Freundin aus dem Fröbelseminar, der noch in Ulm auf das Gymnasium ging. Er hatte Ferien und war auf der Durchreise in München. Sophies Bruder stellte ihn den Anwesenden vor. Hans Hirzel hatte kurz zuvor eines der Flugblätter der Weißen Rose erhalten und wollte jetzt nachprüfen, ob die Scholls wirklich die Urheber waren, wie er vermutete. Ihm brannte sich dieser Abend tief in das Gedächtnis ein, so daß er später in seiner Vernehmung ausführlich darüber berichtete.[373]

Die Frontfamulatur der Freunde war das Hauptgesprächsthema. Wie würden sie sich als Soldaten im Felde verhalten? Würden sie auf die Bolschewisten schießen? Schurik konnte sich das nicht vorstellen. Die Russen waren seine Landsleute. Er würde völlig passiv bleiben, schwor er mehrfach. Hans, die Mädchen und Huber waren sich dagegen darin einig, daß Soldaten im Kampf ihren Mann stehen mußten. Aber durfte ein Christ gegen Gottes ausdrückliches Gebot wirklich töten? Sophie warf diese Frage ein. Sie diskutierten sie lange und kamen zu dem Schluß, daß im Kampf gegen den Feind auch ein Christ töten dürfe. Er sei dann nicht als Einzelperson für seine Tat verantwortlich, sondern handelte als unselbständi-

ges Glied einer übergeordneten Macht, führte Huber aus. Hans Hirzel hatte sowieso den Eindruck, daß dieser ältere Herr die Hauptperson dieses Kreises war, seine Äußerungen wurden von den anderen immer mit Zustimmung aufgenommen.
Natürlich redeten sie auch über den Nationalsozialismus und den Krieg. Sie retteten sich wieder einmal in Ironie und Sarkasmus. Sophies Bruder erzählte den Flüsterwitz von dem zerbombten Haus, vor das die Bewohner das Schild »Führer, wir danken Dir!« aufgestellt hatten. Dem jungen Hans fiel ein Gedicht ein, das er an einem Denkmal gelesen hatte, und er gab es zum besten: »Steig hernieder, edler Streiter, Dein Gefreiter weiß nicht weiter, lasse diese schlechten Zeiten lieber Adolf Hitler reiten!« Alle lachten. Sie waren alle überzeugt, daß es mit der Regierung bald zu Ende gehen werde. Aber als der junge Hans anfing, von den Flugblättern der Weißen Rose zu reden, lenkten Huber und Sophies Bruder das Gespräch rasch auf die Frage, ob es überhaupt richtig sei, Flugblätter zu verbreiten. Prompt lehnten einige der Anwesenden eine solche Methode als kommunistisch ab.[374]
Gegen Mitternacht löste sich die Gesellschaft auf. Sophie wurde von ihrem Bruder und Hans Hirzel nach Hause begleitet. Die beiden gingen gemeinsam in die Lindwurmstraße weiter. Auf dem Weg fragte der junge Hans den älteren endlich nach den Flugblättern.[375] Sie machten nicht viele Worte, aber es war schnell klar, daß der Oberschüler mitmachen und auch bei sich zu Hause Flugblätter herstellen und verbreiten würde. Er blieb noch ein paar Tage in München und erhielt von Sophie achtzig Reichsmark, um einen Vervielfältigungsapparat zu kaufen.[376] Sophie hatte nämlich die Verwaltung der gemeinsamen Finanzen übernommen, nachdem Hans ihr schließlich zugestanden hatte, daß sie sich an der ganzen Aktion beteiligte, obwohl die jungen Männer es eigentlich nicht gut fanden, wenn Frauen bei ihren gefährlichen Aktivitäten mitmachten.

Am nächsten Morgen um sieben Uhr mußten sich die Medizinstudenten am Ostbahnhof zum Verladen einfinden. Sophie brachte ihren Bruder zur Bahn und stand eine ganze Zeit mit den Freunden zusammen, deren Abfahrt sich stundenlang verzögerte. Der Abschied von den Medizinstudenten fiel ihr schwer. Sie fuhren an die Front. Würden sie alle aus Rußland wiederkommen? Würden sie den Krieg heil überstehen? Konnten sie danach mit ihren Aktionen dort weitermachen, wo sie gerade begonnen hatten? Wie sollte es weitergehen? Sophie wußte jedenfalls, was ihr selbst im nächsten Monat blühte. Sie hatte schon zu Beginn des Studiums erfahren, daß sie immer noch nicht genug für die Volksgemeinschaft getan hatte. Die Studentinnen mußten ihr Privileg, als Frau überhaupt studieren zu dürfen, mit einem weiteren Rüstungseinsatz in den Semesterferien bezahlen.[377]
Nach dem Abschied von den Studenten verließ Sophie München und fuhr nach Ulm zurück. Diese Rückkehr in ihre Heimatstadt war wie eine kalte Dusche für sie. Nach dem freien und völlig selbstbestimmten Studentenleben unter Gleichgesinnten und Freunden, nach den ständigen geistigen Anregungen durch Vorlesungen und Gespräche kam sie gerade zum Prozeß des Vaters nach Ulm zurück, und gleichzeitig mußte sie ihren zwei Monate langen Rüstungseinsatz antreten. Die lange befürchtete Verhandlung gegen Robert Scholl fand am 3. August vor dem Sondergericht statt. Sophies Vater wurde wegen Verstoßes gegen das Heimtückegesetz zu vier Monaten Gefängnis verurteilt. Die Mutter war entsetzt. Wegen ein paar unbedachter Worte sollte ihr unbescholtener Mann zusammen mit Räubern und Mördern im Gefängnis sitzen! Sie versuchte alles mögliche, um ihm die Haft zu ersparen. Sie schrieb ein Gnadengesuch und bat ihre Söhne an der Front – Werner war inzwischen auch nach Rußland abkommandiert worden, und zwar zufällig ganz in die Nähe von Hans –, ebenfalls Gnadengesuche einzureichen, weil diese von

Frontsoldaten mehr Gewicht hatten. Hans war empört, als er von dem hohen Strafmaß hörte. In einer ersten Aufwallung von Wut schrieb er in sein Tagebuch, daß er unter keinen Umständen um Gnade bitten werde. Er kenne den falschen, aber auch den wahren Stolz.[378]
Drei Wochen nach dem Prozeß mußte Robert Scholl seine Strafe antreten.[379] Das Gefängnis lag am Rande der Innenstadt, nicht weit von ihrer Wohnung entfernt. Während der Haft half Eugen Grimminger, ein alter Freund des Vaters aus Stuttgart, in seinem Büro aus und übernahm die dringendsten Arbeiten, damit die wirtschaftliche Existenz der Familie nicht auch noch ruiniert würde. Grimminger konnte nur noch freiberuflich als Wirschaftsprüfer arbeiten, weil seine Frau »Volljüdin« war.[380]
Sophie kam in diesen Wochen jeden Abend völlig erschöpft und angeödet von ihrem Fabrikdienst heim. Sie war der Schraubenfabrik Fervor.[381] zugeteilt worden und mußte den ganzen Tag in einem großen und zugigen Saal an einer Maschine stehen und ewig die gleiche Bewegung machen. Sie kam sich vor wie ein dressierter Affe. Der Anblick der vielen Menschen in der Fabrikhalle deprimierte sie zutiefst. Sie fand ihre Arbeit schrecklich »geist- und leblos«. Die Menschen wurden hier zu Maschinen degradiert. Sie leisteten ein winziges Stückchen »Teilarbeit«, von dem sie nicht wußten, was daraus werden würde, das aber auf jeden Fall dem Krieg diente, den Sophie aus ganzer Seele verabscheute. Außerdem machten die Maschinen einen höllischen Lärm. Das alles griff sie psychisch so an, daß selbst das Geheul der Freizeitsirene in ihren Ohren fürchterlich klang. Schon in Blumberg hatte sie erlebt, wie Fremdarbeiter und Kriegsgefangene für diesen Irrsinn schuften mußten. Hier in Ulm waren russische Zwangsarbeiterinnen eingesetzt, die brutal angetrieben wurden. Sophie litt mit dem jungen russischen Mädchen, das neben ihr an der Maschine stand, wenn der deutsche Vorarbeiter sie wieder

einmal anschrie und mit seinen Fäusten drohte. Dieses schreckliche Arbeitsklima war für sie noch viel schlechter auszuhalten als die nervtötende Arbeit. Das Ganze hatte etwas von Sklavenarbeit, dachte sie bitter, und diese Menschen – zumindestens die deutschen Frauen und Männer, die einen Teil der Belegschaft ausmachten – hatten sich ihren Sklavenhalter auch noch selbst gekrönt![382] Denn sie durchschaute inzwischen den Rüstungswahnsinn, mit dem Hitler zuerst die Wirtschaft angekurbelt hatte und jetzt immer höhere Arbeitsleistungen erzwang, um das Letzte aus den Menschen herauszuholen.

Natürlich versuchte Sophie, die Fabrikation zu sabotieren, so wie es die Flugblätter gefordert hatten. Sie arbeitete so langsam, wie es irgend ging, und versuchte soviel Ausschuß wie möglich herzustellen. Aber sie durfte auf keinen Fall auffallen. Die Mutter litt so schon genug darunter, daß ihr Mann im Gefängnis war und ihre beiden Söhne im Feld standen. Sie war froh, außer Inge wenigstens ihre Jüngste in dieser schweren Zeit daheim zu haben. Da durfte Sophie keine Gefahr eingehen. So ließ sie einfach nur ihre Gedanken zu all den jungen Männern abschweifen, die jetzt in Rußland an der Front waren. Nicht nur Hans und Werner und die Medizinerfreunde waren dorthin abkommandiert, auch Fritz war inzwischen schon lange wieder im Osten eingesetzt. Jeden Abend schloß sie alle in ihr inbrünstiges Gebet ein.[383]

Überall drehten sich die Gespräche jetzt nur noch um den Krieg und die Zukunft. Die Engländer rückten mit ihren massiven Luftangriffen immer weiter gegen Süddeutschland vor.[384] Viele Menschen hatten das Gefühl, am Ende der Zeit zu stehen. Wenn Sophie so etwas hörte, fragte sie sich, ob der Glaube an das Ende der Welt nicht nebensächlich war. Jeder Mensch mußte doch dauernd damit rechnen, im nächsten Augenblick von Gott zur Rechenschaft gezogen zu werden. Auch sie konnte nicht wissen, ob sie nicht alle noch in der gleichen Nacht von einer einzigen Bombe vernichtet werden würden. Auch wenn sie zusammen mit der ganzen Welt untergehen würde, änderte das nichts an der Größe ihrer Schuld. Sie machte sich manchmal schreckliche Vorwürfe, zu schwach zu sein und viel zu leichtsinnig dahinzuleben.[385] In solchen Stunden lastete die Schuld, den Nationalsozialisten früher zugejubelt zu haben wie die meisten Deutschen und ihnen dadurch zur Macht verholfen zu haben, zentnerschwer auf ihr.

Aber noch mehr trug die Haft des Vaters zu ihrer Verstörung bei. Zu Hause vermißten sie ihn schrecklich. Er war bisher noch nie für längere Zeit weggewesen. Sie durften ihn nicht besuchen und bekamen nur alle vier Wochen einen Brief von ihm. Sie selbst durften ihm alle vierzehn Tage schreiben. Sophie wollte ihm so gern seine Haft erleichtern. Sie versicherte ihm wenigstens brieflich, daß alle Freunde im Feld an einer Mauer von Gedanken um ihn herum mitbauten. Er spürte doch, daß er nicht allein war, schrieb sie, und zitierte das berühmte Lied von der Freiheit der Gedanken, das sie manchmal abends vor den Gefängnisfenstern auf der Flöte spielte: »Denn unsere Gedanken, die reißen die Schranken und Mauern entzwei: die Gedanken –!«[386]

Am 19. September war Sophie endlich vom Fabrikdienst erlöst. Liesl sollte in den nächsten Tagen heimkommen. Dann wollten sie zusammen nach München fahren, um Sophies Zimmer aufzuräumen. Sie hatten zwei zusammenhängende Zimmer in einem Hinterhaus an der Schwabinger Franz-Josef-Straße gefunden, die sie zum neuen Semester beziehen konnten. Außerdem wollten die beiden jungen Frauen Professor Muth besuchen und danach einige Tage im Böhmerwald Ferien machen.[387] Sie freute sich schon auf diese Abwechslung. Aber das Kriegsgeschehen ließ sie nicht wirklich zur Ruhe kommen. Die Kämpfe um Stalingrad hatten begonnen, wo Fritz an vorderster Front stand.

Einen Monat später wurde Robert Scholl wegen guter Führung und weil er nicht vorbestraft war die Hälfte seiner Strafe erlassen.[388] Sophie war zurückgekommen und hatte noch Semesterferien. Sie war ungeheuer erleichtert, als der Vater endlich wieder oben am Tisch saß. Morgens ließ er aus dem Badezimmer seine eigenen Variationen des Liedes »Wachet auf« erschallen, wenn sie ihm das Wasser zum Rasieren warm machen mußte, und sie wurde wieder täglich mehr als zehnmal in halb zurechtweisendem, halb zärtlichem Ton von ihm ermahnt, weil sie irgend etwas verlegt oder nicht aufgepaßt hatte. Sie wunderte sich selbst darüber, wie froh und glücklich alle diese kleinen Selbstverständlichkeiten des Alltags sie plötzlich machten, die sie vorher kaum bewußt wahrgenommen hatte. Gleichzeitig erstaunte es sie, daß ihr Vater völlig ungebrochen aus dem Gefängnis zurückgekommen war. Sie hatte das Gefühl, daß bei ihm nichts von dem, was ihm schon von anderen Menschen angetan worden war, den kleinsten Rest von Haß oder Vergeltungssucht oder auch bloß Gleichgültigkeit hinterlassen hatte. Immer war er nur von dem guten Willen beseelt, sogar die Menschen, die ihm etwas Schlechtes angetan hatten, für das Wahre und Gute zugänglich zu machen. Sie bewunderte ihn maßlos. Während sie in ihren stillen Stunden immer wieder ihre eigene Schwäche beklagte, war ihr Vater ihrer Meinung nach bereit, sich ganz für das einzusetzen, was er als richtig erkannt hatte.[389]

Anfang November kam Hans mit seinen Kommilitonen wohlbehalten aus Rußland zurück. Jetzt rückte die Fortsetzung des Studiums wieder in greifbare Nähe. Aber es war nicht die Zeit, um ungetrübt Pläne zu schmieden. Sie lebten durch den Krieg in dauernder Unsicherheit. Sophie hatte das Gefühl, als ob sein Schatten sie Tag und Nacht bedrückte und keine Minute mehr verließ. Wann würde endlich der Tag kommen, wo sie ihre Kräfte und ihre Aufmerksamkeit nicht mehr ewig für Dinge anspannen mußte, die es nicht wert waren, daß man auch nur den kleinen Finger rührte? Seit der Denunzierung des Vaters war sie schrecklich mißtrauisch und vorsichtig geworden. In Ulm mußte man jedes Wort prüfen, ob auch kein Schimmer von Zweideutigkeit daran haftete. Es war so ermüdend und entmutigend. Auch von Fritz hatte sie jetzt ziemlich lange nichts mehr gehört, und die Kämpfe um Stalingrad kamen zu keinem Ende, so daß sie sich große Sorgen machte.[390]

Als Hans gerade erst wenige Tage wieder zu Hause war – er hatte Schurik auf Besuch mitgebracht –, kam eine neue Hiobsbotschaft: Wegen politischer Unzuverlässigkeit wurde dem Vater die Berufsausübung verboten. Sie hatten so etwas schon befürchtet, aber dreißig seiner wichtigsten Kunden hatten eine Eingabe zu seinen Gunsten gemacht, so daß sie gehofft hatten, das Verbot vermeiden zu können. Jetzt konnte der Vater höchstens noch irgendwo als angestellter Buchhalter arbeiten. Aber da würde er nicht genug verdienen, um seine große Familie zu ernähren, das Studium seiner beiden Kinder zu bezahlen und auch noch eine teure Wohnung zu halten. Sophie hatte schon die ganze Zeit befürchtet, sie werde ihr Studium aufstecken müssen. Doch soweit war es noch nicht. Der Vater war sich sicher, daß der Krieg sehr bald, vielleicht sogar noch im selben Jahr, zu Ende sein würde. Er hatte genug Ersparnisse angesammelt, um diese Zeit zu überstehen. Deshalb entschied er sich, die Wohnung nicht aufzugeben und auch seine beiden Kinder weiterstudieren zu lassen. Wenn sich alle einschränkten, würden sie schon über die Runden kommen. Sophie war froh über diesen Entschluß. Vielleicht konnte auch Fritz ihr finanziell unter die Arme greifen. Er hatte es ihr schon einmal angeboten.[391]

»An alle Deutsche!«

So ging Anfang Dezember das Wintersemester in München los, und alle fanden sich wieder an der Universität ein. Willi bezog Sophies ehemaliges Schwabinger Zimmer. Anfang Januar kam dort auch seine jüngere Schwester Anneliese unter, die gerade mit ihrem Studium begann.[392] Sophies Freundin Gisela aus Krauchenwies war ebenfalls nach München gekommen, um dort ihr Studium fortzusetzen. Sie zog in Hans' freigewordenes Zimmer in der Lindwurmstraße. Die beiden Freundinnen verabredeten sich jetzt fast täglich zum Mittagessen oder trafen sich nachmittags oder abends zu Gesprächen und gemeinsamen Konzertbesuchen.[393]
Alle zusammen tauchten sie in Professor Hubers Vorlesung auf, der eine systematische Einführung in die Philosophie gab.[394] Hans und der Professor nahmen dabei auch ihre persönlichen Gespräche wieder auf. Selbstverständlich setzten die Studenten alle ihre anderen Aktivitäten aus dem Sommersemester fort.[395] Hans, Schurik, Christl und Willi waren in Rußland die meiste Zeit zusammengeblieben und hatten oft über ihren Widerstand gegen den Nationalsozialismus gesprochen. Aber dort an der Front konnte man nicht für die Zukunft planen, dort galt es jeden Tag zu überleben. Ganz anders war es jetzt in München, wo das Leben – abgesehen davon, daß es nächtliche Bombenalarme gab – in gewisser Weise immer noch seinen alltäglichen Gang ging. So begannen sie, gemeinsam neue Pläne zu schmieden. Hans und Schurik wollten jetzt die ganze Sache in größerem Rahmen angehen. Willi war auch eingeweiht worden und wollte ebenfalls mitmachen. Christl würde bald nicht mehr aktiv dabei sein können, weil er nach Innsbruck versetzt werden sollte.[396]
Hans' Freundin Traute war zu Hause in Hamburg gewesen, wo sie einen ähnlichen Freundeskreis hatte wie in München. Sie hatte zwei Flugblätter der Weißen Rose dorthin mitgenom-

men und Hans erzählt, daß ihre Hamburger Freunde die Flugblätter auch in Norddeutschland verbreiten wollten. Auf ähnliche Weise wollten die jungen Männer jetzt versuchen, an so vielen Universitäten wie möglich die Fackel des Widerstandes anzuzünden.[397] Am meisten Erfolg versprachen sie sich von der Idee, in allen Universitätsstädten Deutschlands illegale studentische Zellen einzurichten, die gleichzeitig übereinstimmende Flugblattaktionen durchführen sollten.[398] Vielleicht konnten sie sogar mit den Zentren des Widerstandes in Berlin in Verbindung treten und Kontakte zum Ausland knüpfen? Über eine Freundin von Schurik nahmen sie Kontakt zu Falk Harnack auf, der durch seinen Bruder Arved Verbindungen zum kommunistischen Widerstand in der »Roten Kapelle« besaß und durch seinen Schwager Dietrich Bonhoeffer eng mit der Bekennenden Kirche verbunden war. Hans und Schurik trafen ihn noch im Dezember zum ersten Mal in Chemnitz, wo sie aber nicht über die Diskussion von Zielen und Methoden des Widerstands hinauskamen.[399]

Die Freunde hatten inzwischen nicht nur Zustimmung, sondern auch Kritik an den Flugblättern der Weißen Rose zu hören bekommen. Einigen waren sie viel zu elitär abgefaßt. Das konnte doch kein normaler Mensch lesen und verstehen! Wenn die Weiße Rose nicht nur die geistige Elite erreichen wollte, mußten ihre Aufrufe anders geschrieben werden. So kamen sie auf Professor Huber, der deutlich genug zu erkennen gegeben hatte, wie sehr er einen Sturz Hitlers wünschte. Er war sprachgewaltig und hatte einen mitreißenden Stil. Als der Professor Hans einlud, ihr Gespräch bei sich zu Hause fortzusetzen, nutzte dieser die Gelegenheit und berichtete von ihrer ersten Flugblattaktion und ihren weiteren Plänen. Es kam zu lebhaften Diskussionen, bis Huber schließlich zustimmte, ihnen zu helfen.[400]

Aber sie brauchten nicht nur neue Mitstreiter, sondern auch Geld, um Papier, Vervielfältigungsapparate, Briefumschläge und Porto ihrer geplanten Großaktion zu bezahlen. Hans und Sophie gingen im Geiste die Leute durch, die man darauf ansprechen konnte. Am meisten versprachen sie sich von Eugen Grimminger, dem Freund des Vaters, der in den Gefängnistagen in Ulm geholfen hatte, die Firma weiterzuführen. Er war ebenfalls ein erbitterter Gegner des Nationalsozialismus und würde sie vielleicht unterstützen. So fuhren sie nach Stuttgart, um Herrn Grimminger um Geld zu bitten. Während Hans und Schurik mit ihm spazierengingen, nutzte Sophie die Zeit dazu, ihre alte Freundin Suse zu besuchen, die in Stuttgart Musik studierte, um auch sie für die Weiße Rose zu gewinnen. Doch sie hatte keinen Erfolg, und auch die beiden jungen Männer verließen Stuttgart mit leeren Händen. Eine Woche später schrieb Grimminger allerdings einen Scheck über fünfhundert Mark für Hans aus, eine für damalige Verhältnisse sehr großzügige Spende.[401]

Über Weihnachten stellten sie ihre Aktivitäten weitgehend ein, weil sie alle nach Hause fuhren. Nur Willi hatte sich viel vorgenommen. Er versuchte während dieser Zeit, den Widerstand nach Westen zu tragen und in seinem großen Freundeskreis innerhalb der katholischen Jugendbewegung neue Mitstreiter zu aktivieren. Allerdings stieß er bei vielen auf Skepsis und Zurückhaltung. Sie hielten eine Beteiligung an der Flugblattherstellung für viel zu gefährlich. Was Willi ihnen vorschlug, galt nach den herrschenden Gesetzen als Hochverrat und wurde mit dem Tode bestraft. Hatte er nicht von den Schauprozessen gehört, die der Vorsitzende des Volksgerichtshofes, Roland Freisler, überall in Deutschland abhielt? Dieser und viele andere Richter sprachen zur Zeit doch reihenweise Todesurteile aus, die wenig später vollstreckt wurden. In ihren Augen war diese Flugblattidee reiner Selbstmord. Wollten Willi und seine Freunde unbedingt ihr Leben verlieren?

Andere Freunde warnten ihn eindringlich: Die Münchner waren doch wohl nicht so naiv zu glauben, daß sie nicht über kurz oder lang entdeckt werden würden. Die Gestapo hatte ihre Augen und Ohren überall. Niemand war vor ihren Spitzeln sicher. Sie sollten froh sein, daß ihnen bisher noch niemand auf die Schliche gekommen war. Wenn sie so weitermachten, konnte das nicht mehr lange gutgehen. Was glaubten sie wohl, was dann mit ihnen geschehen würde? Man wußte doch, wie brutal die Nationalsozialisten mit ihren Gegnern umgingen. Hatten sie denn überhaupt keine Angst? Und dann mußte man doch auch berücksichtigen, wie wenig solche Flugblätter im Grunde bewirken konnten. Erwarteten sie etwa, daß dadurch die Deutschen wie ein Mann aufstanden und Hitler hinauswarfen? Die meisten vernichteten solche Papiere doch so rasch wie möglich. Einige gaben sie vielleicht an gute Freunde weiter, und manche brachten sie voller Angst sofort zum nächsten Polizeiposten. War dafür der Einsatz ihres Lebens wirklich gerechtfertigt? Sie sollten lieber warten, bis der Krieg zu Ende war. Dann würde man das Verbrecherregime hinwegfegen. Dann würde man gerade solche Leute wie die Münchner Studenten brauchen, die Führungsqualität und eine reine Weste hatten. Sie sollten ihr Leben nicht für eine aussichtslose Aktion wegwerfen, sondern davon ablassen und sich aufbewahren, damit sie alle zusammen nach dem Krieg einen neuen und gerechteren Staat aufbauen konnten.

Willi, Hans, Schurik und Christl hatten solche und ähnliche Argumente schon oft gehört. Aber sie waren lange über den Punkt hinaus, an dem sie mahnenden Überlegungen noch zugänglich waren. Sie hatten sich zum Handeln entschlossen, komme, was wolle, und sie wollten die anderen nur noch von der Richtigkeit ihres Entschlusses überzeugen. Wer dagegen war, gehörte nicht dazu. Das war fast so einfach wie bei den Nationalsozialisten. So schoben sie rasch beiseite, was zur Umkehr und zur Einsicht in die tatsächlich herrschenden Machtverhältnisse hätte führen können. Außerdem fand Willi einige Freunde, die bereit waren, die Weiße Rose zu unterstützen.[402] Aber nicht nur Willi warb in seiner Heimat um Mitstreiter. Auch Hans versuchte in Ulm, andere in seinen Widerstand einzubeziehen. Zu Hause begann er vorsichtig mit seinen beiden anderen Schwestern, Inge und Liesl, darüber zu reden, daß man einen ganz klaren und sichtbaren Protest gegen das Regime wagen müsse. Aber Inge fragte sofort zurück, warum ausgerechnet sie das tun müßten, die Fährte zu ihnen sei schon tief genug ausgetreten. Konnten nicht andere etwas tun, von denen man noch nicht soviel wußte? Darauf lenkte Hans das Gespräch auf ein anderes Thema.[403]

Das Weihnachtsfest stand in ganz Deutschland unter dem Eindruck von Stalingrad, wo die 6. Armee eingeschlossen war. Selbst die Zeitungen schrieben, daß die vierte Kriegsweihnacht ein stilles Fest geworden war, an dem die »zu großen Leistungen geforderten schaffenden Menschen für die dreitägige Ruhepause« dankbar waren, die Gabentische bescheiden ausfielen und die Hausfrauen schon »froh waren, dank der Lebensmittel-Sonderzuteilungen ein gutes Essen auf den Tisch bringen zu können«. In vielen Familien waren dazu noch Kummer und Trauer »unter dem Lichterbaum... eingekehrt«, wenn »der Heldentod von Vater, Sohn, Mann oder Bruder tiefe Wunden geschlagen« hatte, hieß es im selben Artikel.[404] Auch Sophie fürchtete um Fritz, der immer noch im Kessel von Stalingrad festsaß, und um ihren Bruder Werner, der ebenfalls in Rußland war und über Weihnachten nicht nach Hause kommen konnte.

Gleich nach Neujahr fuhr Hans nach München zurück. Sophie fühlte sich nicht gut und ließ sich zu Hause noch eine Woche lang verwöhnen.[405] Die Freunde trafen sich gleich nach ihrer Rückkehr aus den Ferien. Sie saßen bei Hans zusammen und zogen Bilanz. Die Ausweitung des Widerstands ging bei weitem nicht so schnell voran, wie sie es sich erhofft hatten. Das hatte jetzt alles schon viel zu lange gedauert. In Stalingrad ging die 6. Armee zugrunde. Sie konnten nicht mehr darauf war-

ten, daß andere sich zum Mitmachen entschlossen. Sie mußten jetzt handeln. So änderten sie ihre Pläne und beschlossen, sofort mit einem neuen Flugblatt herauszukommen. Diesmal wollten sie richtig einsteigen. Wenn es zuviel Zeit brauchte, in anderen Städten neue Gruppen aufzubauen, dann konnten sie doch wenigstens so tun, als ob dort schon Widerstandskreise bestünden. Sie brauchten nur die Briefe in dem Ort einzuwerfen, für den sie adressiert waren. So konnten sie die Flugblätter zu Tausenden in ganz Süddeutschland verbreiten.[406]
Hans und Schurik entwarfen auf der Stelle ein neues Flugblatt. Jeder schrieb einen eigenen Text. Dann gingen sie zu Professor Huber, ihrem neuen Mitverschworenen. Er war mit Schuriks Entwurf überhaupt nicht einverstanden. Den von Hans fand er schon besser, aber einige Passagen mußten noch verändert werden. Er setzte sich hin und schrieb das Flugblatt um. Sie wandten sich jetzt an alle Deutschen und nicht mehr nur an den kleinen Kreis Gebildeter, an den ihre ersten Flugblätter gerichtet waren. Mit dem Titel »Flugblätter der Widerstandsbewegung in Deutschland« wollten sie die Vermutung heraufbeschwören, es gebe im ganzen Land einen weitverbreiteten Zusammenschluß von Kämpfern gegen das Hitlerregime. Erneut forderten sie ihre Leser vehement auf, sich von dem nationalsozialistischen Untermenschentum zu trennen. Diesmal war der Text knapp und klar: Hitler führte das deutsche Volk mit Sicherheit in den Abgrund. Die Übermacht der Gegner war eindeutig. Es war sicher, daß er den Krieg nicht mehr gewinnen, sondern nur noch verlängern konnte. »Deutsche! Wollt Ihr und Eure Kinder dasselbe Schicksal erleiden, das den Juden widerfahren ist? Wollt Ihr mit dem gleichen Masse gemessen werden, wie Eure Verführer? Sollen wir auf ewig das von aller Welt gehasste und ausgestossene Volk sein? Nein! Darum trennt Euch von dem Nationalsozialistischen Untermenschentum! Beweist durch die Tat, dass Ihr anders denkt!« schleuderten sie ihren Lesern entgegen und

forderten am Schluß als Grundlage für ein neues Europa: »Freiheit der Rede, Freiheit des Bekenntnisses, Schutz des einzelnen Bürgers vor der Willkür verbrecherischer Gewaltstaaten«.[407]

Inzwischen waren die meisten Studenten aus den Ferien an die Universität zurückgekommen. Der größte Teil der jungen Männer war wie Hans und seine Freunde bei Kriegsbeginn als Soldaten eingezogen und zum Studium nur beurlaubt worden. Sie hatten fast alle schon an der Front gestanden. Viele waren aufgrund einer Verwundung oder weil der Krieg sie zum Krüppel gemacht hatte aus dem aktiven Dienst entlassen worden. Daneben gab es eine kleine Zahl von jungen Frauen, die wie Sophie trotz aller Widerstände, die das nationalsozialistische Frauenbild ihnen in den Weg stellte, ihr Reifezeugnis erworben hatten und eine wissenschaftliche Ausbildung anstrebten. Sie alle waren noch vor Weihnachten aufgefordert worden, am 13. Januar 1943, also in der ersten Studienwoche des neuen Jahres, zu einer Festveranstaltung anläßlich der Feier des 470jährigen Bestehens der Ludwig-Maximilians-Universität zu erscheinen. Allen Studenten, die nicht teilnahmen, waren Zwangsmaßnahmen angedroht worden. Sie sollten im folgenden Semester nirgendwo mehr studieren dürfen.

Diese »Einladung« hatte für Aufregung gesorgt. Die Studenten diskutierten miteinander darüber, ob sie ihr Folge leisten sollten und was ihnen andernfalls passieren würde. Hans und Sophie hatten sich entschieden, nicht hinzugehen. Sie hatten Wichtigeres zu tun, und ob die Nationalsozialisten im nächsten Semester noch die Macht hatten, irgend etwas zu verbieten, blieb dahingestellt. Im Deutschen Museum, wo die Jubiläumsfeier stattfand, erhielt jeder einen Stempel in seinen Studentenausweis, mit dem die Teilnahme an der Feier bestätigt wurde. Die meisten hatten nicht geglaubt, daß die Partei ihre Drohung des Studienausschlusses wahr machen würde.

Jetzt kam schon vor Beginn der Veranstaltung Unruhe auf.[408] Aber der Höhepunkt stand erst noch bevor. Nach den üblichen Begrüßungsworten trat Gauleiter Giesler ans Rednerpult. Er rechnete den Versammelten vor, daß sie dankbar sein müßten, in München beschützt von an der Front kämpfenden Kameraden, bezahlt von den Steuergeldern der deutschen Arbeiter, in Ruhe und Sicherheit studieren zu können. Die meisten Studenten saßen in Uniform im Saal, so daß er wissen konnte, daß er vor Soldaten sprach, die ihre Gesundheit zum Teil schon dem Vaterland geopfert hatten. Sie bewahrten eisiges Schweigen.
Doch er ließ sich nicht beeindrucken und zog als nächstes gegen die Studentinnen zu Felde. Statt sich an der Universität herumzudrücken, sollten sie lieber dem Führer ein Kind schenken. Er sehe nicht ein, warum sie nicht in jedem Jahr ein Zeugnis in Gestalt eines Sohnes vorweisen sollten. Unruhe entstand im Saal. Der Gauleiter redete ungerührt weiter. Wenn einige von ihnen nicht hübsch genug wären, einen Freund zu finden, würde er gern jeder einen seiner Adjutanten zuweisen – er könne ihr ein erfreuliches Erlebnis versprechen. Das war die Höhe! Die Studentinnen – sie saßen oben auf der Galerie – protestierten laut gegen diese Unverschämtheiten. Was dieser Gauleiter den versammelten Akademikern zumutete, lag ja noch weit unterhalb des sonst üblichen Stammtischniveaus! Auf der Galerie standen empörte Studentinnen wütend auf. Diese unerträglichen Anspielungen mußten sie sich nicht länger bieten lassen. Sie verließen polternd den Saal und machten im Gang weiter Lärm, bis SS-Leute erschienen und sie zurückscheuchten.
Nach dem Ende von Gieslers Rede verließen die Studenten ungehindert den Saal, während die Mädchen auf der Galerie von SS-Posten zurückgehalten wurden. Einige von ihnen wurden sogar festgenommen. Von draußen hörten sie laute Sprechchöre ihrer Kommilitonen, die riefen, daß sie ihre

Mädchen wieder haben wollten. Schließlich gab die SS den Weg frei. Arm in Arm und singend zogen alle gemeinsam ab. Ein Überfallkommando der Polizei war herbeigerufen worden, das sie auf der Straße abzudrängen versuchte, um eine offene Demonstration zu verhindern. Trotzdem wagten sie es, in kleinen Grüppchen und eingehakt Richtung Universität zu ziehen.[409]
Traute und Anneliese waren auf der Galerie gewesen und erzählten ihren Freunden erregt von den aufwühlenden Erlebnissen.[410] Zum ersten Mal hatten Studenten den Aufstand gegen die Partei geprobt. Und die Unruhe an der Universität hielt weiter an.[411] Hans und Sophie und ihre Freunde waren wie elektrisiert. Bisher hatten sie immer nur vermutet, daß es noch viel mehr Studenten gab, die gegen Hitler waren. Jetzt hatten sie endlich die Gewißheit. Man brauchte eigentlich nur noch dafür zu sorgen, daß sie sich fanden und aktiv wurden. Es war klar, daß sie mit Hochdruck weitermachen mußten, um die Unzufriedenheit noch mehr anzuheizen. Das Flugblatt »An alle Deutschen« war gerade fertig geworden. Sie hatten den Text schon auf Matrizen getippt, so daß sie darin nicht mehr auf die neuesten Ereignisse eingehen konnten. Aber sie würden so schnell wie möglich darauf reagieren. Jetzt mußte der vorliegende Text sofort vervielfältigt und unter die Leute gebracht werden, um die Nationalsozialisten noch mehr zu verunsichern und die Wirkung des Aufstandes zu steigern.[412]
Allerdings brauchten sie dazu einen Raum, wo das ständige Klappern des Vervielfältigungsapparates und der scharfe Geruch nach Spiritus, den sie zum Abziehen brauchten, sie nicht verraten konnte. Denn diesmal würden sie Zeit brauchen, um nicht mehr nur hundert Stück, sondern mehrere tausend Flugblätter herzustellen. Hans kam auf die großartige Idee mit dem Keller von Eickemeyers Atelier. Der Architekt war zwei Tage vor dem Universitätsjubiläum wieder nach

Polen abgereist. Wenn er nicht da war, waren ihnen seine Räume immer verschlossen gewesen. Aber diesmal hatten Hans und Sophie Eickemeyer mit ihrem Ulmer Freund, dem Maler Geyer, bekannt gemacht, der einen Auftrag für Kirchenfenster in München erhalten hatte und einen Raum für diese Arbeit suchte. Geyer und er hatten sich rasch geeinigt, so daß der Maler das Atelier jetzt zum Wohnen und Arbeiten benutzte. Er hielt sich aber nur während der Woche in München auf. Zum Wochenende fuhr er immer nach Hause.
Hans wußte, daß das Atelier einen Kohlenkeller hatte, wo es immer nach Farbe und Staub roch. Sie würden am Wochenende völlig ungestört im Atelier arbeiten und ihre Sachen in dem Keller verstecken können. Geyer, der für eine große Familie zu sorgen hatte, durfte aber auf keinen Fall etwas davon wissen. Sie mußten ihn also nur auf unauffällige Weise dazu bringen, ihnen am Wochenende den Atelierschlüssel zu überlassen. Hans sprach mit Geyer und erzählte ihm, daß er Freunde und Bekannte hätte, die sich für seine Bilder interessierten. Geyer könnte doch einige mitbringen und im Atelier ausstellen, regte er an. Allerdings müßte er Hans dann den Atelierschlüssel überlassen, denn seine Freunde hätten nur am Wochenende Zeit, um die Bilder zu besichtigen. Vielleicht wäre ja ein Käufer dabei. Geyer war einverstanden und brachte vor seiner Abfahrt nach Ulm den Schlüssel zu den Geschwistern hinüber, mit denen er sich sowieso täglich zum Frühstück und zum Abendbrot traf.
Sophie war froh, den älteren Maler und Freund so oft zu sehen, der nichts von ihren heimlichen Aktivitäten wußte, die ihre Zeit jetzt immer mehr in Anspruch nahmen. Sophie hatte neben der Verwaltung der Finanzen inzwischen die Aufgabe übernommen, überall in der Stadt Briefumschläge und Briefmarken einzukaufen. Das ging immer nur in kleinen Mengen, weil sie sonst sofort Aufmerksamkeit auf sich gezogen hätte. Sie fuhr in der ganzen Stadt herum, um der Reihe nach Papier-

warenläden und Postämter abzuklappern. Immer mußte sie auf der Hut sein, nicht aufzufallen, besonders weil sie nebenher auch noch ein paar Flugblätter dabeihatte, die sie heimlich in Telefonzellen auslegte und in parkende Autos schmuggelte. Wenn sie von diesen Ausflügen zurückkam, wirkte Geyers Anwesenheit auf sie beruhigend und tröstend. Denn mitten in dem ganzen hektischen Aktionismus wurde sie jetzt manchmal von einer inneren Öde, einer leeren Ruhe und tiefen Traurigkeit heimgesucht, die ihr jede Lust raubten, überhaupt noch irgend etwas zu tun. Dann zweifelte sie zutiefst an sich selbst und an ihrer Motivation zum Widerstand. Tat sie das alles nur, um in den Augen anderer für gut zu gelten oder um ihren bewunderten Bruder einzuholen wie ein Wettläufer den anderen? Manchmal, wenn sie besonders schlecht beieinander war, hatte sie das Gefühl, nur noch im Trüben herumzurudern.[413]
Trotzdem war sie dabei, als sie am folgenden Wochenende bis spät in die Nacht hinein im Atelier standen, die Flugblätter abzogen und sie in die Briefumschläge steckten, die sie schon seit einiger Zeit zu Hause vorbereitet hatten. Insgesamt stellten sie ungefähr sechstausend Abzüge her. Sophie, die die gemeinsamen Einnahmen und Ausgaben sorgfältig in ihrem Notizbuch aufschrieb, hatte neben den Einkäufen auch noch Adressen aus verschiedenen süddeutschen Städten besorgt. Wie im letzten Sommer hatten sie die Umschläge wieder mit der Schreibmaschine adressiert, damit sie nicht sofort identifiziert werden konnten, und verschickten ihre Propaganda als Wurfsendungen, die nur acht Pfennig Porto kosteten. Sie gingen ganz planmäßig vor, schließlich wollten sie den Eindruck erwecken, daß hinter den Flugblättern eine große Organisation stand, die in vielen Orten aktiv war. Natürlich erwarteten sie, daß die Gestapo sofort nach den Urhebern des Flugblattes fanden würde. Sie machten sich sogar bei ihrer Arbeit darüber lustig, daß sie auf diese Weise den ganzen Unterdrückungsapparat des Staates irreführen würden.[414]

Sophie selbst brachte in der folgenden Woche ungefähr zweitausend Flugblätter nach Ulm und übergab sie persönlich Hans Hirzel, der versprochen hatte, sie in Ulm und Stuttgart zu verschicken. Auf dem Weg warf sie die Briefe mit Augsburger Adressen selbst an Ort und Stelle ein.[415] Schurik fuhr nach Salzburg, Linz und Wien, wo er auch die Flugblätter für Frankfurt in die Briefkästen warf. Willi war schon seit ein paar Tagen unterwegs, um seine Freunde in Saarbrücken, Köln, Straßburg und Freiburg zu versorgen.[416] Außerdem trafen sie sich zweimal nachts, um die Flugblätter in den Straßen von München auszustreuen.[417] Natürlich war das alles außerordentlich gefährlich. Die Straßen waren zwar verdunkelt, aber sie waren trotzdem nicht unsichtbar. Jeder zufällige Passant konnte sie anzeigen. In der Eisenbahn und auf den Bahnhöfen gab es außerdem immer wieder plötzliche Kontrollen, bei denen man sich ausweisen mußte. Deswegen legten sie auch ihre Rucksäcke mit den Flugblättern stets in einem anderen Abteil ab. Wenn kontrolliert wurde, konnte man sie wenigstens nicht mit dem hochbrisanten Inhalt in Verbindung bringen.[418]

In den nächsten Tagen sorgte ihre Flugblattaktion bei den Nationalsozialisten für riesige Aufregung. Die Gestapo wurde sofort angesetzt, ihre Urheber ausfindig zu machen. Der totalitäre Staat konnte eine solche massive Untergrundtätigkeit auf keinen Fall ungesühnt durchgehen lassen.[419] Dazu kam, daß die Kämpfe um Stalingrad seit Tagen die Öffentlichkeit beunruhigten. Inzwischen waren dort etwa dreihunderttausend Soldaten eingeschlossen und wurden immer mehr zusammengedrängt. Härteste Kämpfe – Mann gegen Mann, Haus für Haus – und dazu Hunger und Kälte wurden gemeldet, bis schließlich am 3. Februar 1943 die Sondermeldung über die Rundfunksender kam, daß die 6. Armee ihrem »Fahneneid bis zum letzten Atemzug getreu ... der Übermacht des Feindes und der Ungunst der Verhältnisse erlegen« war.[420]

Liesl war in dieser Woche zu Besuch bei Hans und Sophie in München. Sophie hatte sich die ganze Zeit große Sorgen um Fritz gemacht. Sie hatte Mitte Januar seinen letzten Brief erhalten, in dem er schrieb, daß auch sein Bataillon aufgerieben sei und er nur noch die Gefangenschaft oder den Tod erwarte. Ihm waren beide Hände erfroren, weil sie wochenlang Tag und Nacht bei dreißig Grad Kälte im Freien hatten ausharren müssen. Aber am Tag bevor die schreckliche Sondermeldung kam, hatte Sophie einen Telefonanruf von zu Hause erhalten: Fritz befand sich in Stalino im Lazarett. Wegen der Erfrierungen würden ihm einige Finger, vielleicht auch die Fersen abgenommen werden, aber er lebte und war noch ganz zuletzt aus der Hölle von Stalingrad ausgeflogen worden![421]
Die Geschwister hatten das Ende der Kämpfe schon lange herbeigesehnt und den Sieg der Russen erhofft. Ihrer Meinung nach konnte es sich nur noch um Tage handeln, bis der Krieg zu Ende war. Jetzt mußten die Deutschen doch merken, welchem Irrsinn sie erlegen waren. Die Sondermeldung war am Nachmittag gesendet worden. Als sie abends beim Abendbrot zusammensaßen, behauptete Hans plötzlich, er müsse später noch zur Frauenklinik zu einer Entbindung. Sie sollten schon einmal Wein holen, damit sie danach noch feiern könnten. Wein und andere Genußmittel waren schon lange streng rationiert. Aber im Vorderhaus gab es einen Schwarzhändler, bei dem sie sich zu besonderen Anlässen eine Flasche besorgen konnten. Schurik kam vorbei und verließ mit Hans zu später Stunde das Haus. Dann tauchte auch Willi auf und lachte nur, als Liesl ihm sagte, die beiden anderen seien schon in die Klinik gegangen. Später kamen die jungen Männer zurück, und sie feierten gemeinsam den Erfolg der Russen.
Am nächsten Morgen gingen die drei Geschwister zusammen zur Huber-Vorlesung. Auf der rechten Seite neben dem Eingang des Universitätsgebäudes versuchten Putzfrauen das Wort »Freiheit« abzuschrubben, das dort in der Nacht mit gro-

ßen Buchstaben zweimal angeschrieben worden war. Schon in der Ludwigsstraße waren an den Häusern immer wieder einzelne Stellen mit weißem Papier überklebt gewesen. Wo Passanten es abgerissen hatten, konnte man die Aufschrift »Nieder mit Hitler« sehen und ein Hakenkreuz, das mit zwei grünen Balken durchgekreuzt war.[422] Da war klar, wo Hans und seine Freunde in der Nacht gewesen waren.
Als dann die Vorlesung begann, merkten sie, wie erregt und verzweifelt ihr Professor über die verheerende Niederlage von Stalingrad war. Hans hatte ihn schon nach der unverschämten Rede des Gauleiters um einen Flugblattentwurf gebeten, der die Sicht der Studenten widerspiegeln sollte. Jetzt setzte Huber sich zu Hause hin und schrieb eine bissige und wütende Abrechnung mit dem Regime, die sich in ihrer Überschrift direkt an die Münchener Studenten wandte.[423] Er begann mit der Erschütterung über Stalingrad, prangerte die »rücksichtslose Knebelung jeder freien Meinungsäußerung« in der nationalsozialistischen Erziehung der Jugend an, kam auf die Maßregelung der Studenten durch den Gauleiter zu sprechen, der den Studentinnen »mit geilen Spässen« an die Ehre gegriffen hatte, und gab die Parole: »Kampf gegen die Partei!« aus. Ihm ging es um »wahre Wissenschaft und echte Geistesfreiheit«, ihm ging es darum, Freiheit und Ehre wiederherzustellen. Auf die Studenten und Studentinnen sah das deutsche Volk. 1813 hatten sie den napoleonischen Terror gebrochen, 1943 würden sie den nationalsozialistischen Terror aus der Macht des Geistes brechen! »Frisch auf, mein Volk, die Flammenzeichen rauchen!« rief er ihnen mit den Worten eines Dichters dieses historischen Freiheitskampfes zu.[424] Denn auch er gab sich ganz der Hoffnung hin, daß die Studenten einen allgemeinen Aufruhr und Volksaufstand hervorrufen könnten, so daß das verbrecherische Regime endlich gestürzt werden würde. Dieses Flugblatt übergab er Hans, damit es so schnell wie möglich vervielfältigt werde.
Drei Tage später mußte Sophie nach Ulm fahren. Ende Januar,

als die Lage in Stalingrad immer bedrohlicher geworden war, war eine Verfügung herausgekommen, daß alle Mädchen und Frauen von sechzehn bis fünfundvierzig Jahren sich erfassen lassen mußten. Niemand wußte, was den Studentinnen jetzt bevorstand, ob sie gleich in eine Rüstungsfabrik mußten oder noch weiter studieren durften. Andererseits glaubten in Sophies Umkreis alle, daß der Krieg jetzt in allernächster Zukunft beendet sein werde. Sie waren völlig überzeugt davon, daß es nicht mehr lange so weitergehen konnte.[425] Sophie blieb eine ganze Woche zu Hause. Inge und die Mutter hatten Brechdurchfall bekommen. Außerdem hatten die Scholls fünf Monate zuvor eine junge Frau aufgenommen, die vor kurzem ein Baby zur Welt gebracht hatte. Es sollte am Sonntag getauft werden.[426] So wurde sie dringend gebraucht, um die Kranken zu pflegen und den Haushalt zu führen. Aber gleich nach der Taufe fuhr sie wieder nach München zurück, wo die anderen an diesem Wochenende mit der Vervielfältigung des hochaktuellen Flugblattes von Professor Huber begonnen hatten. Sie kam gerade zurecht, um beim Adressieren und Eintüten zu helfen. Diesmal entnahmen sie die Adressen einem veralteten Studentenverzeichnis, das Huber ihnen zur Verfügung gestellt hatte.

Kurz vor Mitternacht waren sie mit den Briefen fertig. Sie brachten etwa tausend Stück zur Post am Bahnhof. Außer ihren Aktenmappen und einem Köfferchen nahmen sie Farbe, Schablonen und Pinsel mit. Schon in der letzten Montagnacht hatten Hans und seine Freunde wieder Parolen an Hauswände und auf Bürgersteige gemalt. Auf dem Rückweg wiederholten sie ihre Malaktion, während Willi Wache stand.[427] Die restlichen Flugblätter – es waren auch noch ein paar vom vorigen Mal übrig – verwahrten sie bei Hans und Sophie zu Hause, während sie die Farbe und Schablonen ebenso wie den Vervielfältigungsapparat wie immer im Keller des Ateliers hinter den Kohlen versteckten.[428]

V. TEIL

»Ich würde es genauso wieder machen«
18.–22. 2. 1943

Flugblätter fallen herab

In den Tagen nach diesem Wochenende führten sie ihr alltägliches Studentenleben weiter. Sophie besuchte ihre Vorlesungen, traf sich mit Gisela, mit der Hans inzwischen ein Verhältnis angefangen hatte, und verabredete sich mit den Freunden. Jeden Tag lief sie zum Briefkasten, um zu sehen, ob Fritz ihr endlich geschrieben hatte. In diesen Februartagen herrschte in Süddeutschland richtiges Aprilwetter, und Sophie schrieb ihrem Freund, daß sie »nicht minder kindischer Stimmung« sei: Während draußen Schnee und Sonnenschein einander ablösten, wurde in ihr das Bewußtsein der schrecklichen Gegenwart immer wieder von bunten Zukunftsvisionen durchbrochen, wenn sie sich vorstellte, daß der Krieg jeden Augenblick zu Ende gehen könne.[429] Zum Frühstück und zum Abendbrot kam immer noch der Maler Geyer aus dem Atelier zu ihnen hinüber. Nur am Abend des

17. Februar aßen sie nicht mit ihm zu Hause, sondern saßen in einem italienischen Weinkeller in der nahen Theatinerstraße zusammen, weil Geyer am nächsten Morgen nach Stuttgart fahren wollte. Sophie ging danach in eines der vielen Konzerte, die inzwischen die einzige Erholung und Abwechslung bildeten, die offiziell noch erlaubt war.
Am nächsten Morgen, Donnerstag, den 18. Februar 1943, verschliefen Hans und Sophie. Geyer war nicht wie üblich zum Frühstück gekommen, und sie waren völlig übermüdet gewesen. Eigentlich hatten sie wie immer am Donnerstag um zehn Uhr die Huber-Vorlesung besuchen wollen, zu der sie sich stets mit ihren Freunden trafen. Diesmal saßen Traute und Willi allein im Hörsaal. Hans und Sophie kamen nicht. Als sie gemerkt hatten, daß sie sich abhetzen mußten, um noch pünktlich zu Huber zu kommen, hatten sie in aller Ruhe gefrühstückt und sich endlich einmal wieder miteinander unterhalten. Immer noch stand die Frage im Raum, was sie mit den Flugblättern machen sollten, die seit drei Tagen im Koffer unter ihrem Bett lagen. Hans hatte vorgeschlagen, sie in der Universität auszulegen, da sie sich direkt an die Studenten richteten. Aber Schurik hatte gezögert.[430] Sie zu Hause weiter herumliegen zu lassen war eigentlich viel zu gefährlich. Man konnte nie wissen, wann die Gestapo kam. Vielleicht waren sie ihnen schon dicht auf den Fersen, dann waren diese Flugblätter ihr Todesurteil.
Da fiel ihnen ein, daß sie das Flugblatt ihres Professors doch sofort in der Universität auslegen konten, so daß er und seine Studenten es nach der Vorlesung überall herumliegen sehen würden. Der Unterricht endete immer zur vollen Stunde, und die folgenden Vorlesungen begannen stets um Viertel nach, so daß die Studenten in dieser Zeit die Räume wechseln konnten. Aber während der Vorlesungszeit hielten sich meist nur wenige Menschen in den Treppenhäusern des großen Gebäudes auf. Es war jetzt ungefähr halb elf. Sie hatten es nicht weit bis

zum Universitätsgebäude. Wenn sie gleich losgingen, würden sie die ruhige Zeit gerade noch ausnutzen können.

Kurzentschlossen holten sie den Koffer hervor und machten sich auf den Weg durch die schmalen Straßen westlich der Leopoldstraße. Um Viertel vor elf betraten Hans und Sophie mit ihrem Koffer das große Gebäude mit den Hörsälen und verteilten rasch ihre Flugblätter in den dunklen Gängen und auf Treppen und Simsen im zentralen Lichthof. Sie hatten schon fast alle ausgelegt und standen wieder auf der Straße, als sie sich plötzlich entschieden, mit einem leeren Koffer heimzukommen. Auf der Stelle und ohne weiter nachzudenken machten sie kehrt, stiegen in den zweiten Stock hinauf und warfen die restlichen hundert Flugblätter mit einem Schwung über die Brüstung hinunter. Sie hatten nicht auf die Zeit geachtet. Es war elf Uhr, die Türen der Hörsäle öffneten sich gerade, und die Studenten strömten heraus.[431]

Dann ging alles ganz schnell. Der Hausdiener der Universität stürzte die Treppe hinauf, packte Hans und schrie, daß er verhaftet sei. Hans und Sophie blieben ganz ruhig, wehrten sich nicht und gingen mit ihm mit. Sie wurden zum Rektor gebracht, der die Gestapo benachrichtigte. Routinemäßig wurde die Universität abgesperrt. Die Studenten wurden durchsucht. Man sammelte die Flugblätter ein und prüfte, ob sie in den kleinen Koffer paßten. Dann brachte man Sophie und Hans in das Wittelsbacher Palais, wo die Gestapo residierte, und verhörte sie. Sophie leugnete erst einmal alles und behauptete, daß sie nach Ulm fahren wollte, um sich von dem Neugeborenen und seiner Mutter zu verabschieden. Den leeren Koffer hatte sie nur dabei, um frische Wäsche von zu Hause zurückzubringen. Der Vernehmungsbeamte wollte sie schon nach Hause gehen lassen. Aber dann brachte die Haussuchung bei den Geschwistern eine große Anzahl Briefmarken für Wurfsendungen zum Vorschein, so daß sich der erste Verdacht erhärtete. Außerdem waren in Hans' Tasche beschriebene Pa-

pierschnipsel gefunden worden, die – in mühevoller Kleinarbeit zusammengesetzt – einen handschriftlichen Flugblattentwurf mit hochverräterischem Inhalt ergaben. Die Gestapo fand durch Schriftvergleiche rasch heraus, daß dieser Entwurf von seinem Freund Christoph Probst stammte.
Sie hatten Christl soweit wie möglich aus ihren Aktionen herausgehalten, weil er als einziger verheiratet war. Gerade war sein drittes Kind auf die Welt gekommen. Außerdem war er im letzten Semester von Innsbruck aus nicht mehr so oft zu ihnen herübergekommen. Aber auch Christl war von Stalingrad so tief erschüttert gewesen, daß er sich hingesetzt und eigenhändig ein Flugblatt für seine Freunde verfaßt hatte. Bei seinem letzten Besuch hatte er es Hans in die Hand gedrückt, und dieser hatte es in seine Jackentasche gesteckt, um es später in Ruhe zu lesen. Als sie jetzt so überstürzt losgezogen waren, hatte er seine Jacke übergezogen, ohne an das verräterische Blatt zu denken. Erst im Büro des Rektors war ihm mit Schrecken eingefallen, was er noch in der Tasche hatte. Da hatte er das Papier nur noch zwischen den Fingern zerreißen, aber nicht mehr vernichten können und den Freund so ungewollt mit ins Unglück gezogen. Denn Christl wurde sofort in Innsbruck verhaftet und nach München gebracht.
So bekam Sophie noch am selben Tag zu hören, daß ihr Bruder sich entschlossen habe, der Wahrheit die Ehre zu geben. Daraufhin gestand sie, die Flugblattaktion mit ihm zusammen ausgeführt zu haben. Sie nahm dabei die Schuld an der Entdeckung auf sich und erklärte, daß sie »in ihrem Übermut oder Dummheit den Fehler« begangen habe, »etwa 80 bis 100 solcher Flugblätter vom 2. Stockwerk der Universität in den Lichthof herunterzuwerfen«, wodurch sie beide entdeckt worden waren. Sie begründete ihre Tat mit den Worten: »Es war unsere Überzeugung, dass der Krieg für Deutschland verloren ist, und dass jedes Menschenleben das für diesen verlorenen Krieg geopfert wird, umsonst ist. Besonders die Opfer, die Stalingrad

forderte, bewogen uns, etwas gegen dieses unserer Ansicht nach sinnlose Blutvergiessen zu unternehmen.«[432]
Natürlich glaubte ihr der Vernehmungsbeamte, der schon vor Hitler bei der Kriminalpolizei gearbeitet hatte, nicht alles und fragte immer wieder gezielt nach, wer ihnen beiden geholfen habe, wieviel Geld sie ausgegeben und woher sie es bekommen hatten. Sophie kam nicht umhin, auch von Schurik und Willi zu reden, aber sie versuchte, soviel wie möglich von der ganzen Aktion auf sich zu nehmen. Sie gab zu, daß sie sich »ohne Weiteres im Klaren darüber war, dass ... [ihr] Vorgehen darauf abgestellt war, die heutige Staatsform zu beseitigen und dieses Ziel durch geeignete Propaganda in breiten Schichten der Bevölkerung zu erreichen«. Sie hatten beabsichtigt, »in geeigneter Weise weiter zu arbeiten. Wenigstens vorerst...«. Aber sie stritt ab, daß sie für später die Absicht hatten, »noch weitere Personen ins Vertrauen zu ziehen und zur aktiven Mitarbeit zu gewinnen. Dies schon deshalb nicht, weil ... [ihnen] dies zu gefährlich schien.« Als der Beamte sie am Schluß der Vernehmung, die bis zum nächsten Morgen gedauert hatte, fragte, ob sie auch jetzt noch der Meinung sei, richtig gehandelt zu haben, antwortete sie schlicht mit: »Ja.«[433]
Nach dieser stundenlangen Vernehmung wurde Sophie fürs erste in Ruhe gelassen. Man wies ihr eine besonders gute Zelle zu, die sie mit Else Gebel, einer politischen Gefangenen, teilte. Else arbeitete im Sekretariat und hatte Sophie auch durchsuchen müssen. Sie unterhielten sich kurz, dann legte Sophie sich in ihr Bett und schlief sofort ein. Auf Else machte die Mitgefangene einen zwar erschöpften, aber ungebrochenen Eindruck. Am Nachmittag – auch der Vernehmungsbeamte hatte eine Erholungspause nötig gehabt – wurde Sophie weiter verhört. Sie versuchte, ihren Bruder, soweit es irgend ging, zu entlasten und wußte nicht, daß Hans umgekehrt ebenso darum bemüht war. Sie sagte sogar aus, daß die Idee mit den Farbaufschriften von ihr stamme, und gab schließlich auch zu,

daß sie in ihrem Notizbuch die Ausgaben für die Flugblattaktion verbucht hatte, die sich ihrer Schätzung nach auf achthundert bis tausend Reichsmark beliefen.[434] Aber von dem Flugblatt, das Christl entworfen hatte, wußte sie nichts, ebenso wie ihr ein weiteres Flugblatt mit der Überschrift »10 Jahre Nationalsozialismus«, das ihr der Vernehmungsbeamte zeigte, ganz und gar unbekannt war.

Die Vernehmungen, die ohne die bei der Gestapo übliche Brutalität geführt wurden, dauerten von Donnerstag bis zum Sonnabend. Am Schluß stellte der Beamte fast beschwörend die Frage, ob Sophie nicht doch zu der Auffassung gekommen sei, daß man ihre Handlungsweise gerade in der jetzigen Phase des Krieges als ein Verbrechen gegenüber der Gemeinschaft und besonders gegenüber ihren im Osten schwer und hart kämpfenden Truppen ansehen müsse. Mit einer Zustimmung hätte sie vielleicht ein milderes Urteil erreichen können. Aber sie blieb ungerührt und standhaft: »Von meinem Standpunkt aus muss ich diese Frage verneinen. Ich bin nach wie vor der Meinung, das Beste getan zu haben, was ich gerade jetzt für mein Volk tun konnte. Ich bereue deshalb meine Handlungsweise nicht und will die Folgen... auf mich nehmen«, gab sie zu Protokoll und sagte dem Beamten sogar im persönlichen Gespräch noch direkter, daß er es sei, der sich täusche. Sie würde alles genau noch einmal so machen, denn nicht sie, sondern er habe die falsche Weltanschauung.[435]

Am Sonntag, drei Tage nach ihrer Festnahme, wurde Sophie dem Amtsrichter vorgeführt. Ein offizieller Haftbefehl wegen Hochverrats und Feindbegünstigung wurde ausgestellt, und noch am gleichen Tag wurde ihr die Anklageschrift ausgehändigt. Als Sophie in die Zelle zurückkam, zitterten ihre Hände. Ihr war schon vorher klar gewesen war, daß es keinen Ausweg mehr gab. Auf ihre Taten stand die Todesstrafe, und die Nationalsozialisten fackelten damit gerade jetzt nach der Niederlage von Stalingrad nicht lange. Sie las das Dokument durch, legte es zur Seite und blickte durch das vergitterte Fenster. Draußen schien die warme Vorfrühlingssonne.

Es war so ein herrlicher, sonniger Tag, und sie sollte gehen, sagte sie leise vor sich hin, um sich gleich damit zu trösten, daß so viele heutzutage auf den Schlachtfeldern sterben mußten. Ihr Bruder und sie hatten wenigstens durch ihre Flugblätter Tausende von Menschen aufrütteln können. Unter der Studentenschaft würde es bestimmt eine Revolte geben. Ihr Tod hatte einen Sinn bekommen.[436] Else versuchte, ihr wenigstens noch ein bißchen Hoffnung zu machen. Aber Sophie wußte, daß die Verhandlung bereits am nächsten Tag stattfinden sollte. Diese Eile verhieß nichts Gutes. Außerdem würde der Volksgerichtshof unter seinem Vorsitzenden Roland Freisler zusammentreten, der für seine geifernde Verhandlungsführung und schnellen Todesurteile berüchtigt war.

Sophie hatte sich seit ihrer Jungmädelzeit zur Selbstbeherrschung und Härte gegen sich selbst und ihren Körper erzogen. Dieses heldische Ideal mit seinem hohen Pathos, das die ganze Gesellschaft als Grundmuster durchzog, wirkte in ihr immer noch weiter, ohne daß sie bewußt darauf zurückgreifen mußte. Sie würde sich nicht gehenlassen, sie war kein Schwächling, keine Heulsuse. Sie war in diesen Tagen nur einmal zusammengebrochen. Das war, als sie hörte, daß Christl verhaftet worden war. Jetzt aber gab es für sie nichts anderes, als der Realität stark und kühn ins Auge zu sehen. Die Zeit der Angst und der Unsicherheit war endlich vorbei. Sie war in den Kampf gegangen, und sie hatte sich mit ihrer ganzen Person für das richtige Ziel eingesetzt.

Als der Pflichtverteidiger sie in der Zelle aufsuchte, schockierte sie ihn durch ihre klare Frage, ob Hans als Wehrmachtsangehöriger das Recht auf den Tod durch Erschießen habe, der ehrenhafter war als der Tod durch den Strang oder die Guillotine. Er konnte darauf keine verbindliche Antwort geben. Die nächste Frage aber, nämlich ob sie selbst öffentlich gehenkt oder durch das Fallbeil getötet werden würde, entsetzte und verwirrte ihn endgültig, so daß er mit einer ausweichenden Antwort rasch die Zelle verließ.[437]

Als in dieser Nacht die Zelle hell erleuchtet blieb, weil die Bewacher Angst vor einem Selbstmord der Todeskandidatin hatten, schlief Sophie wie immer tief und fest. Am Morgen erwachte sie nach einem letzten Traum mit einem fast strahlenden Glücksgefühl: Sie hatte an einem sonnigen Tag ein Kind in einem langen weißen Kleid zur Taufe getragen. Der Weg führte einen steilen Berg hinauf zu einer Kirche. Sie trug das Kind fest und sicher, als sich plötzlich eine Gletscherspalte vor ihr auftat. Sie konnte gerade noch das Kind auf die andere sichere Seite legen, bevor sie selbst in die Tiefe stürzte. Sie deutete für Else diesen Traum: Das Kind war ihre gemeinsame Idee des Widerstandes gegen Hitler, die sich trotz aller Hindernisse durchsetzen würde. Sie durften die Wegbereiter sein, mußten aber zuvor für sie sterben.

Dieser Traum hatte einen Teil Alltagserfahrung in sich, denn am letzten Sonntag hatte sie einer Kindstaufe beigewohnt. Zugleich aber war in ihm noch ein anderes tieferes Wissen verborgen, das vielleicht mit zu dem Glücksgefühl beitrug, das Else so erstaunte. Sophie hatte fast verzweifelt um die Reinheit und Unbeflecktheit ihrer eigenen Seele gekämpft, deren Schuld an der Ausbreitung des schrecklichen Verbrecherregimes ihr so oft vor Augen gestanden und sie so tief gequält hatte. Jetzt wußte sie, daß sie sterben würde. Aber zugleich hatte sie im Traum im letzten Augenblick ihre Seele wie ein reines und unschuldiges Kind über den Abgrund hinübergerettet, dorthin, wo auch das Haus Gottes stand.

An diesem Morgen kam noch einmal der Vernehmungsbeamte zu Sophie und riet ihr, schon jetzt ihre Abschiedsbriefe zu schreiben, weil später nach der Verhandlung wahrscheinlich keine Zeit mehr dafür bleiben würde. Sophie bedankte sich in ihrem Brief bei den Eltern für ihre Güte und Liebe und bat sie

um Verzeihung für den Schmerz, den sie ihnen bereitete. Bald darauf wurde sie zur Verhandlung im Schwurgericht abgeholt, wo sie Hans und Christl als Mitangeklagte traf. Der Saal war mit Nationalsozialisten gefüllt. Die Verhandlung war ein reines Schmierentheater. Freisler brach immer wieder in wüste Beschimpfungen gegen die drei Angeklagten aus. Das Todesurteil stand von vornherein fest. Sophie wirkte sehr aufrecht und wagte es sogar, dem geifernden Richter entgegenzuhalten, daß das, was ihre Freunde und sie gesagt und geschrieben hatten, viele denken würden, die nur nicht wagten, es auszusprechen. Sie wußten doch alle, daß der Krieg verloren sei. Sie waren nur zu feige, dieser Tatsache ins Gesicht zu sehen.[438]
Ihre Eltern hatten sich kurz vor der Urteilsverkündung in den Saal drängen können. Der Vater wollte seine Kinder selbst verteidigen. Aber er wurde hinausgewiesen und konnte gerade noch rufen, daß es noch eine andere Gerechtigkeit gebe und daß seine Kinder in die Geschichte eingehen würden. Dann verhängte Roland Freisler über die drei Angeklagten die Todesstrafe wegen Hochverrats und des Versuchs, die nationalsozialistische Gesellschaftsordnung umzustürzen. Beim Verlassen des Saales sagte Hans laut und trotzig: »Heute hängt ihr uns, und morgen werdet ihr es sein.« Sie wurden nach Stadelheim gebracht, wo alle Todeskandidaten hingerichtet wurden.
Die Eltern schafften es, in diesem Gefängnis noch einmal Zutritt zu ihren Kindern zu erhalten. Sie hatten Hans schon gesehen, als Sophie in ihren eigenen Kleidern zu ihnen in das kahle Besuchszimmer geführt wurde. Sie lächelte und nahm gern die Süßigkeiten an, die Hans zuvor abgelehnt hatte. Der Mutter schien sie ein wenig schmaler als sonst, aber ihr fiel auf, wie blühend und frisch Sophies Haut wirkte. Sophie sah aus, als ob sie nicht eine Niederlage, sondern einen Sieg errungen hätte und fast triumphierte. Sie war stolz darauf, daß sie alles auf sich genommen hatte, und ganz und gar davon überzeugt, daß ihr Tod Wellen schlagen würde. Sie tröstete die

Mutter sogar damit, daß es doch nur ein paar Jährchen dauern würde, bis sie sich wiedertreffen würden. Auf die Aufforderung der Mutter, an Jesus zu denken, gab sie fast befehlend zurück, daß diese es aber auch tun solle.

Erst als sie zurückgeführt worden war, brach Sophie zusammen und weinte. Der Vernehmungsbeamte sah sie eher zufällig in dieser Verfassung, und sie versuchte sofort, sich zu entschuldigen. Als der Gefängnispfarrer kam, weil die Hinrichtung kurz darauf stattfinden sollte, hatte sie sich schon wieder gefaßt, betete mit ihm und empfing das Abendmahl. Dann wurde sie abgeführt. Ebenso wie Hans und Christl verlor sie ihre Selbstkontrolle selbst in diesem Moment nicht. Die Gefängniswärter waren davon so beeindruckt, daß sie die drei Todeskandidaten wenige Augenblicke vor ihrer Hinrichtung entgegen den Vorschriften noch einmal zusammenbrachten. Für eine Zigarettenlänge blieben sie beieinander stehen, dann wurde Sophie abgeführt.

Sie ging gerade und hocherhobenen Hauptes die vierzig Meter durch den Hof auf das kleine Gebäude zu, in dem die Guillotine untergebracht war, und legte ihren Kopf ohne mit der Wimper zu zucken unter das Fallbeil. Am 22. Februar 1943 um siebzehn Uhr fand Sophie Scholl den Tod. Ihr Bruder Hans Scholl und ihrer beider Freund Christoph Probst wurden wenige Minuten später hingerichtet.

Nachher

Zwei Tage nach der Hinrichtung erhielten die Familien die Erlaubnis, ihre Angehörigen auf dem Perlacher Friedhof zu beerdigen. Sophies und Hans' jüngerer Bruder Werner war kurz vor der Verurteilung überraschend von der russischen Front auf Urlaub nach Hause gekommen. Die Eltern, Inge, Liesl und Werner, Traute und der Gefängnisgeistliche standen als einzige am Grab. Die Familie war kaum nach Ulm zurückgekehrt, als sie fünf Tage später ohne weitere Begründung verhaftet wurde. Nur Werner blieb als Soldat davon verschont. Er mußte bald darauf wieder an die Front, wo er verschollen blieb. Da er den Russen zu helfen versuchte und ihnen Medikamente brachte, konnte die Familie nie erfahren, welches Ende er fand.

Liesl blieb zwei Monate in Haft. Sie wurde wegen einer Erkrankung vorzeitig entlassen, während die Mutter und Inge vier Monate lang eingesperrt waren. Inge steckte sich in dieser Zeit bei einer kranken Zellengenossin an. Sie brauchte nach der Haft Monate, um wieder auf die Beine zu kommen. Der Vater mußte ein Dreivierteljahr im Gefängnis absitzen, bevor ihnen allen ein Prozeß wegen Rundfunkverbrechens gemacht wurde, bei dem er eine Zuchthausstrafe von zwei Jahren erhielt.

Auch die anderen Freunde von Hans und Sophie blieben nicht verschont, wie Sophie erhofft hatte. Noch vor dem Prozeß war Willi von der Gestapo abgeholt worden. Wenig später wurde der flüchtige Schurik gefaßt. Die Verhöre ergaben genug Anhaltspunkte, um eine ganze Reihe weiterer Mittäter zu verhaften. Am 19. April 1943 fand der zweite Hochverratsprozeß wegen der Flugblätter gegen insgesamt vierzehn Angeklagte statt, zu denen Schurik – mit vollem Namen Alexander Schmorell –, Willi Graf und Professor Huber ebenso gehörten wie Hans Hirzel und seine Schwester Susanne, Franz Müller und Heinrich Guter – zwei Ulmer Mitschüler, die Hans Hirzel geholfen hatten –, Herr Grimminger, der Freund des Vaters, der Geld für die Widerstandsaktion gegeben hatte, Heinrich Bollinger und Helmut Bauer aus Freiburg, mit denen Willi Kontakt aufgenommen hatte, Falk Harnack, mit dem sich die Freunde noch mehrmals getroffen hatten, Sophies Freundin Gisela Schertling, die in den letzten Monaten auch mit Hans eng befreundet war, Traute Lafrenz, die ihr Verhältnis zu Hans seitdem gelöst hatte, und ihre Freundin Katharina Schüddekopf, die bei Huber promovierte. Schurik, Willi und Professor Huber wurden zum Tode verurteilt. Die übrigen kamen mit Haftstrafen davon. Falk Harnack wurde freigesprochen. Frau Grimminger, die als Jüdin nur durch ihre Ehe mit einem Arier geschützt gewesen war, wurde nach der Verurteilung ihres Mannes abgeholt und in einem der Todeslager umgebracht.

Mit diesen Verurteilungen zerbrachen und vernichteten die Nationalsozialisten gewaltsam und unrechtmäßig einen Kreis von Menschen, die sich in ihrem Abscheu über das mörderische Regime Adolf Hitlers einig gewesen waren und diese Herrschaft des Bösen nicht mehr länger hatten ertragen wollen. So groß die Entschlußkraft und der Mut der Geschwister Scholl und ihrer jungen und alten Freunde, so hoch auch die moralische Kraft gewesen war, die sie beseelt hatte, sie konnten der Übermacht des ausgeklügelten Machtapparates nicht standhalten.

Die von Sophie und Hans nach ihrer Hinrichtung erhoffte »Welle des Aufruhrs« blieb aus. Nur durch das Ausland erfuhren Deutsche von ihren Taten. Thomas Mann nahm im Juni 1943 in einer Sendung der BBC ihre Hinrichtung zum Anlaß, sich gegen die verbreitete Vorstellung zu wenden, daß »deutsch und nationalsozialistisch ein und dasselbe seien«.[439] Und in diesem Sinne werteten viele Deutsche nach dem Krieg die Tat der Geschwister Scholl als Beweis dafür, daß es nicht nur jene bösen Nationalsozialisten, sondern eben auch gute Widerständler in ihrem Vaterland gegeben hatte.

Aber der Aufschrei der Weißen Rose war noch etwas ganz anderes: Zum ersten Mal gab es ein sichtbares Zeichen, daß die nationalsozialistische Bewegung sogar von ihrer eigenen Jugend, von jenen Kindern, die sie selbst erzogen hatte und denen immer eine besondere Vorreiterrolle in Deutschland zugesprochen worden war, nicht mehr mit getragen wurde.

Trotzdem sollte es noch zwei Jahre dauern, bis der Krieg verloren war und die Nationalsozialisten mit Hilfe der alliierten Siegermächte endgültig entmachtet werden konnten.

Anhang

PERSONEN

Familie Scholl
Magdalene Scholl, geb. Müller, 5. 5. 1881–31. 3. 1958
Robert Scholl, 13. 4. 1891–25. 10. 1975
Inge Scholl, 11. 8. 1917–4. 9. 1998
Hans Scholl, 22. 9. 1918–22. 2. 1943
Elisabeth Scholl, genannt Liesl, 27. 2. 1920
Sophie Scholl, 9. 5. 1921–22. 2. 1943
Werner Scholl, 13. 11. 1922 – Juni 1944
Thilde Scholl, 1925–1926
Ernst Gruele, Patensohn von Robert Scholl

Freunde und Bekannte
Annlies: Anneliese Roscoe, geb. Kammerer. Freundin und Klassenkameradin von Sophie in Ulm.
Anneliese Graf: Schwester von Willi Graf in München.
Bauer, Helmut: Freund von Willi Graf, mitangeklagt im zweiten Weiße-Rose-Prozeß.
Bollinger, Heinrich: Freund von Willi Graf, mitangeklagt im zweiten Weiße-Rose-Prozeß.
Charlo: Charlotte Thurau. Sophies erste Jungmädelführerin in Ulm, Freundin der Scholl-Mädchen.
Christl: Christoph Probst. Enger Freund und Kommilitone von Hans Scholl, zusammen mit Sophie und Hans angeklagt und hingerichtet.
Else Gebel: Mitgefangene und Zellengenossin Sophies in München.
Erika: Dr. Erika Schmidt, geb. Reiff, Freundin der Scholl-Mädchen.
Ernst Reden: Älterer Freund von Hans und Werner Scholl im Jungvolk, mitangeklagt im Prozeß wegen bündischer Umtriebe 1938.
Eickemeyer, Manfred: Architekt, berichtet Hans Scholl zum ersten Mal über die Greueltaten in Polen.

Hartnagel, Fritz: Seit 1937 fester Freund von Sophie Scholl.
Furtmeier, Josef: Älterer Freund von Hans Scholl in München, »Der Philosoph«.
Geyer, Wilhelm: Ulmer Maler, dessen Atelier die Scholls oft besuchten, arbeitet später in München und stellt den Schlüssel zum Atelier Eikkemeyer zur Verfügung, wo die Flugblätter abgezogen wurden.
Gisela Schertling: Freundin Sophies aus Krauchenwies, später mit Hans Scholl liiert.
Graf, Willi: Freund von Hans Scholl, mitangeklagt im zweiten Weiße-Rose-Prozeß und zum Tode verurteilt.
Grimminger, Eugen: Freund von Robert Scholl in Stuttgart, ebenfalls Treuhänder, gibt Geld für die Flugblätter und wird deshalb auch angeklagt.
Grogo: Spitzname für einen Freund von Werner, Sophie und Otl.
Guter, Heinrich: Freund von Hans Hirzel, mitangeklagt im zweiten Weiße-Rose-Prozeß.
Haecker, Theodor: Schriftsteller, befreundet mit Carl Muth.
Hans Hirzel: Bruder von Susanne Hirzel, befreundet mit Sophie, hilft Flugblätter zu verteilen, mitangeklagt im zweiten Weiße-Rose-Prozeß.
Harnack, Falk: Bruder von Arved Harnack, der wegen seiner Mitarbeit in der Widerstandsorganisation »Rote Kapelle« hingerichtet wurde; mitangeklagt im zweiten Weiße-Rose-Prozeß.
Herta Probst, geb. Dohrn: Ehefrau von Christl und Freundin Sophies.
Hilde: Hildegard Maus, geb. Schüle. Freundin Sophies in Blumberg.
Huber, Prof. Kurt: Lehrte an der Münchener Universität Philosophie, im zweiten Weiße-Rose-Prozeß zum Tode verurteilt.
Irm: Irmgard Kessler. Freundin und Nachbarin der Scholl-Mädchen auf dem Michelsberg und bei den Jungmädeln.
Katharina Schüddekopf: Freundin von Traute Lafrenz, mitangeklagt im zweiten Weiße-Rose-Prozeß.
Lisa: Lisa Schlehe, geb. Remppis. Sophies beste Freundin aus Kindertagen, später eine Zeitlang mit Hans liiert.
Lore: Lore Faas. Freundin von Elisabeth Scholl in Forchtenberg.
Mathilde: Kinder- und Hausmädchen bei den Scholls in Forchtenberg.
Max von Neubeck: Vorgesetzter Jungvolkführer von Hans Scholl in Ulm.

Müller, Franz: Freund von Hans Hirzel, mitangeklagt im zweiten Weiße-Rose-Prozeß.

Muth, Carl: Herausgeber der katholischen Monatschrift *Hochland* und Mentor Hans Scholls in München.

Otl: Otto Aicher. Klassenkamerad von Werner Scholl, später mit allen Geschwistern befreundet. Heiratete Inge Scholl.

Radecki, Sigismund von: Schriftsteller und Kulturkritiker. Freund von Carl Muth.

Rolf: Freund von Hans im Jungvolk.

Schurik: Alexander Schmorell. Enger Freund und Kommilitone von Hans Scholl, im zweiten Weiße-Rose-Prozeß zum Tode verurteilt.

Suse: Susanne Hirzel-Zeller. Freundin Sophies in Ulm, gemeinsam mit ihr bei den Jungmädelführerinnen und später im Fröbelseminar.

Traute Lafrenz: Enge Freundin und Kommilitonin von Hans Scholl in München. Später auch mit den Scholl-Mädchen befreundet.

DANK

Dieses Buch wäre nicht geschrieben worden, wenn nicht Elisabeth Hartnagel und ihr Mann Fritz – die fast gleichaltrige Schwester und der Freund Sophie Scholls – bereit gewesen wären, mir ein ausführliches Gespräch zu gewähren. Elisabeth Hartnagel hat außerdem das Manuskript in seiner Erstfassung gelesen und Verbesserungsvorschläge gemacht. Für ihre große Freundlichkeit und Geduld, ihre Briefe, ihre Bereitschaft, zu helfen, ihre Zeit zur Verfügung zu stellen und mich sogar bei sich zu Hause zu beherbergen, bedanke ich mich sehr herzlich!
Elisabeth Hartnagel verdanke ich auch die Kontakte zu Susanne Hirzel-Zeller, Dr. Irmgard Huzel, Irmgard Kessler, Anneliese Roscoe und Dr. Erika Schmidt, jenen damaligen Freundinnen Sophie Scholls, die gemeinsam mit den Scholl-Mädchen Jungmädelführerinnen in der Ulmer Hitlerjugend gewesen sind. Obwohl die Erinnerung an die Vergangenheit auch viel Schmerzliches beinhaltete, waren sie bereit, mir von ihrer Jugendzeit zu erzählen. Diese Gespräche haben mir das Ulmer Jungmädelleben, besonders die große Tiefe und Intensität des gemeinsamen Kameradschaft während der Fahrten und Lager, erst wirklich lebendig werden lassen. Ihnen allen sei an dieser Stelle herzlich gedankt. Der gleiche Dank gilt auch Lore Faas, die mir ausführlich Rede und Antwort über ihre Kinderzeit in Forchtenberg stand; Hildegard Maus, die mir telefonisch über den Reichsarbeitsdienst in Krauchenwies und die Kriegshilfsdienstzeit in Blumberg berichtete, sowie Eva Amann, die das Jungmädelleben aus der Perspektive des Jungmädels in Sophies Mädelschaft beleuchtete.
Danken möchte ich aber auch all jenen, die innerhalb ihrer Arbeit in Institutionen dieses Buch unterstützt haben. Genannt seien: Franz Josef Müller, Vorsitzender der Weiße Rose Stiftung in München, der mir erste Adressen zugänglich machte; das Dokumentationszentrum Oberer Kuhberg e. V., in dem Myrah Adams mir immer wieder weiterhalf und Silvester Lechner mit einigen Bemerkungen die Ulmer

Situation während des Nationalsozialismus beleuchtete; das Stadtarchiv Ulm, das es ermöglichte, daß ich lesbare Kopien des *Ulmer Tageblatts* erhielt; Dr. Edwin Weber vom Amt für Kultur- und Archivwesen in Sigmaringen, der mir seinen Aufsatz über Sophie Scholl vorab zusandte; das Hans-und-Sophie-Scholl-Gymnasium in Ulm, das mit seiner Festschrift und Adressenangaben weiterhalf; Herr Tuffentsammer, Bürgermeister der Stadt Forchtenberg, der auf Anfrage Unterlagen sandte und den Kontakt zu Lore Faas vermittelte, ebenso wie Frau Häusle von der Stadt Blumberg, die neben weiteren Hinweisen den Kontakt zu Hildegard Maus ermöglichte. Dem Bundesarchiv Berlin danke ich ebenso wie dem Nordrhein-Westfälischen Hauptstaatsarchiv in Düsseldorf und dem Scholl-Archiv in Rotis für die Erlaubnis, bisher unveröffentlichte Quellen zu zitieren.

Ganz zum Schluß möchte ich mich herzlich bei zwei Freunden bedanken:

Ich danke Dir, liebe Romi, daß Du zu einem langen Gespräch über Deine Jugend im Nationalsozialismus bereit warst. Du hast mich darüber hinaus nicht nur an Deiner schmerzlichen Auseinandersetzung mit dieser Zeit teilhaben lassen, sondern mir auch erlaubt, Deine Trauer über die entsetzlichen Untaten mitzufühlen, die in dieser Zeit an den Juden und anderen Menschen verübt worden sind. Das wurde mir als einer nachgeborenen Deutschen zu einer kostbaren Erfahrung.

Ich danke Dir, lieber Wenzel, daß Du immer wieder bereit warst, mir zuzuhören und mir Deine Sicht der Dinge aus dem Erleben eines Menschen zu vermitteln, der als Junge nicht von der Hitlerjugend begeistert war.

Lutzhorn, im Oktober 1999
Barbara Leisner

ANMERKUNGEN

1. Eine Kopie dieses Zeitungsartikels befindet sich im Stadtarchiv Ulm, G 2 Scholl.
2. Quelle: Maus
3. Rauser 1983, S. 37
4. Rauser 1983, S. 85
5. Rauser 1983, S. 39
6. Rauser 1983, S. 39
7. Quelle: Hartnagel
8. Quelle: Faas
9. hier und im folgenden: Scholl Rechenschaftsbericht 1929, S. 4
10. Quelle: Hartnagel
11. Quelle: Hartnagel; Faas; und Faas: Geschwister Scholl, S. 1
12. Aicher, 1980, S. 166; Quelle: Hartnagel
13. Quelle: Hartnagel
14. Quelle: Hartnagel; Vinke 1997, S. 26 f.
15. Vinke 1997, S. 25 f.
16. Quelle: Hartnagel
17. Scholl, 1995, S. 28, 274
18. Scholl, Feste 1937
19. Quelle: Faas, Brief vom 25. 2. 1999 im Besitz der Verfasserin
20. hier und im folgenden: Quelle: Hartnagel
21. I. Scholl, Forchtenberg
22. Aicher-Scholl 1993, S. 131; Steffahn 1993, S. 13; Text im Museum Forchtenberg, Ausstellungsvitrine Scholl; STA Ulm, Zeitungsartikel über Robert Scholl aus: *Süddeutsche Zeitung* 1948, Nr. 17, S. 3
23. Aicher-Scholl 1993, S. 131
24. vgl. Text Museum Forchtenberg
25. Quelle: Hartnagel; Aicher-Scholl 1993, S. 132
26. Scholl, Sippenhaft, S. 132
27. Scholl, Rechenschaftsbericht 1929
28. Scholl, Rechenschaftsbericht 1929
29. Scholl, Rechenschaftsbericht 1929
30. Quelle: Faas
31. Rauser 1983, S. 34
32. Aicher 1980, S. 168
33. Hahn/Horn, S. 48; Vinke, S. 20; Erinnerungen Hartnagel
34. Erinnerungen Hartnagel; Hahn/Horn, S. 48
35. Erinnerungen Hartnagel
36. Quelle: Hartnagel; *Süddeutsche Zeitung* 1948, S. 3
37. Quelle: Hartnagel; Büro Dr. Albert Meyer; *Süddeutsche Zeitung* 1948, S. 3; *Neue Ulmer Zeitung* vom 20. 3. 1948
38. Kernerstraße 29; Geschichtswerkstatt 1998, S. 20
39. Ulmer Bilderchronik Bd. 3, S. 190 u. 235
40. Lechner, in: Kunst und Kultur 1993, S. 12

41. vgl. dazu Fallada 1950, S. 91
42. Erinnerungen Hartnagel
43. Geschichtswerkstatt 1998, S. 120
44. »10 Gebote für die deutsche Schicksalswahl am 5. März«, veröffentlicht im *Ulmer Tageblatt* vom 4. 3. 1933, zitiert nach Ulmer Bilderchronik Bd. 5 a, S. 11
45. vgl. Aleff 1970, S. 78 ff.
46. Anklageschrift Düsseldorf 1938, S. 13
47. Paul 1978, S. 112
48. Breyvogel 1991, S. 79
49. Pfadfindergesetze von 1913, zitiert nach Paul 1978, S. 108; s. dort auch die Beschreibung des Jungenlebens.
50. Ulmer Bilderchronik Bd. 4, S. 51 ff.
51. Lechner 1997, S. 66
52. Kunst und Kultur 1993, S. 13; Ulmer Bilderchronik Bd. 5 a, S. 75
53. Aleff 1970, S. 22
54. *Ulmer Tageblatt* vom 22. 3. 1933
55. Paul 1978, S. 176
56. Lechner 1997, S. 38
57. s. Tiedemann/Badura 1998; Medien
58. Die neue Adresse hieß: Adolf-Hitler-Ring 81 (vor 1933 und seit 1945: Olgastraße). Lechner 1997, S. 39
59. Quelle: Hartnagel
60. *Ulmer Tageblatt* vom 20. 4. 1933
61. Briefe Sophie 11. 5. 1938 an Inge Scholl: «...den Mädchen gegenüber wie am Anfang, als wir herkamen, überall ein bißchen Mißtrauen...«; *Südwestpresse* Nr. 106, 8. 5. 1991; *Südwestpresse* Nr. 41, 1. 5. 1991
62. Deutsche Singfibel, S. 91
63. *Ulmer Tageblatt* vom 4. 5. 1933
64. s. Grote 1992; Vinke, S. 41; dazu schreibt Elisabeth Hartnagel, daß sie in ihrem Leben nur ein einziges Mal von ihrem Vater geschlagen wurde, »weil ich ihn mit meinem Gequengel zur Weißglut gereizt hatte«. Sie habe außerdem ausführlich »geschildert, daß es zwischen unserem Vater und uns zu Diskussionen kam und nicht zu Streitereien und mein Vater resignierte...«. Brief vom 30. 8. 1999; vgl. dazu auch Faas: Geschwister Scholl. Zum Eintrittsdatum: *Neue Ulmer Zeitung* vom 13. 2. 1993; Urteil Düsseldorf 1938, S. 10
65. Reese 1985, S. 46 f.
66. Reese 1985, S. 49 u. Anm. 19, 20
67. Ulmer Bilderchronik Bd. 5 a, S. 27; s. auch Vinke S. 41; das Eintrittsdatum variiert.
68. *Ulmer Tageblatt/Ulmer Sturm* vom 30. 5. 1934, Sonderseite Hitlerjugend; *Ulmer Tageblatt/Ulmer Sturm* vom 29. 6. 1934, Sonderseite Hitlerjugend
69. Geschichtswerkstatt 1998, S. 18
70. Ulmer Bilderchronik Bd. 5 a, S. 78
71. 15. 6. 1933 s. Ulmer Bilderchronik Bd. 5 a, S. 34
72. Urteil Düsseldorf 1938, S. 10–14
73. Buscher 1993, S. 130 und Anm. 20, S. 155
74. hier und im folgenden: Paul 1978, S. 106 sowie S. 121
75. Paul 1978, S. 144, 418 und 125
76. Briefe an die deutsche Jungenschaft, Folge 11, November 1930, zit. nach Paul 1978, S. 124
77. Urteil Düsseldorf 1938, S. 10
78. Manöver vom 4.–6. 9. 1933 s. Ulmer Bilderchronik Bd. 4, S. 223; Quelle: Hartnagel
79. Urteil Düsseldorf 1938, S. 10

80. Verhörprotokoll Sophie
81. s. Lebenslauf Hirzel, Gestapoverhör
82. Quelle: Hartnagel
83. Quelle: Roscoe
84. Quelle: Roscoe
85. Quelle: Hartnagel
86. am 29. 3. 1934, s. Ulmer Bilderchronik Bd. 4, S. 68
87. 15. 11. 1933, s. Ulmer Bilderchronik Bd. 4, S. 32
88. 150 Jahre, S. 35 f. sowie S. 40 f.; Ulmer Bilderchronik Bd. 4, S. 68, 29. 3. 1934; Ulmer Bilderchronik Bd. 5 a, S. 45, 11. 10. 1933
89. Quelle: Roscoe
90. Lehberger/de Lorent 1986, S. 73 (T)
91. Quelle: Hartnagel
92. s. Ulmer Bilderchronik Bd. 4, S. 3; Quelle: Huzel; Quelle: Roscoe
93. hier und im folgenden s. Lehberger/de Lorent 1986, S. 51 f.
94. Lehberger/de Lorent 1986, S. 73
95. 150 Jahre, S. 7, Quellen: Roscoe, Huzel und Hartnagel
96. 150 Jahre, S. 71
97. 28. 4. 1934 s. Ulmer Bilderchronik Bd. 4, S. 72
98. 28. 2. 1933 in Stuttgart, s. Ulmer Bilderchronik Bd. 4, S. 47
99. am 16. 1. 1934, Faschismus, S. 148; zu Frieden vgl. auch Kershaw, Hitlermythos, Kapitel A: Triumph ohne Blutvergießen
100. Ulmer Bilderchronik Bd. 5 a, S. 73, 3. 5. 1934
101. Ulmer Bilderchronik Bd. 5 a, S. 73, 8. 5. 1934, S. 77, vom 9. 6. 1934
102. 24. 4. 1934, Faschismus, S. 148, Ulmer Bilderchronik Bd. 4, S. 449
103. Ulmer Bilderchronik Bd. 5 a, S. 73, 3. 5. 1934
104. 24. 5. 1934, s. Ulmer Bilderchronik Bd. 5 a, S. 75
105. 29. 5. 1934, s. Ulmer Bilderchronik Bd. 5 a, S. 77–78; *Ulmer Tageblatt* vom 31. 5. 1934, S. 5, und vom 19. 6. 1934
106. Die weiteren Zeilen heißen: »Siehe wir stehn, siehe wir stehn / Treu im geweihten Kreise / Dich zu des Vaterlands Preise / Flamme zu sehen, Flamme zu sehn! -- Heilige Glut, heilige Glut! / Rufe die Jugend zusammen, / Daß bei den lodernden Flammen / Wachse der Mut, wachse der Mut. -- Auf allen Höhn, auf allen Höhn / Leuchte du, flammendes Zeichen, / Daß alle Feinde erbleichen, / Wenn sie dich sehn, wenn sie dich sehn! -- Leuchtender Schein! Leuchtender Schein / Siehe wir singenden Paare, / Schworen am Flammenaltare / Deutsche zu sein, Deutsche zu sein. -- Höre das Wort, höre das Wort / Vater auf Leben und Sterben / Hilf uns die Freiheit erwerben / Sei unser Hort! Sei unser Hort!« Hier und im folgenden zitiert nach: *Ulmer Tageblatt* vom 21. 6. 1933.
107. Quelle: Huzel; Hartnagel
108. *Ulmer Tageblatt* vom 2. 7. 1934
109. Quelle: Faas
110. 25. 70. 1934, s. Ulmer Bilderchronik Bd. 5 a, S. 70
111. vgl. die Aussagen in dem Film von Tiedemann/Badura 1998
112. nachempfunden der »Mustervorlage« aus dem HJ-Handbuch »Freude-Zucht-Glaube«, Potsdam 1937, zitiert bei: Klönne 1990, S. 58
113. Kinz 1990, S. 35
114. Geschichtswerkstatt 1998, S. 35; Quelle: Kessler
115. Tod Hindenburgs 2. 8. 1934, s. Ulmer Bilderchronik Bd. 5 a, S. 81 f.
116. 1. 3. 1934, s. Ulmer Bilderchronik Bd. 4, S. 349; 19. 7. 1934, s. Ulmer Bilderchronik Bd. 4, S. 458; 26. 8. 1934, s. Ulmer Bilderchronik Bd. 4, S. 475; 13. 12. 1934, s. Ulmer Bilderchronik Bd. 4, S. 70

117. Saarübergabe 28. 2. 1935, s. Ulmer Bilderchronik Bd. 5 a, S. 98
118. Quelle: Kessler
119. 28. 2. 1935, Ulmer Bilderchronik Bd. 5 a, S. 98
120. Klönne 1990, S. 24, S. 14; Urteil Düsseldorf 1938, S. 11
121. Rede Hitlers auf dem Reichsparteitag in Nürnberg 1934, zitiert nach Klönne 1990, S. 79
122. Geschichtswerkstatt 1998, S. 119; Klönne 1990, S. 79
123. Windisch; *NUZ* vom 13. 2. 1993; *Südwest Presse* Nr. 70, vom 25. 3. 1983
124. Geschichtswerkstatt 1998, S. 109, S. 120
125. Klönne 1990, S. 63
126. Urteil Düsseldorf 1938, S. 11
127. Scholl 1993, S. 16; Fotosammlung Bihr, Stadtarchiv Ulm
128. Stadtarchiv Ulm H, Lauser 27, maschinenschriftl. Schreiben vom August 1935
129. Hirzel 1991, S. 164
130. Quelle: Faas
131. zum Jahr des Parteitagsbesuches s. Lechner 1988, S. 99; Urteil Düsseldorf 1938: danach wurde Hans Ostern 1936 suspendiert, wonach ihm diese Ehre nicht mehr zuteil geworden sein dürfte.
132. s. auch *Ulmer Tageblatt* vom 21. 6. 1933
133. Kinz 1990, S. 34 f.
134. hier und im folgenden: Quellen: Hartnagel, Huzel, Kessler
135. hier und im folgenden: Quelle: Roscoe; Hartnagel
136. *Ulmer Zeitung/Ulmer Sturm* vom 9. 9. 1935, Fotoseite; Vinke 1997, S. 46; Scholl 1997, S. 16; Lechner 1988, S. 99
137. Müller-Kipp: Zitat nach Kinz, S. 42, Anm. 82
138. Scholl 1993, S. 16
139. Urteil Düsseldorf 1938, S. 15 f.
140. hier und im folgenden: Urteil Düsseldorf 1938, S. 12 f.
141. Breyvogel 1991, S. 95
142. Laut Urteil Düsseldorf 1938, S. 11 geschah diese Aufhebung schon 1934/35, wahrscheinlich handelt es sich dabei aber um einen Fehler, denn es ist unwahrscheinlich, daß Hans nach der Aufhebung noch nach Nürnberg fahren konnte.
143. s. Windisch 1993
144. Urteil Düsseldorf 1938, S. 4; Reese 1985, S. 133; Paul 1978, S. 327 f.
145. Quelle: Hartnagel; vgl. auch Paul 1978, S. 335
146. Anklageschrift Düsseldorf 1938, S. 11; Quelle: Hartnagel; Brief der Schwester von Sepp und Karl, die zu Hans' Gruppe gehörten, vom 11. 2. 1973 (der Nachname der Geschwister wird auf Wunsch von E. Hartnagel nicht genannt).
147. Paul 1978, S. 137 ff.; Buscher 1993, Anm. 16, S. 152, vgl. auch Anklageschrift Düsseldorf 1938, S. 5
148. Paul 1978, S. 347 f., S. 122 und S. 135
149. Tusk, der gespannte bogen, Berlin 1931, S. 25, zitiert nach Buscher 1993, Anm. 17, S. 152
150. vgl. Buscher 1993, a.a.O.
151. Paul 1978, S. 126
152. Anklage Düsseldorf 1938, S. 12; Scholl 1997, S. 15
153. Scholl 1997, S. 16; Paul 1978, S. 333
154. hier und im folgenden: Scholl 1993, S. 16 f.; *Südwest Presse* Nr. 41, 1991; Quelle: Hartnagel
155. Erinnerungen Hartnagel
156. Urteil Düsseldorf 1938, S. 11
157. Rainer Maria Rilke, Gedichte und Prosa, S. 90; s. dazu auch Quelle: Roscoe

158. hier und im folgenden: Quelle: Kessler
159. Quelle: Schmidt
160. Quelle: Roscoe
161. Quelle: Roscoe; über unhygienische Zustände in Lagern der HJ s. auch Kinz 1990, S. 43
162. Quelle: Huzel
163. Kock 1994, S. 47 f.
164. Turrey 1996; Quelle: Ammann
165. Quelle: Roscoe
166. Turrey 1996
167. Hirzel Lebenslauf 1943, S. 1
168. Quelle: Faas
169. Quelle: Huzel
170. Hirzel Lebenslauf 1943, S. 2
171. Hirzel Lebenslauf 1943, S. 2; Quellen: Huzel, Hartnagel, Hirzel, Roscoe
172. Paul 1978, S. 343; Scholl 1995, S. 15
173. hier und im folgenden: Urteil Düsseldorf 1938, S. 4 und S. 11 f., und Anklageschrift Düsseldorf 1983, S. 12
174. 150 Jahre, S. 42 und S. 58
175. Urteil Düsseldorf 1938, S. 4; Scholl 1995, S. 13
176. hier und in folgenden zitiert nach: Paul 1978, S. 348 ff.
177. Scholl 1993, S. 17
178. Scholl 1997, S. 18; Widerstandkämpfer 1954, S. 15: Robert Scholl: »Erst 1937 habe ich gemerkt, daß meine Kinder genauso denken wie ich.«
179. Scholl 1997, S. 18 f.
180. Urteil Düsseldorf 1938, S. 12
181. Quelle: Roscoe
182. Die Pallucca trat 1935 in Ulm auf, s. Bauer Chronik, S. 25; zu Sophies Tanzstil s. Vincke 1997, S. 59 f., und Quelle: Hartnagel
183. Quelle: Hartnagel
184. Quelle: Hartnagel und Brief Hartnagel vom 30. 8. 1999
185. Anklageschrift Düsseldorf 1938, S. 12 f.
186. Anklageschrift Düsseldorf 1938, S. 11
187. Scholl 1997, S. 22; Quelle: Hartnagel; Aicher 1985, S. 35; Vinke 1997, S. 53 ff.
188. Diese Schilderung folgt einem Brief der Schwester von Sepp und Karl, die zu Hans' Jungenschaft gehörten und auch verhaftet wurden. Brief vom 11. 2. 1973 im Besitz von Frau Hartnagel (der Nachname der Geschwister wird auf Wunsch von E. Hartnagel nicht genannt).
189. Anklageschrift Düsseldorf 1938, S. 11
190. Scholl 1995, S. 17
191. Hans' Haft dauerte vom 15. 12. bis 30. 12. 1937, s. Anklageschrift Düsseldorf 1938; Scholl 1995, S. 17 f.
192. Briefe Sophie vom 11. 5. 1938 an Inge Scholl; Aicher 1985, S. 10 ff.
193. Scholl 1995, S. 19
194. Scholl 1995, S. 20
195. Scholl 1995, S. 18 ff.; vgl. auch Sonnenwald 1998
196. Scholl 1995, S. 21
197. hier und im folgenden s. Urteil Düsseldorf 1938
198. Ernst Reden wurde ein halbes Jahr lang im Konzentrationslager Welzheim gefangengehalten, s. Vinke 1997, S. 56
199. Verhörprotokoll Sophie, S. 4
200. Vinke 1997, S. 57 f.

201. Die folgende Szene stützt sich auf den Bericht: Hirzel 1998, S. 85, und Quelle: Hartnagel/Hirzel.
202. Scholl 1995, S. 22, S. 151
203. zu Inge s. Scholl 1995, S. 151; zur Mutter s. Quelle: Faas
204. Scholl 1995, S. 151
205. Scholl 1995, S. 155
206. Scholl 1995, S. 150
207. hier und im folgenden: Aleff, S. 154 f.
208. Quelle: Roscoe
209. Scholl 1995, S. 25
210. Lechner 1997, S. 51
211. Quelle: Hartnagel
212. Aleff 1970, S. 87
213. Aleff 1970, S. 86
214. Lechner 1997, S. 52
215. Vinke 1997, S. 45; Quelle: Faas
216. Scholl 1995, S. 29
217. Briefe Sophie Mai 1939
218. Briefe Sophie Mai 1939
219. Quelle: Hartnagel
220. Kunst und Kultur 1993, S. 64, 67, 74, 80, 176
221. Aicher 1985, S. 13; Quelle: Hartnagel
222. Scholl 1995, S. 159; Briefe Sophie vom 9. 8. 1939 an Inge; Scholl 1995, S. 162
223. Quelle: Hartnagel
224. Scholl 1995, S. 218
225. Scholl 1995, S. 160
226. Diese Beschreibung ist fiktiv, allerdings gab Sophie in ihrem Verhör zu Protokoll, daß sie mit Fritz seit 1937 ein Liebesverhältnis verband und sie die Absicht hätten, später einmal zu heiraten (Verhörprotokoll Sophie, S. 16 a).
227. Scholl 1995, S. 160
228. Hofer, S. 231 f., Rede Hitlers vom 7. 3. 1936
229. Scholl 1995, S. 34
230. Aicher 1985, S. 10; Scholl 1995, S. 163
231. Scholl 1995, S. 30, 33
232. vgl. Scholl 1995, S. 162
233. Weber 1998, S. 208 f., S. 209, Anm. 7
234. Scholl 1995, S. 166; Quelle: Hirzel; Hirzel Lebenslauf 1943, S. 4
235. Scholl 1995, S. 35; wegen des Krieges wurde das Semester bis 22. 12. 1939 in Trimester geteilt.
236. Scholl 1995, S. 167
237. Scholl 1995, S. 168 und S. 218; Vinke 1997, S. 70
238. Scholl 1995, S. 169
239. Quelle: Hartnagel; Briefe Sophie vom 8. 3. 1940
240. Quelle: Hirzel; Scholl 1995, S. 172
241. Scholl 1995, S. 171 ff.
242. Scholl 1995, S. 174
243. Hirzel 1998, S. 106 ff.; Briefe Sophie April/Mai 1940
244. Ulmer Bilderchronik Bd. 5 b, S. 419
245. Briefe Sophie vom 15. 5. 1940
246. Quelle: Hirzel
247. Scholl 1995, S. 43, S. 341
248. Scholl 1995, S. 177 ff.

249. vgl. auch Walb 1997, S. 182; Vinke 1997, S. 30
250. Scholl 1995, S. 177–179
251. Scholl 1995, S. 178, 226
252. vgl. auch Scholl 1995, S. 183
253. Scholl 1995, S. 181 ff.
254. Scholl 1995, S. 183
255. Scholl 1995, S. 182, 184
256. Walb 1997, S. 185
257. »Feiger Gedanken / Bängliches Schwanken / Weibisches Zagen / Ängstliches Klagen / Wendet kein Elend / Macht dich nicht frei. – Allen Gewalten / Zum Trutz sich erhalten, / Nimmer sich beugen / Kräftig sich zeigen / Rufet die Arme / Der Götter herbei.« Zitiert nach Scholl 1995, S. 342
258. Ulmer Bilderchronik Bd. 5 b, S. 434
259. Ulmer Bilderchronik Bd. 5 b, S. 454
260. Ulmer Bilderchronik Bd. 5 b, S. 450
261. Scholl 1995, S. 189 ff.
262. Scholl 1995, S. 192
263. Scholl 1995, S. 194 f., S. 198 f.
264. Briefe Sophie vom 3. 9. 1940; Scholl 1995, S. 197, S. 200
265. Scholl 1995, S. 50
266. Scholl 1995, S. 204 ff.
267. Ulmer Bilderchronik Bd. 5 b, S. 439
268. Scholl 1995, S. 53, S. 313, S. 43 f.
269. Wilhelm 1978, S. 63 f.
270. Scholl 1995, S. 208
271. Scholl 1995, S. 210 f. u. S. 260
272. Scholl 1995, S. 210
273. Ulmer Bilderchronik Bd. 5 b, S. 482
274. Scholl 1995, S. 211 ff.; Weber 1998, S. 210 f.; Quelle: Maus
275. Walb 1997, S. 218; Ulmer Bilderchronik Bd. 5 b, S. 484
276. Scholl 1995, S. 211
277. Parteigenossin Recknagel, s. Weber 1998, S. 212, Anm. 17; Quelle: Maus
278. Scholl 1995, S. 220
279. Scholl 1995, S. 212
280. Weber 1998, S. 210 ff.
281. Scholl 1995, S. 216, S. 213
282. vgl. Scholl 1995, S. 36
283. Scholl 1995, S. 215
284. Scholl 1995, S. 221, 216; Weber 1998, S. 212, S. 217
285. Quelle: Maus
286. Walb 1998, S. 218; Ulmer Bilderchronik Bd. 5 b, S. 489, S. 475
287. Scholl 1995, S. 221 f.
288. Quelle: Hirzel
289. Scholl 1995, S. 220 ff.
290. Weber 1998, S. 213
291. Scholl 1995, S. 224 f.
292. Scholl 1995, S. 228
293. Scholl 1995, S. 226; Vinke, S. 91 f.
294. Ulmer Bilderchronik Bd. 5 b, S. 496; Walb 1998, S. 225
295. Briefe Sophie vom 9. 7. 1941 und vom 23. 6. 1941 an Inge
296. Briefe Sophie vom 4. 8. 1941; Scholl 1995, S. 228
297. Scholl 1995, S. 230 f.

298. Briefe Sophie vom 9. 7. 1941 an Mutter und vom 11. 8. 1941 an Liesl; Scholl 1995, S. 230
299. Weber 1998, S. 215 f.
300. Briefe Sophie vom 29. 8. 1941
301. Briefe Sophie vom 8. 9. 1941; Scholl 1995, S. 234 und S. 232
302. Briefe Sophie vom 13. 9. 1941; Scholl 1995, S. 236
303. Schwarzwald-Baar-Kreis, S. 273; *Almanach*, 1, 1977, S. 27; *Schwäbische Zeitung*, 2. 4. 1994 Nr. 76
304. Sophie war vom 9. 11. 1941 bis 26. 3. 1942 im Vorläufer des jetzigen Kinderhauses am Buchberg tätig, vgl. Zeitungsbericht *Schwarzwälder Bote*, 15. 11. 1991.
305. Quelle: Maus; Scholl 1995, S. 241, S. 273
306. Quelle: Maus
307. Kapelle im Ortsteil Zollhaus. Quelle: Maus
308. Flugblatt Predigt vom 31. 8. 1941
309. vgl. Brenner (1992); Scholl 1997, S. 24 f.
310. Aicher 1985, S. 28 ff.
311. Haecker o. J., S. 152, S. 161
312. hier und im folgenden s. Petry 1979, S. 37
313. Scholl 1995, S. 238
314. Scholl 1995, S. 240, S. 244
315. Scholl 1995, S. 239, S. 348 f.
316. Scholl 1995, S. 242, 248
317. Vinke 1997, S. 80
318. zu Unterwäsche: Quelle: Hartnagel; außerdem s. auch Vinke 1997, S. 94
319. hier und im folgenden: Aicher 1985, S. 56 ff.
320. Walb 1997, S. 229
321. Ulmer Bilderchronik Bd. 5 b, S. 525
322. Scholl 1995, S. 246 f.
323. Walb 1997, S. 238; Ulmer Bilderchronik Bd. 5 b, S. 526 und S. 530
324. Vinke 1997, S. 80
325. Scholl 1995, S. 253
326. Vinke 1997, S. 37; vgl. auch: Kunst und Kultur 1993, S. 177, Text zu Nr. 280, und S. 178; Peter Pan, übersetzt von Hans Nägele, illustriert von Sophie Scholl, publiziert ca. 1989 bei Mattes und Seitz, München
327. Scholl 1995, S. 101 ff.
328. Scholl 1995, S. 100, S. 254 f.
329. Scholl 1995, S. 255
330. Ermittlung gegen Traute Lafrenz am 16. 3. 1943
331. Die Daten der Verhaftung variieren. Ich halte mich hier an einen unveröffentlichten Brief vom 25. 2. 1942. Darin fragt Sophie, ob Inge W. noch krank ist. Nach Aussage von Faas war Inge W. die Angestellte, die sich vor der Anzeige krank gemeldet hatte; s. Briefe Sophie vom 25. 2. 1942; Quelle: Faas. Zur russischen Front s. Ulmer Bilderchronik Bd. 5 b, S. 541
332. Quelle: Huzel
333. *Neue Ulmer Zeitung* vom 20. 3. 1948, S. 4
334. Quelle: Faas
335. Quelle: Hartnagel
336. Scholl 1995, S. 103, S. 321
337. Scholl 1995, S. 87, S. 320
338. Lechner 1997, S. 72, S. 98
339. Hirzel 1991, S. 168
340. Petry 1979, S. 39

341. Petry 1979, S. 38; s. auch Unterlagen im Dokumentationszentrum Oberer Kuhberg, R1/125
342. Verhörprotokoll Sophie, S. 4
343. Scholl 1995, S. 101; Petry 1979, S. 33
344. Petry 1979, S. 33
345. Schneider/Süß 1993, S. 12
346. Scholl 1995, S. 263, 272
347. Scholl 1995, S. 263
348. Schneider/Süß, S. 13
349. Verhörprotokoll Sophie, S. 16 a
350. Scholl 1995, S. 351
351. Schneider/Süß 1993, S. 22; Petry 1979, S. 40; Scholl 1995, S. 334
352. Scholl 1995, S. 256
353. Scholl 1995, S. 334; Schneider/Süß S. 22
354. Graf 1994, S. 274
355. Schneider/Süß 1993, S. 20; Graf 1994, S. 294 und die Anm. zum 3. 12. 1942
356. Schneider/Süß 1993, S. 21; Petry 1979, S. 47
357. Interview Eickemeyer, S. 103
358. Hirzel 1998, S. 132
359. Verhörprotokoll Sophie, S. 14 a
360. zitiert nach Darstellung bei Petry 1979, S. 42; s. a. Graf 1994, S. 295
361. Schneider/Süß 1993, S. 22
362. Scholl, Briefe S. 316 ff.
363. Graf 1994, S. 272
364. Petry 1979, S. 51
365. Flugblätter hier und im folgenden zitiert nach: Lill 1993, S. 193 ff.
366. Verhörprotokoll Sophie, S. 16
367. Verhörprotokoll Sophie, S. 18; Petry 1979, S. 52, dort mit einer anderen Zeitangabe; Hanser 1984, S. 184 f.
368. Verhörprotokoll Huber
369. Petry 1979, S. 47
370. Graf 1994, S. 41 und 272; vgl. auch Siefken 1991. S. 117 ff.
371. Petry 1979, S. 22 ff.; Schneider/Süß 1993, S. 11
372. Verhörprotokoll Huber; Verhörprotokoll Hans Hirzel; Petry 1979, S. 63; Graf 1994, S. 42 ff.
373. Verhörprotokoll Hans Hirzel
374. Verhörprotokoll Hans Hirzel
375. Verhörprotokoll Sophie, S. 14 a; Verhörprotokoll Hans Hirzel
376. Verhörprotokoll Hans Hirzel, besonders Vernehmung vom 12. 3. 1943
377. Scholl 1995, S. 257
378. Scholl 1995, S. 122
379. am 28. 8. 1942, s. Scholl 1995, S. 332, S. 107 f.
380. Anklage Schmorell u. a., S. 17; Hanser 1984, S. 217
381. Verhörprotokoll Susanne Hirzel
382. Scholl 1995, S. 262 ff.
383. Scholl 1995, S. 261, S. 263
384. Walb 1998, S. 245 f.
385. Scholl 1995, S. 263
386. Scholl 1995, S. 270; Vinke 1997, S. 127
387. Scholl 1995, S. 278, 267, 270, 274
388. Brief Hartnagel vom 30. 8. 1999
389. Briefe Sophie vom 25. 10. 1942

390. Scholl 1995, S. 279
391. Scholl 1995, S. 281
392. Graf 1994, S. 89, S. 286
393. Verhörprotokoll Sophie, S. 3 a; Graf 1994, S. 276
394. Graf 1994, S. 83 und S. 294 f.
395. Petry 1979, S. 76; Graf 1994, S. 86
396. Graf 1994, S. 83 ff.
397. Petry 1979, S. 75 ff.
398. Schneider/Süß 1994, S. 30
399. Petry 1979, S. 76; Verhörprotokoll Falk Harnack; zum Ausland s. Petry 1979, S. 83
400. Petry 1979, S. 86; Graf 1994, S. 88, S. 299 f.
401. Hanser 1984, S. 218; Hirzel 1998, S. 147
402. Schneider/Süß 1993, S. 31
403. zitiert nach Petry 1979, S. 89
404. Ulmer Bilderchronik Bd. 5 b, S. 601
405. Scholl 1995, S. 284
406. Petry 1979, S. 83 f.; Graf 1994, S. 90 ff.
407. zitiert nach Lill 1993, S. 205 f.
408. Verhörprotokoll Huber
409. zitiert nach Preis 1980, S. 191
410. Graf 1995, S. 99
411. Der Gauleiter mußte sich sogar in einer zweiten Versammlung für seine Entgleisungen entschuldigen. Preis 1980, S. 191
412. Graf 1994, S. 99
413. Scholl 1995, S. 284 ff.
414. Verhörprotokoll Sophie, S. 13
415. Verhörprotokoll Hans Hirzel
416. Graf 1994, S. 101
417. Verhörprotokoll Graf vom 26. 2. 1943
418. Hanser 1984, S. 245
419. Hanser 1984, S. 239
420. Ulmer Bilderchronik Bd. 5 b, S. 611; Hanser 1984, S. 251
421. Scholl 1995, S. 287 f.
422. Verhörprotokoll Sophie, S. 14 a; Vinke 1997, S. 154 f.; Petry 1979, S. 101
423. Verhörprotokoll Huber
424. Flugblatt zitiert nach: Lill 1993, S. 207 f.
425. Walb 1998, S. 256; Scholl 1995, S. 291
426. Scholl 1995, S. 290
427. Verhörprotokoll Graf vom 26. 2. 1943; Petry 1979, S. 102, 107
428. Verhörprotokoll Graf
429. Scholl 1995, S. 291
430. Schneider/Süß 1993, S. 35
431. Petry 1979, S. 110; Verhörprotokoll Sophie, S. 10 a
432. Verhörprotokoll Sophie, S. 8
433. Verhörprotokoll Sophie, S. 10 a
434. Verhörprotokoll Sophie, S. 15, 18, 18 a; Hanser 1984, S. 278
435. Hanser S. 279
436. Bericht von Else Gebel zitiert nach Hanser 1984, S. 282
437. hier und im folgenden: Hanser 1984, S. 283
438. Hanser S. 288 f.
439. Schneider/Süß 1993, S. 38

QUELLEN UND LITERATUR

Für dieses Buch habe ich eine Reihe von Gesprächen mit Zeitzeugen geführt und protokolliert. Dabei lag den Gesprächen kein festes Raster zugrunde, sondern ich habe nur versucht, dem assoziativen Erinnern durch Nachfragen ein chronologisches Gerüst zu geben. Die Gesprächsprotokolle befinden sich im Besitz der Verfasserin und der jeweiligen Gesprächspartner. Sie werden unter dem Kürzel »Quelle: Name« zitiert. Die benutzten Archivalien sind nach den Archiven geordnet aufgeführt.

Quellen

Gesprächsprotokolle (= Quelle: Name):
Amann, Eva, Ulm. Telefongespräch am 16. 6. 1999
Faas, Lore, Forchtenberg. Gespräch am 27. 1. 1999 und Brief vom 25. 2. 1999
Hartnagel, Elisabeth und Fritz, Stuttgart. Gespräch am 25./26. 1. 1999 und ergänzende Briefe, besonders Brief vom 30. 8. 1199
Hirzel-Zeller, Susanne, Stuttgart. Gespräch zusammen mit E. und F. Hartnagel am 26. 1. 1999 und ergänzende Briefe
Huzel, Dr. Irmgard, Ulm. Gespräch am 23. 1. 1999
Kessler, Irmgard, Heidenheim. Telefongespräche am 17./18. 2. 1999 und briefliche Ergänzungen vom 4. 3. 1999
Maus, Hildegard, Blumberg. Telefongespräch am 4. 2. 1999
Roscoe, Anneliese, Ulm. Gespräch am 21. 1. 1999
Schmidt, Dr. Erika, Stuttgart. Telefongespräch am 30. 6. 1999

Quellen im Privatbesitz:
Scholl, Sophie: Briefe von 1937–1943 (zum Teil unveröffentlicht). In Kopie bei Elisabeth Hartnagel

Brief der Schwester von Sepp und Karl (Freunde von Hans Scholl) vom 11. 2. 1973. Besitz von Elisabeth Hartnagel

Bundesarchiv Berlin Dahlem
Graf, Willi: Verhörprotokoll 19. 2.–23. 3. 1943. NJ 1407 Bd. 8
Harnack, Falk: Verhörprotokoll 7. 3.–18. 3. 1943 NJ 1704 Bd. 9
Huber, Prof. Kurt: Verhörprotokoll 27. 2.–19. 3. 1943. NJ 1704 Bd. 7
Lafrenz, Traute: Verhörprotokoll 26. 2.–12. 4. 1943. NJ 1704 Bd. 6
Schmorell, Alexander, u. a.: Anklageschrift. VGH/Z Sch 264

Bundesarchiv Berlin-Hoppegarten:
Hirzel, Susanne: Verhöre 1. 3.-10. 3. 1943 ZC 14116 Bd. 2
Hirzel, Susanne: »Mein politischer Lebenslauf« vom 8. 3. 1943. ZC 14116 Bd. 2
Hirzel, Hans: Verhöre 29. 1.–23. 3. 1943. ZC 14116 Bd. 1
Scholl, Sophie: Verhöre 18. 2.–20. 2. 1943. ZC 13267 Bd. 3

Nordrhein-Westfälisches Hauptstaatsarchiv. Zweigarchiv Schloß Kalkum. Düsseldorf:
Anklageschrift Düsseldorf 7. 5. 1938. Prozeß gegen Zwiauer u. a., Gerichte Rep 17 Nr. 292–295. (Veröffentlicht in: Jungenschaft, Nr. 1 (1990), Paulus Buscher, Bündischer Arbeitskreis Burg Waldeck.)
Urteil des Sondergerichtes für den Oberlandesgerichtsbezirk Stuttgart vom 2. 6. 1938. Rep. 17/294

Stadtarchiv Ulm:
Bauer, Ernst: Ulmer Chronik der letzten 50 Jahre zusammengestellt aus Zeitungen. R 1/596 Maschinenschriftliches Manuskript
Neubeck, Hans von: »Anordnungen für die Führer im Stamm Ulm-West.« August 1935. Maschinenschriftliches Schreiben. In: H Lauser 27
Ulmer Tageblatt. Mikrofilm
Ulmer Tageblatt/Ulmer Sturm. Mikrofilm
Zeitungsartikel aus der Zeitungsausschnittsammlung Scholl G 2:
– *Neue Ulmer Zeitung* (NUZ) vom 13. 2. 1993: Rolf Johannsen, »Vom Pimpf zum Widerstandskämpfer«

- *Süddeutsche Zeitung* Nr. 17, 1948, S. 3. Artikel über Robert Scholl
- *Südwestpresse* Nr. 70, 25. 3. 1983: »Zeitzeugen erinnern sich an Hans und Sophie Scholl«
- *Südwestpresse* Nr. 41, 1. 5. 1991 »Sie beschäftigen mich mehr als früher«
- *Südwestpresse* Nr. 106, 8. 5. 1991: Das Mädchen mit dem Herrenschnitt

Dokumentationszentrum Oberer Kuhberg Ulm e. V.:
Eickemeyer, Manfred: Gespräch vom 9. 7. 1964. R1/126
Galen, Graf von: Predigt vom 31. 8. 1941. Flugblatt. R 1/600 Nachlaß Brenner
Grote, Almut: Sophie Scholl in der Literatur. Ulm 1992. Maschinenschriftliches Manuskript. R1/125
- *Neue Ulmer Zeitung* 20. 3. 1948, S. 4: Robert Scholl. R1/124
- *Schwäbische Zeitung,* 2. 4. 1994 Nr. 76: Auf dem Reißbrett entsteht am Rande des Schwarzwalds ein Mini-Ruhrgebiet. R 1/124
Windisch, Hans: Aussageprotokoll vom 15. 1. 1993. R1/125
- *Der Widerstandskämpfer,* Nr. 6, 2. Jg. Deutsche Ausgabe, Nov./Dez. 1954, S. 15. Interview mit Robert Scholl. R 1/124

Forchtenberg-Museum:
Beschriftungstexte der Ausstellungsvitrine Scholl

Medien:

Tiedemann, Sibylle; Badura, Ute: Kinderland ist abgebrannt. Film mit Interviews von Ulmer Oberrealschülerinnen der Jahrgänge um 1920. Berlin 1998. (Verleih: Ventura Film, Rosenthaler Str. 38, 10178 Berlin.)

Literatur:

150 Jahre. Vom Institut für Töchter zum Hans-und-Sophie-Scholl-Gymnasium. Ulm 1834–1984. Festschrift. Hg.: Hans-und-Sophie-Scholl-Gymnasium. Ulm 1984.

Aicher, Manuel: Die Vorfahren von Hans und Sophie Scholl. In: *Genealogie,* 29 Bd. 15. Jg. (Juni 1980), H. 6, S. 161–169.

Aicher, Otl: Innenseiten des Kriegs. Frankfurt (S. Fischer Verlag) 1985.

Aicher-Scholl, Inge (Hg.): Sippenhaft, Nachrichten und Botschaften der Familie in der Gestapo-Haft nach der Hinrichtung von Hans und Sophie Scholl. Frankfurt (S. Fischer Verlag) 1993.

Aleff, Eberhard: Das Dritte Reich. Hannover (Edition Zeitgeschehen, Fackelträger Verlag) 1970.

Almanach Schwarzwald-Baar-Kreis, Bd. 1, 1977, S. 27

Almanach Schwarzwald-Baar-Kreis, Bd. 9, 1985, S. 221–224

Brenner, Heinz A.: Dagegen. Widerstand Ulmer Schüler gegen die deutsche Nazi-Diktatur. Leutkirch o. J. (1992)

Breyvogel, Willi (Hg.): Piraten, Swings und Junge Garde. Jugendwiderstand im Nationalsozialismus. Bonn (Dietz Verlag) 1991.

Buscher, Paulus: Aus der Erfahrung des Jugendwiderstandes: dj. 1.11. (1936–1945) In: Siefken/Vieregg 1993, S. 127–163.

Der Schwarzwald-Baar-Kreis. Hg.: Rainer Gutknecht. Stuttgart/Aalen 1977, S. 273 f.

Deutsche Singfibel, o.O. und o. J. (im Besitz der Verfasserin).

Faas, Lore: Die Geschwister Scholl. Ms. 1998 (im Besitz der Verfasserin).

Fallada, Hans: Kleiner Mann – was nun? Hamburg (Rowohlt Taschenbuch Verlag) 1950.

Geschichtswerkstatt: »Die Region Ulm in der NS-Zeit« (Hg.): Die Hitlerjugend am Beispiel der Region Ulm/Neu-Ulm. Dokumentationszentrum Oberer Kuhberg, Manuskripte 1. Ulm 1998, 5. Auflage.

Graf, Willi: Briefe und Aufzeichnungen. Hrsg. v. Anneliese Knoop-Graf und Inge Jens. Frankfurt a. M. (Fischer Taschenbuch Verlag) 1994.

Haecker, Theodor: Was ist der Mensch? München (Kösel-Verlag) o. J.

Hahn, Gernot von; **Horn,** Friedhelm: Ludwigsburg. Stadt der Schlösser und Gärten. Hamburg (Medien-Verlag Schubert) 1998.

Hanser, Richard: Deutschland zuliebe. Leben und Sterben der Geschwister Scholl. Die Geschichte der Weißen Rose. München (Deutscher Taschenbuch Verlag) 1984, 2. Aufl.

Heinen-Tenrich, Jürgen: Die Entwicklung Ludwigsburgs zur multifunktionalen Mittelstadt (1860–1914). Ein Beitrag zur Untersuchung des Wandels der Stadt im 19. Jahrhundert. Stuttgart (W. Kohlhammer Verlag) 1976, besonders Stadtplan von 1906.

Hirzel, Hans: Das große Mißverständnis. Warum die Mehrzahl der Deutschen sich Hitler unterordnete. Aus: Siefken 1991, S. 147–182.

Hirzel, Hans: Die Flugblätter der Weißen Rose in Ulm und Stuttgart. Aus: Lill 1993, S. 89–120.

Hirzel, Susanne: Vom ja zum nein. Eine schwäbische Jugend 1933–1945. Tübingen (Verlag Klöpfer und Meyer) 1998.

Hofer, Walter (Hg.): Der Nationalsozialismus. Dokumente 1933–1945. Kommentiert. Frankfurt (Fischer Bücherei) 1957.

Kershaw, Ian: Der Hitler-Mythos. Volksmeinung und Propaganda im Dritten Reich. Stuttgart (Deutsche Verlags Anstalt) 1980.

Kinz, Gabriele: Der Bund Deutscher Mädel. Ein Beitrag zur außerschulischen Mädchenerziehung im Nationalsozialismus. Frankfurt (Peter Lang Verlag) 1990.

Klönne, Arno: Jugend im Dritten Reich. Die Hitlerjugend und ihre Gegner. München (Deutscher Taschenbuch Verlag) 1990.

Knoop-Graf, Anneliese; **Jens**, Inge (Hg.): Willi Graf. Briefe und Aufzeichnungen. Frankfurt (S. Fischer Verlag) 1994.

Kock, Lisa: »Man war bestätigt, und man konnte was!« Der BDM im Spiegel der Erinnerungen ehemaliger Mädelführerinnen. Münster (Waxmann Verlag) 1994.

Kunst und Kultur in Ulm 1933–1945: Hg. Ulmer Museum/Brigitte Reinhardt. Tübingen (Silberburg Verlag) 1993.

Lechner, Silvester: Das KZ Oberer Kuhberg und die NS-Zeit in der Region Ulm/Neu-Ulm, Stuttgart (Silberburg-Verlag) 1988.

Lechner, Silvester: Ulm im Nationalsozialismus. Stadtführer. Ulm (Dokumentationszentrum Oberer Kuhberg Ulm) 1997.

Lehberger, Reiner; **de Lorent**, Hans-Peter (Hg.): »Die Fahne hoch«. Schulpolitik und Schulalltag unterm Hakenkreuz. Hamburg (Ergebnisse Verlag) 1986.

Lill, Rudolf (Hg.): Hochverrat? Die weiße Rose und ihr Umfeld. Konstanz (Universitätsverlag) 1993.

Müller, Franz Josef u. a.: Die Weiße Rose. Der Widerstand von Studenten gegen Hitler. München 1942/43. München (Weiße Rose Stiftung) 1991, überarb. Auflage 1995.

Paul, Wolfgang: Das Feldlager. Jugend zwischen Langemarck und Stalingrad. Esslingen (Bechtle Verlag) 1978.

Petry, Christian: Studenten aufs Schafott. Die Weiße Rose und ihr Scheitern. München (Piper Verlag) 1968, 2. Aufl. 1979.

Preis, Kurt: München unterm Hakenkreuz. Die Hauptstadt der Bewegung: Zwischen Pracht und Trümmern. München (Ehrenwirth Verlag) 1980.

Rauser, Jürgen Hermann: Forchtenberger Heimatbuch. Aus der Ortsgeschichte der Altgemeinden Forchtenberg, Sindringen, Ernsbach, Muthof und Wohlmuthausen. Forchtenberg 1983.

Reese, Dagmar: Straff, aber nicht stramm – herb, aber nicht derb. Zur Vergesellschaftung von Mädchen durch den BDM im sozialkulturellen Vergleich zweier Milieus. Weinheim (Beltz und Gelberg Verlag) 1985.

Rilke, Rainer Maria: Gedichte und Prosa, Köln (Parkland Verlag) 1993.

Schneider, Michael; **Süß,** Winfried: Keine Volksgenossen. Studentischer Widerstand in der Weißen Rose. München (Ludwig-Maximilians-Universität) 1993.

Scholl, Hans; **Scholl,** Sophie: Briefe und Aufzeichnungen. Hg. von Inge Jens, Frankfurt (Fischer Taschenbuchverlag), durchges. Ausg. 1995.

Scholl, Inge: Die Weiße Rose. Erweiterte Neuausgabe. Frankfurt a. M. (Fischer Taschenbuch Verlag) Neuausgabe 1993, Auflage 1997.

Scholl, Robert: Rechenschaftsbericht. Gegeben von Stadtschultheiß Scholl, Forchtenberg in der Wahlversammlung in der Turnhalle am 15. Dez. 1929. In: *Oehringer Tageblatt* vom 16. 12. 1929.

Scholl, Sophie: Kleine und große Feste. Hausarbeit für die Schule Ulm 1937. Kopie des Manuskripts bei Elisabeth Hartnagel.

Schwarzwälder Bote, 15. 11. 1991: »Sophie-Scholl-Kindergarten«.

Siefken, Hinrich (Hg.): Die Weiße Rose. Student resistance to National Socialism 1942/43. Forschungsergebnisse und Erfahrungsberichte. Nottingham (University of Nottingham) 1991.

Siefken, Hinrich; **Vieregg,** Hildegard (Hg.): Restistance to National Socialism. Arbeiter, Christen, Jugendliche, Eliten. Forschungsergebnisse und Erfahrungsberichte. Nottingham (University Printing Unit) 1993.

Sonnenwald, Kerstin: »Mit aller Liebe«. Die Beziehungen der Lisa Remppis zu Sophie und Hans Scholl. Aus: Dürr, Renate (Hg.): Nonne, Magd oder Ratsfrau. Frauenleben aus vier Jahrhunderten. Leonberg (Beitrag zur Stadtgeschichte Leonberg) 1998. S. 215–227.

Specker, Eugen (Hg.): Ulm im Zweiten Weltkrieg. Stuttgart (Kohlhammer Verlag) 1995 (Forschungen zur Geschichte der Stadt Ulm: Reihe Dokumentation Bd. 6).

Steffahn, Harald: Die Weiße Rose. Mit Selbstzeugnissen und Bilddokumenten. Reinbek bei Hamburg (Rowohlt Verlag) 1993.

Turrey, Christian: Das »Buabamädle« und die Weiße Rose. In: *Katholisches Sonntagsblatt,* Nr. 25, 23. 6. 1996. *Kirchenzeitung für die Diözese Rottenburg,* Stuttgart. Stadtarchiv Ulm Bestand G 2 Scholl.

Ulmer Adressbuch von 1933. Ulm (Verlag Dr. Karl Höhn) 1933.

Ulmer Bilderchronik: Bd. 4. Hg. Dr. Karl Höhn. Jahre 1915–1926, 1933–1934. Ulm a. D. (Verlag Dr. K. Höhn) 1937.

Ulmer Bilderchronik: Bd. 5 a beschreibend die Zeit vom Jahr 1933 bis 1938, bearbeitet von Hildegard Sander. Ulm a. D. (Verlag Dr. Karl Höhn) 1988.

Ulmer Bilderchronik: Bd. 5 b beschreibend die Zeit vom Jahr 1939 bis 1945. Ulm (Verlag Dr. Karl Höhn KG) 1989.

Verhoeven, Michael: Der Film »Die weiße Rose«. Das komplette Drehbuch zum Film. Karlsruhe (Loeper Verlag) 1982.

Verhoeven, Michael; **Krebs,** Mario: Die Weiße Rose. Der Widerstand Münchner Studenten gegen Hitler. Informationen zum Film. Mit einem Geleitwort von Helmut Gollwitzer. Frankfurt (Fischer Taschenbuch Verlag) 1982.

Vinke, Hermann: Das kurze Leben der Sophie Scholl. Mit einem Nachwort von Ilse Aichinger. Ravensburg (Ravensburger Buchverlag) 1997.

Walb, Lore: Ich, die Alte – Ich, die Junge. Konfrontation mit meinen Tagebüchern 1933–1945. Berlin (Aufbau Verlag) 1997.

Weber, Edwin Ernst: Sophie Scholl und das weibliche Reichsarbeitsdienstlager Krauchenwies. In: *Zeitschrift für Hohenzollerische Geschichte,* Bd. 34, 1998, S. 207–224.

Wilhelm, Julius: Französische Gegenwartsliteratur. Stuttgart (Kohlhammer Verlag) 1974.

REGISTER

Aicher, Otto 130, 133, 150, 156, 172, 175, 181, 184, 186 ff., 191 f., 194, 197, 209, 217
Annlies → Roscoe, Anneliese
Aristoteles 212
Augustinus 175 f., 179 f.

Bach, Johann Sebastian 183
Bauer, Helmut 250
Baumann, Hans 117
Bergengruen, Werner 200
Bernanos, Georges 172
Bollinger, Heinrich 250
Bonhoeffer, Dietrich 226
Brentano, Clemens 117
Brüning, Heinrich 36 f.
Brunner, Dr. 68 ff.

Chamberlain, Arthur Neville 144, 152
Charlo → Thurau, Charlotte
Christl → Probst, Christoph
Churchill, Sir Winston 193
Corinth, Lovis 154

Dietrich, Dr. 53, 199
Dwinger, Edwin Erich 117

Eickemeyer, Manfred 204, 206 f., 217, 233 f.

Faas, Lore 20, 31, 78, 199
Flex, Walter 117
Franco y Bahamonde, Francisco 152
Freisler, Roland 227, 246, 248
Frieß, Dr. 66 ff.
Furtmeier, Josef 203 f.

Galen, Clemens August Graf von 186
Gebel, Else 244, 246 f.
George, Stefan 54
Geyer, Wilhelm 151, 234 f., 240 f.
Giesler (Gauleiter) 232
Goebbels, Joseph 194
Goethe, Johann Wolfgang von 210
Graf, Anneliese 225, 233
–, Willi 216 f., 225, 227 ff., 236 f., 239, 241, 244, 250 f.
Grimminger, Eugen 220, 227, 250
Grogo (Freund der Scholls) 172
Guter, Heinrich 250

Haecker, Theodor 186 ff., 216
Harnack, Arved 226
–, Falk 226, 250 f.
Hartnagel, Fritz 44, 57, 125 ff., 141, 149 ff., 153 f., 158 ff., 163 f., 170 f., 182 ff., 189 f., 194 f., 221, 223 f., 229, 237, 240
Heidegger, Martin 205
Heine, Heinrich 137
Hierl, Konstantin 121
Hindenburg, Paul von 36, 45 f., 81
Hirzel, Hans 217 f., 236, 250
Hirzel-Zeller, Susanne 138, 140, 151, 159, 161, 163, 227, 250
Hitler, Adolf 15, 42 f., 45 f., 50, 56, 60, 74, 78, 81, 88, 92, 99, 134, 144, 152, 155, 164, 179, 181, 194, 214, 221
Huber, Prof. Kurt 202 f., 207, 215, 217 f., 225 f., 230, 238 f., 250 f.
Hubert (Freund von Hans Scholl) 213

Irm → Kessler, Irmgard

Kessler, Irmgard 41, 107 f., 110
Kimmich, Dr. 72
Köbel, Eberhard 58 ff., 87, 97, 100 ff., 109, 112

Lafrenz, Traute 197 f., 213 f., 217, 225, 233, 241, 249 f.
Leibniz, Gottfried Wilhelm 205
Liesl → Scholl, Elisabeth

Mann, Thomas 57, 176, 251
Maritain, Jacques 175
Mathilde (Kindermädchen der Scholls) 24
May, Karl 79, 114
Modersohn-Becker, Paula 154
Mohr, Trude 54
Müller, Franz 250
Muth, Carl 185 f., 199 f., 203 ff., 222

Neubeck, Hans von 87
–, Max von 58, 60 f., 73, 84, 87, 98, 104 f.

Otl → Aicher, Otto

Pallucca, Gret 126
Probst, Christoph 202 f., 217, 225, 228, 243, 245 f., 248 f.
–, Herta 203

Radecki, Sigismund von 203, 205
Reden, Ernst 96 ff., 100, 102, 104 f., 128 f., 131, 134 ff.
Rilke, Rainer Maria 106, 117
Röhm, Ernst 78
Rolf (Freund von Hans Scholl) 96, 131
Roosevelt, Franklin Delano 193
Roscoe, Anneliese 63, 66, 78, 88 ff., 93, 125 ff., 138, 141, 144 f., 151

Schertling, Gisela 183, 225, 240, 250
Schiller, Friedrich von 210
Schirach, Baldur von 48
Schlehe, Lisa 79, 127, 134, 151, 153, 155, 168, 172
Schmidt, Erika 141, 150 f.
Schmorell, Alexander 201 f., 206 f., 209 f., 216 f., 224 ff., 230, 236 f., 241, 244, 250, 251
Scholl, Elisabeth 16, 19 ff., 32, 38, 41, 61, 63, 68, 73, 78, 81, 91, 93, 99, 120, 124, 130, 133, 149, 222, 229, 237, 249 f.
–, Hans 16, 19, 22, 24, 28, 38, 41, 43, 50, 52 ff., 58, 60 f., 64, 73 ff., 78 f., 83 ff., 90, 94 ff., 100 ff., 109 f., 112, 118 ff., 128 ff., 141, 145, 148, 150 f., 157, 159, 163, 170, 172, 176, 182, 188, 197, 199 ff., 213 ff., 223 ff., 233 f., 237 ff., 246, 248 ff.
–, Inge 16, 19, 22, 31, 35, 41, 52 f., 61, 63 f., 78, 81, 91 f., 94, 110, 115, 123 ff., 130 f., 133, 137, 141, 145, 147, 150, 172, 181, 188, 191, 196 f., 209, 221, 229, 239, 249 f.
–, Magdalene 16 ff., 23 ff., 27 f., 32, 35, 39 ff., 50, 53, 67 f., 88, 105 f., 112, 116, 119, 134, 141, 153, 177, 191, 199, 219, 221, 239, 248 ff.
–, Robert 16 ff., 23, 25 ff., 32 f., 35 ff., 41, 43, 49 f., 52 f., 64, 74 f., 88, 93, 123 f., 132, 141, 144, 146, 149, 152 f., 157, 161 f., 198, 219 f., 222 ff., 248 ff.
–, Thilde 20
–, Werner 16, 20, 31 f., 34, 38, 43 ff., 50, 57, 61, 78 f., 100, 119 f., 124 f., 128 ff., 133 f., 136, 150 f., 153, 155 ff., 172, 221, 229, 249 f.
Schüddekopf, Katharina 217, 250

Schüle, Hildegard 9, 185
Schurik → Schmorell,
   Alexander
Stalin, Josef 155, 181
Stifter, Adalbert 117
Suse → Hirzel-Zeller,
   Susanne

Throta, General a. D. von 43

Thurau, Charlotte 61 ff., 88,
   90 ff., 114 f., 126
Tusk → Köbel, Eberhard

Walser (Lehrerin von Sophie
   Scholl) 71 f.

Zuckmayer, Carl 57
Zweig, Stefan 57

»... darum muß man nichts als leben«
Bettine von Arnim

Bettine von Arnim – Mutter, Geliebte, Muse, Rebellin und Schriftstellerin – ist eine der schillerndsten Frauengestalten der Romantik. Ihr Leben ist geprägt von Verlust und unerfüllten Hoffnungen, doch sie trotzt allen Schicksalsschlägen. Während der Märzrevolution 1848 tritt Bettine mit unermüdlichem Einsatz für die Bedürftigen ein und dringt hierbei bis zum König selbst vor. Zeitgenossen wie Johann Wolfgang von Goethe, die Gebrüder Grimm und Friedrich Hölderlin waren von Bettine gleichermaßen fasziniert, inspiriert und irritiert.

Ingeborg Drewitz, eine der engagiertesten Schriftstellerinnen der Nachkriegszeit, zeichnet Bettines komplexe Persönlichkeit mit all ihren Sehnsüchten und Widersprüchen einfühlsam nach.

Ingeborg Drewitz

»... darum muß man nichts als leben« Bettine von Arnim

Die amerikanische Außenpolitik von J.F. Kennedy bis G.W. Bush

»Ein angelsächsischer Roman, angesiedelt im Milieu von Kunst, Gelehrsamkeit und Politik, amüsant und lehrreich zugleich!« Walter Jens

List Taschenbuch

»Kenntnisreich und spannend erzählt«
Kölner Stadtanzeiger

Der moderne Tanz wurde von einer Frau geschaffen – von der sagenumwobenen Isadora Duncan. Sie war die erste, die sich nach den großen klassischen Musikwerken auf eine ganz neue Art bewegte – ganz weiblich und frei. Isadora Duncan wollte stets provozieren und schockieren. Sie wagte sich fast nackt auf die Bühne – und das im puritanischen Amerika. Ihr ganzes Leben kämpfte sie für die freie Liebe und lehnte sich gegen die verhaßten bürgerlichen Konventionen auf. Ihr Leben verlief tragisch: All ihre Kinder starben, ihr Ehemann Sergej Jessenin beging nach ihrer Trennung Selbstmord. Isadora selbst verunglückte bei einem Autounfall in Nizza – ihr weißer Schal hatte sich in den Speichenrädern ihres Bugattis verfangen ...

Jochen Schmidt

**»Ich sehe Amerika tanzen«
Isadora Duncan**

23 Abbildungen
Originalausgabe

»Sachkundig und sorgfältig recherchiert«
Rheinische Post

List Taschenbuch

»Ich bin eine befreite Frau«
Peggy Guggenheim

»Ich habe schon immer getan, was ich wollte. Women's lib? Ich war schon eine befreite Frau, bevor es den Namen überhaupt gab.« Die stets gelangweilte Amerikanerin aus reichem Hause, Venedigs letzte Dogeressa, war immer auf der Suche nach dem Funkeln in ihrem Leben. Alle zerrissen sich die Mäuler über sie. Und allen hat sie es gezeigt, die unverbesserliche, kunstwütige, zugleich schüchtern und provokant wirkende Peggy Guggenheim.

Ein unglückliches Kind, aber eine reiche Erbin, ihre legendäre Kunstsammlung machte sie zu einer der bedeutendsten Frauen ihrer Zeit.

Annette Seemann

**»Ich bin eine befreite Frau«
Peggy Guggenheim**

23 Abbildungen
Originalausgabe

List Taschenbuch

»Ein faszinierendes Buch«
Münchner Merkur

Sie ist eine der beeindruckendsten Frauen der Geschichte: Vor rund 100 Jahren entdeckte Marie Curie mit ihrem Mann die Elemente Radium und Polonium. Für ihre bahnbrechenden Forschungen bekam sie zwei Nobelpreise. Marie Curie (1867-–1934) gehört zu den Frauen, die zart und zerbrechlich wirken, aber trotz aller Schicksalsschläge ihren Weg gehen. Sie hat auf Patente verzichtet und ihre revolutionären Entdeckungen der Menschheit zur Verfügung gestellt – obwohl sie selbst jahrelang in ärmlichsten Verhältnissen lebte. Marie Curie ist für die französische Erfolgsautorin Françoise Giroud eine ganz besondere Frau, die Verkörperung eines emanzipierten Lebenstraums. Sie schildert sie mit Bewunderung und Leidenschaft, mit großer Einfühlung in ihr Leben und ihre Liebe. Entstanden ist ein mitreißendes Buch über eine Frau, wie es keine zweite gibt.

Françoise Giroud

»Die Menschheit braucht auch Träumer« Marie Curie

20 Abbildungen
Deutsche Erstausgabe

List Taschenbuch